Verstrahlt, vergiftet, vergessen

Die Opfer von Tschernobyl nach zehn Jahren

Ein journalistischer Report
von Frank Franke, Norbert Schreiber,
Peter Vinzens

Insel Verlag

Erste Auflage 1996

Satz: Hümmer GmbH, Waldbüttelbrunn
Druck: Wagner GmbH, Nördlingen
Printed in Germany

Inhalt

Vorwort 9
Prolog 14

Die erste Katastrophe: der GAU 16
Die zweite Katastrophe: die Vertuschung der Folgen 55
Wege aus der dritten Katastrophe: Solidarität 103
Annäherung an den Schrecken 135
Begegnungen nach der Katastrophe 202
Die vierte, die genetische Katastrophe 231
NADESCHDA: Was bleibt, ist Hoffnung 262

Epilog 291

Anhang
- Glossar 295
- Orte, Zeiten, Karten, Graphiken, Zahlen 303
- Literatur 319
- Bildnachweise 322

Für all die Kinder,
die wir kennenlernen durften,
die während unserer Recherchen starben,
die wir nicht vergessen wollen.

Den Opfern

Vorwort

Warum, so werden wir immer wieder gefragt, seid ihr in die verseuchten Gebiete gefahren, habt den Sarkophag besucht, müßt immer wieder mit verstrahlten Menschen sprechen?

Erst die Frage machte uns deutlich, was wir eigentlich vermitteln wollen. Damals, im April 1986, nach den ersten Meldungen über einen Unfall in Tschernobyl, wurde uns bewußt, daß wir über die Gefahren der sogenannten friedlichen Atomenergie nur wenig wußten. Und als wir nachfragten, bekamen wir nur ausweichende Antworten. Was wir unseren Kindern sagen sollten, wie wir ihre Fragen nach der Gefahr beantworten konnten, wir wußten es nicht. Denn: Zu einem Zeitpunkt, als die Ehrlichkeit des Wissenschaftlers gefragt war, hatten kommerzielle Interessen der Atomwirtschaft, der Politiker und der Wissenschaftler die Oberhand. Auch bei uns stand das Wohl des Menschen an zweiter Stelle.

Tschernobyl hat somit auch in unserer Gesellschaft Veränderungen bewirkt, die nicht leicht zu fassen sind. Wissenschaftler haben ihre Glaubwürdigkeit verloren. Denn »Wes Brot ich ess', des Lied ich sing'« hat sich schrecklich bewahrheitet. Politiker haben durch Fehleinschätzungen und falsche Entscheidungen ihre Glaubwürdigkeit verloren. Und die Medien, unsere und die in Rußland, sie erzählten Unsinn, Halbwahrheiten und betrieben Verlautbarungsjournalismus.

Auch der Glaube an die Technik ist nun getrübt. Was immer Techniker, Ingenieure, Konstrukteure erzählen, sie werden angezweifelt werden, ihre Einschätzung wird kritisch betrachtet werden. Niemand ist irgendwo sicher. Keine auch noch so beständig scheinende Situation ist unabänderlich, Menschenwerk ist vergänglich.

Das zu begreifen, die Ausmaße der Veränderungen zu erkennen, war zunächst unmöglich, fiel später schwer und entwickelte sich dann zum schmerzhaften Prozeß. Unsicherheit ist nicht des Menschen Sache und auch nicht, in Jahrtausenden zu denken. Wir haben uns verändert, bemerken konnten wir es zuerst nicht.

Jeder von uns hat anders reagiert, in einem Punkt aber waren wir einig: Wir müssen helfen, und dann (wie oft aber wurde das Wort schon gesagt): »NIE WIEDER soll Tschernobyl sich wiederholen.« Bei uns nicht und anderswo auch nicht.

»Tschernobyl ist überall«, wurde damals gesagt. Technologisch ist der Satz Unsinn, zu groß sind die Unterschiede in den Konstruktionen, in der Auswirkung aber ist er richtig. Nur wenige Tage haben die verseuchten Wolken gebraucht, auch zu uns zu kommen, und der Unsicherheitsfaktor »Mensch« ist überall auf der Welt gleich. Von der Entsorgung abgebrannter Brennstäbe wollen wir erst gar nicht reden.

Die Techniker haben uns viel erzählt über Sicherheitsfaktoren und Qualitätsmerkmale von kerntechnischen Anlagen. Sie sollten – leider – unrecht haben. Jetzt müssen eben diese Techniker damit leben, daß ihrem Handeln mit Mißtrauen begegnet wird. Philosophisch ist das nicht neu. Praktisch aber müssen wir umdenken. Der unbedingte Glaube an die Technik ist jetzt verlorengegangen. Tschernobyl hat uns das gelehrt, und dies ist gut so.

Wir, und mit uns noch viele andere Menschen, mußten diesen Entwicklungssprung erst einmal begreifen, dann nachvollziehen und später Konsequenzen ziehen. Uninteressiert zu Hause zu sitzen, anderen gefährliche Entwicklungen zu überlassen, diese Zeit war vorbei. Wir haben Kinder, denen wir Rede und Antwort werden stehen müssen. Wir haben Nachbarn, Freunde, die alle in dieser Welt weiterleben wollen. Wir haben keine zweite Ersatzwelt im Keller.

Wie aber kann man reagieren? Jeder, der betroffen, interessiert und mutig genug war, hat es auf seine Weise getan. Die einen haben Bürgerinitiativen gegründet, andere haben auf der Straße protestiert, sogar in der Politik hat sich seither einiges geändert. Es war ein mühsamer Prozeß. Wir haben uns als das verstanden, was wir auch vorher waren: als Journalisten.

Dann aber waren wir mittendrin. Als Helfer bei Hilfslieferungen, als Beobachter in gefährlichen Gegenden, als Interviewer bei Spezialisten. Und immer waren wir ein bißchen überfordert. Mit dieser Überforderung lernt man umzugehen, auch mit dem permanenten Vorwurf von Fachleuten, man habe ja schließlich keine Ahnung. Auch damit kann man leben, denn Fachleute waren es schließlich, die die Katastrophe von Tschernobyl verursacht hatten. Der Glaube an Spezialisten hat sich als fehlerhafter Weg erwiesen. Jetzt sind Leute gefragt, die Fragen stellen und auf Antworten bestehen. Wenn Wissenschaft auch Verbrechen an der Menschheit sein kann, dann dürfen Wissenschaftler nicht mehr allein bestimmen. Sie werden Fragen beantworten müssen, notfalls auch durch öffentlichen Druck. Für Fragen sind Journalisten schließlich da.

»Warum«, so lautete die Frage, »seid ihr in die verseuchten Gebiete gefahren?« Die Antwort scheint einfach und ist doch kompliziert: Wir hatten die Gelegenheit, und wir wollten berichten, was wirklich passiert war. Nichts glauben, was wir nicht selbst gesehen haben. Nichts weitersagen, was wir nicht selbst gehört haben. Niemandem vertrauen, dessen Handlungen wir nicht kennen. Mißtrauen also als journalistisches Prinzip. Herausgekommen sind Reportagen, Berichte über das, was wir beobachten konnten, keine Dokumentation. Denn mit Dokumentationen würden wir den Eindruck erwecken, »Wahrheiten« berichten zu wollen. Wir können nur Fragmente liefern.

Das hat seine Gründe, und diese liegen in der Natur des Menschen: Den Überblick über den Schrecken hat niemand. Wer dies behauptet, der lügt. Selbstüberschätzung war einer der Gründe der Katastrophe. Wir wollen sie hier nicht wiederholen. Alle Umstände, technischen Einzelheiten und politischen Beweggründe sind nicht zu erfassen. Niemand kennt sie ganz. Wer den kompletten Überblick über den »größten anzunehmenden Unfall« fordert, die Erwartung nach Offenlegung aller Details äußert, setzt sich zwangsläufig dem Verdacht aus, lediglich vertuschen zu wollen. Die Gesamtheit fehlerhafter Entscheidungen, von der Entdeckung der Atomkraft bis zum großen Knall, ist weder in Worte zu fassen noch von einzelnen zu verstehen.

Menschen sind nicht darauf eingerichtet, in Jahrtausenden zu denken, und auch nicht darauf, Katastrophen zu verstehen, die auf Fehlern in komplexen Systemen beruhen. Wenn zu viele Menschen zu lange in der falschen Richtung denken, sind die Wege zum GAU nicht nachvollziehbar. Deshalb müssen wir mit subjektiven Ausschnitten beginnen.

Der Sarkophag (FF).

Prolog

Als der Gang rechtwinklig abzweigte, zur schmalen Treppe weiterführte, war vor uns nur eine unverputzte Mauer. Eine kleine Klappe aus Blech. Ein roher Bau. Früher, lange ist es her, ging der saubere Gang hier weiter. Hinüber zum Block 4 des Atomkaftwerkes »Lenin« bei Tschernobyl. Dieser Flur aber wird für immer verschlossen bleiben. Nur Roboter dürfen noch hinein in die verstrahlte Zone, hinein in den Schrott einer Katastrophe. Hier starben die ersten. Die Opfer menschlicher Hybris, die Opfer eines Versuchs, der zu den größten Fehlleistungen den Menschheit zählt. Die Opfer, die nun vergessen sind.

Minsk, September 1995:

Bisweilen holen Erinnerungen Menschen wieder ein. Bisweilen wiederholt sich Geschichte. Tschernobyl, das Urbild der vom Menschen produzierten Katastrophe, wiederholt sich. Jeden Tag.

»Vergeßt unsere Kinder nicht, wenn wir tot sind!«

Die Aussage einer Mutter in einer Klinik in Minsk, Weißrußland. Ihr Sohn wird sterben und sie auch. An den Folgen eines Irrtums.

Ein Land, Menschen, die Folgen tragen müssen. Folgen der Dummheit, der Selbstüberschätzung, von Fehlkonstruktionen. Es sind viele. Sie wohnen 2000 Kilometer von uns weg. Betroffen aber sind auch wir. Denn Tschernobyl ist nah, allgegenwärtig, nur zwei Windtagesreisen von uns entfernt. Die meisten Menschen haben die Angst verdrängt, obwohl das Wissen immer noch da ist. Noch immer sind Pilze gefährlich. Noch immer ist das Wild in unseren Wäldern strahlenbelastet. Noch immer sind Nüsse Radioaktivitätsspeicher.

Minsk, heute:

Sascha, fünf Jahre alt, das Gesicht so weiß wie das Bettlaken, auf dem er liegt. Die Infusion wird gewechselt. Das Kontrollgerät piepst, weil die Verbindung unterbrochen ist. Und auf dem Gang, weit weg, läuft irgendwo ein schepperndes Radio. Der gleiche Ton wie auf dem Damm. Als wir draußen waren. Im Winter. Nur wenige hundert Meter vom Sarkophag entfernt. Auf der weißrussischen Seite. In Pripjat arbeiteten die Liquidatoren. Sie wurden mit Marschmusik aus der Lautsprecheranlage motiviert. Es wurde zumindest versucht.

Friedhof in einem verlassenen Dorf (FF).

In der Klinik plärrt draußen irgendein Lautsprecher Marschmusik aus dem Radio, weit entfernt, wie damals. Sascha liegt in einem kleinen Gitterbett. Ein kleines Gesicht, weit aufgerissene, dunkle Augen, schwere Schatten darunter. Im rechten Arm steckt die Kanüle. Der kleine Arm ist am Bett festgebunden, damit das Kind sich nicht die Nadel herausreißt. Die Haut ist blau von Einstichen, bepflastert mit Bändern und Klebestreifen. Sascha leidet.

Vielleicht kann man den Schrecken der Katastrophe nur ertragen, wenn man distanziert bleibt. Durch den kleinen Sucher der Fernsehkamera, schwarz und weiß und grau zudem, ist das Leiden entfernter, erlaubt dem Berichterstatter, sich in die Distanz zu flüchten. Ertragen muß man nur den kleinen Ausschnitt. Leiden in kleinen, ertragbaren Teilbildern. Versteckt hinter Kamera und Mikrophon. Und immer das Wissen: Bald bist du wieder weg hier!

Die erste Katastrophe: der GAU

Samstag, 26. April, 1 Uhr, 23 Minuten, 40 Sekunden

Der 31 Jahre alte Betonarbeiter Wladimir Starowoitow in Pripjat hört plötzlich ein lautes Krachen; ein heller blauer Blitz taucht über dem Kraftwerksgelände auf. Dann: eine gewaltige Detonation. Eine Explosion reißt das Dach des Atommeilers Tschernobyl auf.

180000 Kilogramm hochradioaktives Material befinden sich im Inneren des Reaktors. Das explosive Potential entspricht der Menge von 1000 Hiroshima-Bomben. Mindestens 200 verschiedene radioaktive Stoffe werden wie Lavafontänen, für das menschliche Auge unsichtbar, in die Atmosphäre katapultiert. Aus dem gelben Himmel regnet radioaktiver Ruß.

Wladimir Starowoitow bricht zusammen. Bewußtlos wird er ins Krankenhaus eingeliefert.

»Es war, als wäre ein Krieg ausgebrochen«, schildern Augenzeugen die Ereignisse am Katastrophenort.

In dieser Nacht hatten die Mitarbeiter des Kernkraftwerks Tschernobyl ein gefährliches Experiment gestartet: Die Ingenieure sollten prüfen, wie lange die Turbine mit der Restwärme des abgeschalteten Reaktors weiterläuft. Der Reaktor wird zuerst zur Leistungsspitze gebracht und soll dann heruntergefahren werden. Das Fatale ist: Die Sicherheitssysteme werden mit Absicht außer Funktion gesetzt, damit der Probelauf des Reaktors nicht unterbrochen wird. Die Katastrophe ist nicht mehr aufzuhalten.

Der Reaktor des Atomkraftwerkes »Lenin« in Tschernobyl enthielt etwa 180 Tonnen Uran 238 und eine kleine Menge des radioaktiven Urans 235. Radioaktivität ist eine natürliche Eigenschaft bestimmter Stoffe. Schwere Atomkerne des Urans zerfallen in kleinere Atomkerne. Ohne irgendeine Einwirkung von außen. Dabei werden Energie und radioaktive Strahlung freigesetzt.

Die Kerntechnik nutzt diesen physikalischen Prozeß in Kernreaktoren zur Energiegewinnung. Den Kerntechniker interessieren die Energieprozesse, die durch die Kernspaltung ausgelöst werden, und wie sie technisch steuerbar sind.

Bei der Kernspaltung werden sogenannte schnelle Neutronen frei, die abgebremst werden müssen, damit die Kettenreaktion im

Reaktor ausgelöst wird. Zum Abbremsen dienen sogenannte Moderatoren, z. B. Graphit im Tschernobyl-Reaktor.

Im Normalfall wird die im Reaktor entstehende Energie mittels sogenannter Regelstäbe gesteuert. Diese haben die Eigenschaft, Neutronen einzufangen. Bei dieser Form der kontrollierten Kernspaltung entsteht Energie. Aus 500 Gramm Uran 235 läßt sich ebensoviel Wärmeenergie produzieren wie aus 1500 Tonnen Steinkohle.

Block 4, Atomkraftwerk Tschernobyl:
26. April 1986,
1 Uhr, 23 Minuten
Turbinenstillstand – Kühlwasserzufluß eingeschränkt – automatische Abschaltung bewußt unterbrochen – Hitzestau – Innerhalb von Sekunden steigt die Leistung des Meilers um ein vielfaches an – Kontrollampen leuchten auf – 256 Arbeiter sind in die Nachtschicht eingeteilt – Alarmsirene...

Erst jetzt erkannten die Ingenieure, daß die Wärme des Reaktors mit den vorhandenen Mitteln nicht abzuleiten war. Sie versuchten, die stillgelegte automatische Notabschaltung manuell einzuleiten. Die aber mußte erst neu aktiviert werden.

Die Kühlwasserrohre bersten. Wasserdampf reagiert mit dem heißen Graphitmoderator. Eine große Menge Wasserstoff entsteht. Es sammelt sich im Oberteil des Reaktors. Die Reaktorabdeckung mit 1000 Tonnen Gewicht wird durch die Wasserstoffexplosion hochgeschleudert. Graphit wird in Brand gesteckt. Gleichzeitig setzt sich die Kettenreaktion fort. Das Graphit wird in brennenden Fackeln auf das Dach des benachbarten Blocks 3 und auf die Fläche vor Block 4 geschleudert. Metallbrocken und strahlende Bestandteile aus dem Reaktor bleiben dort liegen. Radioaktives Material schießt in die Atmosphäre. Unaufhaltsam, ein gewaltiger Feuerschlund tut sich auf. Wie ein Vulkankrater, der den Tod ausspuckt.

Bedingt durch die Bauart, war die Katastrophe programmiert. RBMK 1000 ist ein graphitmoderierter Reaktor: In einem Graphitblock lagern Brennstäbe, Steuerstäbe und das Notabschaltsystem. Die Zwischenräume sind von Wasser durchflutet.

Die Stäbe der Notabschaltung bestanden aus drei Teilen. Der Anfang und das Ende, fast die Hälfte der Gesamtlänge, waren aus Graphit. Aus ebenjenem Stoff also, der die Kettenreaktion fördert.

Der zerstörte Reaktor nach der gewaltigen Explosion (FB).

Nur in der Mitte befand sich das Material, das den Neutronenfluß regeln konnte.

Als durch die Notabschaltung die Graphitstücke des Notabschaltsystems das Wasser im Block herausdrückten, stieg die Reaktion. Statt »zu bremsen« gaben die Reaktorfahrer Gas.

20 Sekunden, so wurde hinterher bekannt, dauerte es, bis die Notabschaltung hätte wirken sollen. Block 4 des »Lenin«-Atomkraftwerkes Tschernobyl explodierte sechs Sekunden nach der Notabschaltung.

26. 4. 1986,
1 Uhr, 23 Minuten, 40 Sekunden
GAU – der größte anzunehmende Unfall im Reaktorblock 4 des Kernkraftwerks Tschernobyl beginnt.

Trotzdem durften die Arbeiter nicht fliehen. Wir treffen einen Mann, der dabei war. Er hatte in der Nacht vom 25. auf den 26. April 1986 Dienst im Kraftwerk.

Jetzt steht er vor dem kleinen Büro der Vereinigung von Liquidatoren auf dem Gelände der Universität in Minsk. Sein Gesicht zeigt die Leiden der Männer, die nach der Katastrophe zur Beseitigung der Schäden eingesetzt waren. Über 660 000 Menschen, oft noch nicht einmal 20 Jahre alt, haben dort Gesundheit und Zukunft verloren.

Als er zu erzählen beginnt, bleiben einige Menschen auf der Straße stehen, verharren einen Moment, eilen dann schnell weiter. Sie wollen nicht erinnert werden an einen der Gründe für ihre Not. Was, so sagen sie, nützt uns dies? Der Mann erzählt:

»Ich war in der Warte von Block drei, also gleich nebenan, im gleichen Haus. Zuerst kam der große Knall, die Explosion, und sofort danach hatten wir einen großen Brand. Die Kabel brannten ab. Wir konnten aber nicht raus, denn die Türen waren zugeschlossen. Wir haben dann den ersten, zweiten und dritten Block abgeschaltet und alle Systeme geschlossen. Aber alle Leute aus den drei Blöcken mußten an ihren Arbeitsplätzen bleiben. In den vierten Block durfte nur die Feuerwehr hinein. Das dauerte dann bis zum Morgen. Erst dann durften wir weg.«

Noch eine Stunde nach dem Unfall nahm die Bedienungsmannschaft an, lediglich der Wasserabscheider sei explodiert. Daß der Reaktor nicht mehr existierte, stellte sich erst heraus, als Arbeiter Graphitbrocken im Freien fanden, draußen auf der Wiese.

Tage nach dem Reaktorunglück, in denen die Menschen nichts von der Reaktorkatastrophe wußten, erfolgte die Evakuierung überstürzt (FF).

Anderen wurde die tödliche Gefahr erst bewußt, als Graphitstaub auf den Fensterbrettern ihrer Büros niederging. In der unmittelbaren Umgebung des Katastrophenreaktors »Lenin« und in der benachbarten Stadt Pripjat ahnte die Bevölkerung noch nicht, welches Ausmaß das Feuer im Kraftwerk annehmen würde.

Der Tag nach der Explosion:

Die offiziell Verantwortlichen täuschen durch Verschweigen. Die Wissenden schweigen. Unwissende werden geopfert. Lebensrettende Information bleibt aus. Aufklärung folgt viel zu spät. Es wird verharmlost und gefälscht.

Jelena Budkowkaja, Einwohnerin von Pripjat, erinnert sich an den Tag nach dem Unglück:

»Es war am 27. April 1986, am Nachmittag. Unmittelbar nach der Katastrophe. Am ersten Tag danach hat man der Bevölkerung überhaupt nichts gesagt. Wir haben nur Gerüchte gehört. Die Straßen wurden mit einer Art schaumigen Flüssigkeit gewaschen. Unsere Kinder liefen draußen rum, spielten auf den Straßen, es wurden Eis, Obst und Gemüse verkauft.

Wir lebten dahin, als sei nichts geschehen. Die Stadt Pripjat aber war abgeriegelt: Niemand durfte rein, keiner durfte raus. Das Telefon funktionierte nicht mehr. Die Behörden sagten uns, wir

Tschernobyl, Feuerwehrmänner, die ihren Einsatz mit dem Leben bezahlten (FB).

würden für die nächsten drei Tage in Zelten untergebracht. Nichts durften wir mitnehmen, außer den wichtigsten Dokumenten. In dem Dorf, in dem man uns zuerst unterbrachte, sagten uns die Ärzte, wir sollten viel Milch trinken und Gemüse essen.

Aber gerade Milch und Gemüse waren am meisten kontaminiert. Dadurch haben wir noch mehr innere Verstrahlung abgekriegt. Das erfuhren wir jedoch erst viel später. Jeder lebte irgendwie weiter, so wie er es eben konnte. Manche fuhren zu Verwandten oder Bekannten. Man hatte wenig Geld und keine Kleidung. Ich fuhr zu meiner Mutter, die in der Nähe von Gomel, rund 100 Kilometer vom Reaktor entfernt, wohnt. Dort waren wir eine Woche, bis wir erfuhren, daß auch dieses Dorf sehr stark radioaktiv verseucht ist. Über Umwege kamen wir dann zu Verwandten meines Mannes.«

Der Kadavergehorsam des Sowjetstaates funktionierte 1986 noch. Eine Mischung aus blinder Gefolgschaft, Einsatzbereitschaft für das System, gepaart mit Unwissenheit, Leichtgläubigkeit, Ahnungslosigkeit und grenzenlosem Glauben an Wissenschaft und Technik. So marschierten die Menschen in der Unglücksnacht gehorsam in den Tod.

Feuerwehrmänner waren im Anmarsch. Schon sieben Minuten nach der Erstalarmierung waren sie am Brandort. Einen Hydranten in Reaktornähe gab es nicht. So zogen sie Schläuche vom Maschinenhaus aus. Feuerwehrmann Prischtschepa war der Bereitschaftsmann, sein Feuerwehrchef Leutnant Wladimir Leonid Prawik kam dazu, später Leutnant Kibjonok und weitere sieben Kollegen. Auch Major Teljatnikow wurde aus dem Urlaub gerufen.

Weitere Feuerwehrleute bilden das zweite Einsatzkommando, unter ihnen Obersergeant Wassilij Ignatenko. Teljatnikow und Ignatenko kletterten auf das Reaktorgebäude.

Dichter, beißender Qualm umgibt sie. In der Tiefe der weiße, glühende Schlund des Reaktorkerns. Ein vergeblicher Kampf gegen die Katastrophe. Die Feuerwehrmänner spritzten mit Löschwasser. Es wird kochend heiß, verdampft, wird radioaktiv strahlend. Ihre Lungen werden durch Einatmen giftiger Dämpfe geschädigt. Einer nach dem anderen bricht zusammen, wird bewußtlos: Alle sterben!

Die Reaktorfahrer verlieren den Gleichgewichtssinn. Es folgt quälender Brechreiz. Depressionen wechseln sich ab mit euphorischer Stimmung, die Leben vorgaukelt, so, als würde es weitergehen. Dann kommt der totale Zusammenbruch. Zwei Wochen später sind alle gestorben.

Später wird uns ein Arzt die medizinischen Zusammenhänge erklären. Er war selbst Liquidator. Dr. Chesnow in Minsk: »Zuerst, kurz nach der tödlichen Bestrahlung, wurden sie braun, als seien sie zu lange in der Sonne gewesen. Dann fiel ihnen die Haut vom Leib. Überall. Und dann kotzten sie sich zu Tode. Bis nichts mehr drin war. Wenn sie Pech hatten, dann erholten sie sich kurz wieder. Dann wurden sie zuversichtlich. Aber der nächste Anfall kam bestimmt. Erbrechen, bis der Tod eintrat. Und wenn sie Glück hatten, dann ging es schnell, dauerte nur wenige Stunden oder Tage. Wenn sie Pech hatten, dauerte das länger. Viel länger. Am Ende aber stand immer der Tod.«

Aber schon waren die nächsten Opfer an der Reihe. Die Bekämpfung des Reaktorbrandes sollte aus der Luft erfolgen.

Die Hubschrauberstaffel aus Kiew kommt. Antoschkins Befehl lautet knapp und präzise:

»Den havarierten Reaktor mit Sand zuschütten«.

Die Besatzungsmitglieder eines Hubschraubers stürzen während des Erkundungsfluges über Block 4 ab. Die Maschine schwebt für einen Augenblick dicht über dem explodierten Reaktorblock. Der Heckrotor des Hubschraubers verfängt sich in einer Kette. Die Maschine fällt vom Himmel. Stürzt etwa fünf Meter neben den Reaktorblock. Alle Insassen sterben. Andere Hubschrauberpiloten versuchen, in weiteren Anflügen den Reaktorbrand zu stoppen.

Sie warfen Material in den brennenden Reaktor: Sand, Stahl, Blei und Lehm. Die Stoffe aber verfehlten die ihnen zugedachte Aufgabe. Unwissenheit und Inkompetenz.

Die Fachleute hatten gedacht wie Amateure in Sachen Atomkatastrophe. Die Idee war: Wir decken die Reaktoroberseite mit isolierendem, strahlenhemmendem Material ab. Erde, Beton, Lehm und Blei. Im Inneren des brennenden Infernos aber herrschten Temperaturen um 2700 Grad Celsius. Mit dieser Hitze kann man Werkzeugstahl verbrennen. Das Blei, das die Hubschrauberbesatzungen auf Befehl abwarfen, es schmolz, es verdampfte, es verpuffte in der Hitze. Die Abwürfe der Hubschrauber brachten nur zusätzliche Verwirrung in die – auch von den Liquidatoren – verursachte Gemengelage. Das Blei verdampfte, wurde radioaktiv, und es verseuchte das Land. Der einzige, todbringende, langanhaltende Effekt eines sinnlosen Einsatzes. Seitdem leidet die Umgebung Tschernobyls zusätzlich an einer Vergiftung durch radioaktives Blei. Ein überflüssiger, sinnloser Einsatz. Das Bemühen von Unwissenden.

Die Führung des zuständigen Ministeriums, eine zersplitterte Gruppe von Bürokraten, die lediglich um ihren Einfluß bangte, bekämpfte den GAU wie einen Brand in einem konventionellen Kraftwerk. Etwas anderes hatten sie nicht gelernt. Im Ministerium saßen keine Techniker, hier befahlen Amateure die Bekämpfung des »größten anzunehmenden Unfalls« der Atomgeschichte. Des GAUs.

»Gegenüber der Atomtechnik verhalten sie sich, als sei sie ein Samowar«, erklärt ein Beobachter die Szene. Als sei ein Atomkraftwerk so einfach zu betreiben wie ein Teekocher.

Das renommierte Institute of Technology in Massachusetts hat in einer Studie herausgefunden, daß es sich in Tschernobyl um eine Kernschmelze handelte. Die radioaktive Masse sei ausgebrannt, habe sich als lavaartiger Strom durch das Reaktorgebäude in das unterste Stockwerk der Anlage gefressen, sei jedoch nicht durch den Boden des Kraftwerks gedrungen.

Die Hubschrauberbesatzung ist umsonst gestorben. Der Befehl

Leonid Teljatnikow nach der Entlassung aus dem Krankenhaus vor den Gräbern seiner toten Kollegen (VS).

Sperrzone, Tschernobyl. Es gibt nur wenige »offizielle« Grabsteine für die Opfer der Katastrophe (FF).

zum Einsatz war unsinnig, amateurhaft. Die Strategie war falsch. Die Verantwortlichen hatten keine Ahnung von dem, was ihnen gegenüberstand. Der Versuch der Lösung des Problems war eine Angelegenheit Außenstehender, die, weit entfernt, um ihren Einfluß fürchteten. Die Aktion war blinder Aktionismus, ohne Fachkenntnis, ohne das geeignete Wissen über die Schwierigkeiten, die bei einem Atombrand Entscheidungen bestimmen sollten.

Mehr als 660000 Menschen waren, so wurde später bekannt, für den »Liquidationseinsatz« verpflichtet. Für Aufräumungs- und Entseuchungsmaßnahmen.

Rechnet man die »freiwilligen« Helfer dazu, so waren 1,2 Millionen Menschen zur Bewältigung des GAUs im Einsatz. Er war nicht zu bewältigen.

Ein unbekannter Liquidator berichtet Einzelheiten über die Todeskommandos:

»So kam man darauf, an den feuerwehrtechnischen Lehranstalten Leistungssportler zu suchen. Kerle, die klettern konnten, ohne Höhenangst, zähe Jungs. Länger als 25 Minuten durfte man nicht am Schornstein bleiben. So verabredete man, in der 23. Minute die Sirene einzuschalten. Alles liegenlassen! Der Junge kletterte dann schnellstens herunter. Die Sprossen waren natürlich auch verseucht. Viktor Sorokin aus Charkow machte den ersten Versuch. Bleihose und Bleihemd, 20 Kilo schwerer Schutzanzug, Bleihandschuhe, schwarze Schutzbrille, Geigerzähler, Funkgerät.

Er schaffte es mit dem Spähtrupp zur Messung der Radioaktivität in 22 Minuten. Sie warfen Beton, Graphit und andere Splitter direkt in den Krater. Zwei Mann waren ganz oben, sechs auf der dritten Plattform, acht auf der zweiten, ganz unten Major Sudnizyn und Awramenko. Denen kamen die sieben Minuten wie eine Ewigkeit vor. Der Müll wurde beseitigt.«

Der »Müll« bestand aus zerborstenen Brennstäben, Brocken von Graphit, Beton aus der Brennkammer. Die Arbeiter auf den verschiedenen Bereichen des Daches von Block 3 und Block 4 arbeiteten unter vergleichbaren Verhältnissen wie im Inneren der Brennkammer eines funktionierenden, unter Vollast fahrenden Kraftwerkes. Normalerweise ist dieser Bereich streng abgeschottet. Die Fachleute des Kraftwerkes, jeder Atomtechniker wußte dies. Aber es kümmerte niemanden angesichts der ausweglosen Situation. Irgendwie mußte man aus dieser Ausweglosigkeit heraus. Niemand aber wußte, wie.

Sie arbeiteten auf dem Dach von Block 3 und 4. Konstruktionsbedingt liegen in Tschernobyl immer zwei Blöcke unter einem Dach. Über die Gefahren wollte sich in der Vergangenheit wohl niemand Gedanken machen. Es widerspricht jeder westlichen Sicherheitsnorm. Das aber war den Liquidatoren, denjenigen also, die aufräumen sollten, schlicht egal. Sie kannten keine Normen. Westliche nicht und die der UdSSR auch nicht, denn diese waren nie veröffentlicht worden. Sie hatten Befehl. Und der hieß: »Aufräumen!«

Das Aufräumen hieß für sie: Wegschaffen des Mülls. Irgendwie. Irgendwohin. Schnell. Deshalb schaufelten sie gegen die Zeit, warfen mit bloßen Händen Teile des Reaktorblocks in das große Loch, zerlegten mit Schweißbrennern radioaktiven Schrott. Und immer hinein in den strahlenden Schlund der ehemaligen Brennkammer Nummer 4. Auch dies eine Fehlentscheidung.

Das strahlende Material hätte getrennt werden müssen. Nun aber liegt alles – Beton, Graphit, Brennelemente, Stahl, Bleche, Röhren und was sonst noch zu finden war – völlig durcheinander auf der Oberseite des Schrottreaktors, auf den Trümmern der Idee eines sozialistischen Aufbaus.

Irgendwann kamen sie darauf, daß vielleicht doch eine Kernschmelze den Reaktor zerstört haben könnte. Dann aber wäre der Untergrund gefährdet. Niemand hatte beim Bau darauf geachtet, daß das Gelände völlig unbrauchbar war. Tschernobyl steht auf Sand. Das Gebäude sackt ab. Die Statik ist unsicher. Jetzt ist der Sarkophag baufällig. Er ist zu schwer. Deshalb sind Alternativen jetzt schwierig. Einen zweiten Sarkophag darüberzustülpen ist nicht möglich, zu schwer. Ein Monolith, das Ausgießen des Blokkes mit Beton, ist unmöglich. Er wäre zu schwer. Über den Untergrund wurde beim Bau nie nachgedacht. Das rächt sich nun.

Anatolij Burowski ist erst 30 Jahre alt. Gerade hat er seinen zweiten Herzinfarkt überlebt. Anatolij ist ein gesundheitliches Wrack. Als Bergbauarbeiter in Kiew hatten die Behörden ihn dienstverpflichtet. Drei Stunden lang schuftete er täglich unmittelbar unter der geborstenen Reaktorplatte, um das Betonfundament für den Absicherungssockel zu gießen.

»Wir haben einen Tunnel unter dem Reaktor gegraben. Die Platte hatte ziemlich viele Risse bekommen. Wir mußten alles zusammenbetonieren, damit das gesamte Fundament nicht auseinanderbrach.«

Unter den 660000 Liquidatoren waren 24000 Offiziere und 316000 Wehrpflichtige. Von allen Großbaustellen des Landes wurden Helfer abzogen. U-Bahn-Bauer aus Kiew. Bohrarbeiter aus Ostsibirien. Brückenbauer aus Moskau. Bulldozerfahrer aus Urengoi in Westsibirien. Liquidatoren waren in einer Art Allroundeinsatz: Sie mußten betonieren, Boden abtragen, mit Lkws abtransportieren, mit Wasserschläuchen Gerätschaften dekontaminieren, Familien evakuieren, Hab und Gut der Menschen abtransportieren, Verseuchungszonen ausmessen.

Laut offiziellen sowjetischen Angaben wurden bis 1990 25 Millionen Quadratmeter Erdreich dekontaminiert.

13,2 Millionen Kubikmeter Erdreich abgetragen.

944 Orte und Dörfer und Siedlungspunkte evakuiert.

160 Hektar abgestorbener Wald unter die Erde gebracht.

Über eine Milliarde Tonnen Erdreich wurden per Lastwagen weggefahren. Wohin der strahlende Dreck gekommen ist, weiß niemand genau. Eine eklatante Fehlplanung. Sie wird sich rächen. In naher Zukunft.

Die »Liquidatoren« waren offiziell so lange im Einsatz, bis sie die Ganzkörperdosis von 25 Rem erreichten.

Tschernobyl, Gedenkstätte für die Opfer von Block 4 (FF).

Rem ist die wissenschaftliche Abkürzung für »Roentgen equivalent man«. Damit wird als Rechnungseinheit festgehalten, wieviel Strahlung menschliches Gewebe aufnimmt. Nach dem Reaktorunglück gab es keine genauen Messungen, sondern nur »kollektive Schätzungen«. Unmittelbar nach der Reaktorexplosion standen in der 30-Kilometer-Zone nicht mehr als 200 Dosimeter zur Verfügung, um die Belastungswerte zu erfassen. Ein Liquidator war etwa zwei Monate vor Ort im Einsatz. Dann wurde er ausgewechselt. Nach wissenschaftlichen Gesichtspunkten war dies vorsätzlicher Mord. Die Folge einer eklatanten Fehleinschätzung.

Die Opfer wissen nicht, wieviel Strahlung sie abbekommen haben. Anatolij trug keine Schutzkleidung. Ahnungslos taten die Liquidatoren ihre Pflicht:

»Keiner hat uns über die Gefahren informiert. Wir haben bei diesem Einsatz unser Letztes gegeben. Drei Stunden harter Arbeit, eine Ruhepause und dann schon wieder die nächste Schicht. Erst am zweiten Tag ist mir schlecht geworden. Da habe ich mich gesundheitlich angegriffen gefühlt. Als ich nach Hause kam, verlor ich das Bewußtsein. Das passierte mir ein paarmal, auch beim Einsatz unter der Erde. Erst nach eineinhalb Jahren, nachdem ich zweimal im Krankenhaus war, hat man mir die Invalidität zugestanden. Aber die Ärzte haben mich im Krankenhaus nur ganz allgemein behandelt, keine speziellen Medikamente. Nur mit ein bißchen Penicillin.«

Die ersten Opfer von Tschernobyl waren diejenigen, die in unmittelbarer Reaktornähe die Explosion miterlebten. Zusammen mit der Werksfeuerwehr bekämpften sie bei Temperaturen bis über 2700 Grad Celsius das Feuer.

Ungezählte Arbeiter hatten in der Unglücksnacht auf dem Reaktorgelände Nachtschicht. Wladimir gehörte zu dieser Gruppe:

»Vom 9. Mai an begannen die Jungs zu sterben. Es war entsetzlich. Damals verteilten sie uns einzeln auf die Zimmer und sagten uns, wir dürften nicht umhergehen. Uns war sowieso nicht danach zumute. Wir fühlten uns schrecklich schwach und schwindlig. Die Haare begannen auszufallen. Unerträgliche innere Schmerzen quälten uns. Ich wünschte mir, daß alles bald vorbei wäre. Zuerst starb einer der Feuerwehrleute. Dann einige Mitarbeiter vom Kraftwerk.«

Sie starben an den Folgen der Strahlenkrankheit.

Robert Gale, amerikanischer Spezialist für Rückenmarkstransplantationen, beschreibt eines der ersten Tschernobyl-Opfer, das unter der Strahlenkrankheit litt:

»Schwarze Blasen überzogen sein Gesicht, sein Zahnfleisch war bedeckt mit einem weißen Belag, der wie Klöppelspitze aussah. Nach einigen Tagen schälte sich die Schleimhaut ab, und dann wurde sein Zahnfleisch feuerrot. Geschwüre überzogen seinen Körper. Die Hautschichten, die den Darm auskleiden, zerfielen, und er hatte blutigen Durchfall. Wir gaben ihm Morphium, um die Schmerzen zu lindern, aber selbst im Delirium litt er Qualen. Verbrennungen durch Radioaktivität werden immer schlimmer statt besser, weil die alten Zellen absterben, neue sich jedoch wegen der Strahlenschäden nicht bilden können. Gegen Ende war Orlow kaum noch wiederzuerkennen. Sein Tod, einige Wochen nach dem Unglück, war für ihn eine Erlösung.«

Robert Peter Gale arbeitet in Los Angeles als Spezialist für Rückenmarkstransplantationen. Er gilt international als einer der versiertesten Experten auf diesem Gebiet. Die von Gale entwikkelten Operationstechniken sind heute internationaler Standard. Gale wurde bei uns bekannt, nachdem er, unmittelbar nach dem Reaktorunfall, auf Vermittlung und Kosten eines Ölmagnaten, bei 17 Strahlenopfern des Reaktorunglücks in Moskau Transplantationen des Rückenmarks vornahm, um sie zu retten. Nach seinen Angaben wurden 500 Menschen auf Grund von Strahlenschäden in Krankenhäusern versorgt. Gale rechnete langfristig mit genetischen Schäden als Folge der Reaktorkatastrophe. Er sollte recht behalten.

Ein Jahr später, im Jahr 1987, verschlimmerte sich auch der Zustand von Anatolij Burowski, einem Liquidator, der heute noch lebt.

»Es wurde immer schlimmer. Derzeit leide ich an 18 Krankheiten. Die erste Phase der Leukämie hat begonnen. Zur Zeit habe ich Schmerzen am ganzen Körper. Es gibt nicht einen einzigen Körperteil, der nicht weh tut. Es fällt mir schwer, darüber zu sprechen. Mit 28 Jahren hatte ich schon meinen ersten Herzinfarkt, mit 30 meinen zweiten, ständig diese Angina-pectoris-Anfälle.«

28. 4. 1986

In Schweden, Norwegen und Finnland wird erhöhte Radioaktivität gemessen. Eine schwedische Militärforschungsanstalt schließt einen Unfall in einem russischen Atomkraft-

Messungen in der Nähe des Reaktors (FF).

werk nicht mehr aus. Die sowjetische Atomenergiebehörde bestreitet eine Reaktorkatastrophe.

Im Westen bestreiten Politiker und Wissenschaftler jede Gefahr. Nur alternative, kritische Institute denken über Gefahren nach.

28. 4. 1986

21 Uhr

Die sowjetische Nachrichtenagentur TASS teilt mit, daß es im Kernkraftwerk Tschernobyl nördlich von Kiew einen Unfall gegeben habe. Dabei seien auch Menschen zu Schaden gekommen. Es werde eine Untersuchungskommission gebildet. Maßnahmen zur Beseitigung der Folgen des Unglücks seien bereits eingeleitet worden.

28. 4. 1986

23 Uhr

Ein dänisches Laboratorium für Nuklearforschung gibt bekannt, daß im Atommeiler Tschernobyl ein GAU stattgefunden habe, wobei eine Reaktorstufe vollständig geschmolzen sei. Beim Durchschmelzen des Reaktorkerns werde die gesamte Radioaktivität an die Außenwelt abgegeben.

Das Lawrence Livermore National Laboratory errechnet später, daß durch die Reaktorkatastrophe von Tschernobyl ein Drittel mehr Strahlung in der Atmosphäre herrscht, als alle bisher gezündeten Atomwaffen zusammengenommen ausmachen.

Iswestija, 29. 4. 1986:

»Aus dem Ministerrat

Im Kernkraftwerk Tschernobyl in der Ukraine hat sich eine Havarie ereignet. Einer der Atomreaktoren wurde beschädigt. Maßnahmen zur Beseitigung der Havariefolgen werden unternommen. Den Geschädigten wird Hilfe geleistet. Eine Regierungskommission ist gebildet worden.«

Die Katastrophe wird verharmlosend zur »Havarie« erklärt. Der Reaktor sei lediglich »beschädigt«, nicht explodiert. Die Meldung suggeriert: Eine Beseitigung der Folgen sei möglich. Hilfe für die Bevölkerung werde geleistet.

Alexander Weljekin kommt aus Leningrad. Er gehört zu den Männern, die ihr Leben aufs Spiel gesetzt haben, um mit einfachen Spaten die aus dem Reaktorgebäude herausgeschleuderten Graphitbrocken vom Dach des Reaktors abzutragen. Ohne Schutzanzug, nur in Baumwolle gekleidet, stand er auf dem Dach von Block 4, war stärksten Strahlendosen ausgesetzt:

»Danach waren wir in den Dörfern rund um den Reaktor im Einsatz. Wir hatten keine Dosimeter. Die obere Schicht der Böden haben wir abgetragen, dann auf Lastwagen verfrachtet und schließlich irgendwohin weggefahren. Nur um das strahlende Bodenmaterial endgültig zu vergraben. Ein halbes Jahr hat es gedauert, bis die uns Dosimeter gegeben haben. Offiziell war davon die Rede, daß ich bei den Arbeiten 32 Rem abgekriegt habe, aber meine persönlichen Messungen haben 200 Rem ergeben. Vorher war ich nie krank. Jetzt hat mich der Doktor in zwei Jahren 13mal krank geschrieben. Nur ein einziges Mal hat man mich in eine der wenigen Spezialkliniken gebracht, weil mein Herz verrückt gespielt hat.«

Etwa 500 Menschen wurden unmittelbar nach der Reaktorkatastrophe von Tschernobyl behandelt. 203 von ihnen strahlenkrank. Den Schwerstverletzten konnte nicht geholfen werden. Von den 23 Opfern, die einer Strahlendosis von mehr als 600 Rem ausgesetzt waren, überlebte keiner.

Währenddessen behandeln sie den »GAU« wie einen Unfall in einem normalen Heizkraftwerk. Lediglich die Wissenschaftler am Unglücksort wissen, wie hoch die Gefahr ist. Sie messen mit den paar Geräten, die sie haben, Strahlung. Sie können die Gefahr einschätzen. Aber sie gehorchen dem Befehl. Und sie befehlen anderen zu gehorchen. Trotz der Gefahr. Trotz der lebensbedro-

Dr. Alexander Ruchlja mißt den Verstrahlungsgrad (FF).

henden Lage. Es gibt keinen Ausweg. Mit den Arbeitern spricht niemand über die Gefahren. Die Desinformation von Liquidatoren und Bevölkerung hält an. Zu lange.

29. 4. 1986
8.30 Uhr
Bundesforschungsminister Riesenhuber teilt mit, auf Grund der Windverhältnisse sei nicht damit zu rechnen, daß die freigesetzte Radioaktivität auf die Bundesrepublik zutreibt. Er fordert, den Sicherheitsstandard aller Kraftwerke in der Sowjetunion zu überprüfen.

Viel später treffen wir Professor Sobotowitsch in Minsk. Aus geringer Entfernung hat er die Explosion miterlebt. Er war in seiner Datscha. Nur ein paar Kilometer vom Reaktor entfernt. Hier war Frieden, hier hatte er sich mit seinen Freunden und der Familie ein kleines Refugium gebaut. Er zeigt bei unserer Begegnung Fotos aus glücklichen Tagen. Seine Frau ist Ärztin in einem großen Krankenhaus in Kiew. Seine Tochter ging damals noch zur Schule. In diesen Tagen hatten sie Ferien, genossen das freie Leben in dieser wunderschönen Landschaft. Die Wälder, die Bäche, die Seen.

Nachts hatte es einen großen Knall gegeben, zu sehen aber war zunächst einmal nichts. Am Morgen stand aber die große Rauchwolke am Horizont. Sobotowitsch ist Strahlenchemiker. Er ahnte, was passiert war. Das Ausmaß der Katastrophe aber war auch ihm nicht bewußt.

Trotzdem bricht die Familie hektisch auf. Auch seine Frau weiß natürlich, was die Wolke bedeuten könnte. Ihre Ahnungen aber treffen bei weitem nicht das Ausmaß.

Sie fahren zurück nach Kiew. Unterwegs müssen sie mit einer kleinen Fähre einen schmalen Fluß kreuzen. Heute aber ist das Schiff nicht in Betrieb. Statt dessen sitzt ein untergeordneter Soldat am Ufer, badet seine Füße im Wasser und langweilt sich. Er solle auf das Meßgerät aufpassen, sagt er. Aufpassen und die Meßwerte aufschreiben für den Offizier. Was er da messe, wisse er nicht. Aber er habe einen Befehl. Und der sei sehr gemütlich.

Sobotowitsch schaut auf das Meßgerät und erstarrt. Der Meßbereich ist weit überschritten. Das Land ist hochradioaktiv verstrahlt. Und der Soldat versteht nicht, daß ein Zivilist ihm sagt, es sei gefährlich, die Füße im Wasser zu baden. Das war es bisher noch nie. Der Soldat kommt aus der Nachbarschaft. Das Flüßchen heißt Bragingka. In seinem Bodenschlamm werden viel später über 10 000 Cu/km^2 Strontium gemessen. Das Ende jeden Lebens. Auf sehr lange Zeit.

29. 4. 1986
15 Uhr
Eine 30-Kilometer-Sicherheitszone soll um den Unglücksort Tschernobyl gezogen werden. Alle Menschen aus diesem Bereich seien zu evakuieren. Mehrere zehntausend sowjetische Bürger seien davon betroffen.

Mehr als 40 Stunden nach dem GAU meldet das ARD-Fernsehen:

»Hier ist das 1. Deutsche Fernsehen mit der Tagesschau. ... In der Sowjetunion hat sich offenbar ein ernster Atomunfall ereignet.

Nach Angaben der sowjetischen Nachrichtenagentur TASS traten an einem Kernkraftwerk in der Nähe von Kiew Schäden am Reaktor auf. Durch die radioaktive Strahlung sollen auch Menschen zu Schaden gekommen sein.«

Weiter heißt es in der Meldung: Den Betroffenen werde Hilfe geleistet. Es wird aber nicht gesagt, wann sich das Unglück ereignet hat und wodurch es verursacht wurde.

In den letzten beiden Tagen war an mehreren Orten Schwedens

und Finnlands erhöhte Radioaktivität gemessen worden. An einigen Stellen wurde die übliche Strahlungsmenge um das Fünf- bis Sechsfache übertroffen.

Auch Journalisten in westlichen Zeitungshäusern wußten vier Tage nach dem Reaktorunglück, trotz besserer Kommunikationssysteme, keine Einzelheiten über das Ausmaß des Unglücks. Auch sie waren auf regierungsamtliche Informationen angewiesen.

Erste Zeitungsmeldung:

Frankfurter Rundschau, 29. 4. 1986:

»Moskau meldet Unfall in einem Atomkraftwerk. Hohe radioaktive Strahlung über Skandinavien.

In einem Atomkraftwerk der ukrainischen Stadt Tschernobyl nördlich von Kiew hat sich ein Unglück ereignet, bei dem nach offiziellen Angaben mehrere Menschen zu Schaden gekommen sind. Die amtliche Nachrichtenagentur TASS berichtete am Montag abend in einer kurzen Meldung, daß einer der Atomreaktoren der Anlage beschädigt worden sei. Weitere Einzelheiten teilte die Agentur nicht mit.«

29. 4. 1986

14 Uhr

Die UdSSR bittet Schweden um Löschhilfe beim Brand des Kernkraftwerks Tschernobyl. Die sowjetische Botschaft fragt in Stockholm an, wie dem Brand des Reaktorgraphitkerns zu begegnen sei.

Drei Tage nach dem GAU:

Bonn. Stellungnahme der Bundesregierung: Der damalige Bundesinnenminister Zimmermann auf die Frage, ob eine Gefährdung der Bevölkerung in der Bundesrepublik ausgeschlossen sei:

»Ja ... absolut auszuschließen, denn eine Gefährdung besteht nur im Umkreis von 30 bis 50 Kilometer um den Reaktor herum.

Dort ist sie hoch.

Wir sind 2000 Kilometer weg.

Messungen, wie sie in Skandinavien stattgefunden haben, könnten 10-20fach höher ausfallen in den Werten. Dann wäre es immer noch keine Gefährdung.«

30. 4. 1986

Deutschland, erste Informationen aus der UdSSR im Radio, vier Tage danach. Hans Peter Riese, Korrespondent der ARD in Moskau, berichtet:

»Die Meldungen aus dem Unglücksgebiet sind spärlich. Einige Korrespondenten haben mit der ukrainischen Hauptstadt Kiew telefonieren können, die etwa 130 Kilometer von Tschernobyl entfernt liegt. Nach diesen Informationen herrscht in Kiew keine Ausnahmesituation. Das Stadtbild soll ruhig sein. Von Evakuierungsmaßnahmen ist offensichtlich nichts zu beobachten. Angaben über Ausmaß und Ursachen des Unfalls sind deshalb nicht möglich. Die sowjetische Presse meldet heute das Unglück mit keiner Zeile.«

30. 4. 1986
17 Uhr
Der Reaktorbrand ist angeblich gelöscht.

Die Politik der Verharmlosung der ersten Stunden und Tage war falsch. Heute wissen es alle. Damals haben sich nur wenige dieses Schreckensszenario vorstellen wollen.

Es war also doch ein ziviles, atomares und katastrophales Unglück geschehen. In einem Land des Ostens. In der Sowjetunion. Heute nennen wir sie die »damalige«.

Zwar hatten Gorbatschow und sein Land im Jahre 1986 schon ein Jahr Glasnost- und Perestroikaerfahrung hinter sich, doch so weit reichte die Umgestaltung der Sowjetgesellschaft noch nicht, daß Informationsfreiheit eine ausreichende Aufklärung der östlichen wie der westlichen Welt über das Ausmaß der Reaktorexplosion sichergestellt hätte.

Auf der anderen Seite des noch »real existierenden Eisernen Vorhanges« war die Informationspolitik der unseren vergleichbar. Stolz können wir darauf auch heute nicht sein.

In den westlichen Demokratien dauerte es Tage, bis das gesamte Ausmaß der Reaktorkatastrophe erkannt war. Die Bevölkerung wurde im unklaren gelassen. Die Politik hatte auch bei uns, im Westen, zu spät reagiert. Verharmlosungsparolen gingen von Mund zu Mund. Niemand wußte so recht, wohin die radioaktive Wolke ziehen würde. Vom meteorologischen Zufall war abhängig, wer in Westeuropa betroffen war und wer nicht. Wir haben es damals dankbar geglaubt.

1. Mai 1986
Die Bevölkerung nimmt mit den Kindern an den Feiern des 1. Mai teil. Bei dem schönen Wetter befinden sich viele Eltern mit ihren Kindern im Freien. Die radioaktive Wolke geht auf sie nieder.

Verstrahlte Landschaft wird einsam (FF).

Am 1. Mai sind überall in der UdSSR Demonstrationen organisiert. Ein Feiertag. »Tag der Arbeit« im großen sozialistischen Einheitsstaat. Die Menschen gehen auf die Straßen. Wo es geht, feiern sie im Wald. Sie setzen sich der Strahlung und den »heißen Partikeln« aus, den »Hot Spots«. Niemand wird sie vor den Gefahren warnen. Das Leben geht seinen sozialistischen Gang. Noch kann die große, die mächtige Sowjetunion nicht den »größten aller anzunehmenden Unfälle« der Atomwirtschaft zugeben. Noch nicht. Sie hält ihn geheim, nennt ihn eine Havarie. Währenddessen werden die ersten Zäune um den Reaktor gebaut. Unmittelbar nach der Katastrophe glaubte man, mit zehn Kilometern auszukommen. Eine Fehleinschätzung.

Der erste Zaun ist noch nicht fertig, da wird die 30-Kilometer-Zone befohlen. Wieder wird Stacheldraht verlegt. Eine neue Grenze. Auch dies eine Fehleinschätzung des Problems. Messungen haben ergeben, daß sich die Belastung außerhalb nur unwesentlich von der Vergiftung innerhalb unterscheidet. Noch weiß niemand genau, wo die Erde vergiftet ist. Es fehlen der Überblick, Verseuchungskarten, Meßtrupps, Instrumente.

Der Bau der 50-Kilometer-Sperrzone wird befohlen. Größer wird man sie auch später nicht ansetzen. Die Kosten werden danach zu hoch sein. Weitere Ausweitungen kann der Staat sich nicht leisten.

Jahre später wird Professor Edmund Lengfelder aus München, ein anerkannter Strahlenmediziner, sagen: »Statistiker rechnen aus, was es kostet, und Politiker entscheiden dann, was sie sich leisten können. So entstehen Grenzwerte. Auch für radioaktive Belastungen. Das war in der UdSSR so. Und so ist es auch bei uns.«

Erst am 3. Mai, sieben Tage nach der Katastrophe, warnen in Deutschland staatliche Stellen die Bevölkerung vor den Auswirkungen des »größten anzunehmenden Unfalls«.

Wenn die Atomkerne in einem Reaktor zerfallen, entstehen radioaktive Isotope, in der Hauptsache Strontium-90, Caesium-137 und -134. Im Brennstoff, Natururan-238 entsteht eine Menge von Plutonium-239. Radioaktives Wasser (Tritium). In Abgasen C14 (radioaktiver Kohlenstoff) und daneben Isotope durch die Metalle, die beim Bau des Reaktors verwendet worden sind.

Nach offiziellen sowjetischen Angaben wurden in der Katastrophennacht 3,5 Prozent des radioaktiven Materials nach außen in

Sperrzone, Grenze, Belarus. Das Tor zur 10-Kilometer-Zone. Als der Zaun fertiggestellt war, wurde bereits am nächsten gebaut (FF).

die Atmosphäre geschleudert. Der belarussische Strahlenchemiker Alexander Ruchlja geht, wie viele andere Wissenschaftler, davon aus, daß diese Angaben etwa zehnfach zu niedrig sind, und er spricht bei vorsichtiger Annahme von 8-10 Prozent. So wurden 180 Millionen Curie an die Luft abgegeben, das sind 5×10^{18} Curie pro Quadratkilometer.

Zunächst wurde etwa ein Viertel der radioaktiven Stoffe aus dem Reaktor nach außen gestoßen, die anderen drei Viertel gelangten im Lauf von etwa 14 Tagen in die Atmosphäre. Wie sich die Strahlenbelastung zunächst auswirkte, war von Wind und Wetter abhängig. Die fleckenweise Verseuchung entstand durch den radioaktiven Niederschlag, der mit dem Regen niederging. Die Wolke ging in drei Windrichtungen: am 26. April 1986 auf Skandinavien zu, am 27. und 28. April nach Westeuropa und am 29. und 30. April in Richtung Balkan.

Vor Tschernobyl hatte niemand realisiert, daß die Dachkonstruktion des Reaktorgebäudes nicht viel stärker war als ein Autogaragendach nach deutscher Baunorm. Dem RBMK-1000-Reaktor fehlt ein Beton-Containment, also eine strahlenundurchlässige Schutzhülle.

Als die radioaktive Wolke um die Welt zog, war es für diese Erkenntnis zu spät.

In Richtung der Stadt Moskau, der Zentrale der sowjetischen Großmacht, ist allerdings eine klare Linie auf den heutigen Verseuchungskarten zu bemerken. Ein gerader Strich auf dem Papier. Lange Zeit wurde von den Behörden bestritten, irgendwelchen Einfluß genommen zu haben. Nie wurde zugegeben, daß die Wolken künstlich abgeregnet wurden. Die strahlende, todbringende Last sollte nicht auf russischen Boden gelangen. Bisher wurde dies bestritten.

Die Verseuchungswerte auf den Karten lassen nicht auf einen Zufall schließen. Immer gab es die Theorie, die Wolken seien »gemolken« worden. Diese Technologie sei nicht vorhanden, wurde damals gesagt.

Anläßlich der Feiern zum Sieg über Deutschland drohte die Veranstaltung von Regenschauern gestört zu werden. Die Moskauer Regierung beauftragte eine Spezialtruppe der russischen Luftwaffe, sich dieses Problems anzunehmen. Mit Trockeneis und speziellen Mixturen, hineingeschossen in die Wolken, wurde das Problem behoben. Die Siegesfeiern fanden bei strahlender Sonne statt. Aus bekannten Gründen war der Himmel über Moskau frei von Wolken.

Die Technologie zur Abregnung von Wolken, auch strahlender, zwecks bewußter Verseuchung der Gebiete um Gomel und Mogilov war damals vorhanden. Vielleicht war das System noch nicht so perfekt. Aber es war wirkungsvoll. So entstanden, weit entfernt vom eigentlichen Katastrophenherd, neue »Zonen«, neue hochverstrahlte Gebiete. Neues, unkalkulierbares Leid auf weißrussischem Boden.

Noch aber waren diese »Zonen« nicht bekannt. Noch konzentrierte sich die Aufmerksamkeit auf den nahen Bereich um den Reaktor. Noch sah niemand die Notwendigkeit, auch anderswo im Land Bodenuntersuchungen zu beginnen. Die Labors in Minsk und Kiew indes waren ohnehin völlig überfordert.

Schilderung Professor Sobotowitsch, Minsk, Radiochemisches Institut.

Wir begegnen ihm abends, zu Hause, in seiner Wohnung. Nebenan, in der Küche, richtet seine Tochter ein Abendessen für die Gäste aus Deutschland. Seine Frau arbeitet noch in der Klinik. Sie wird erst später erwartet. Der Reporter und der Professor liegen im Wohnzimmer auf dem Fußboden, betrachten Familienfotos.

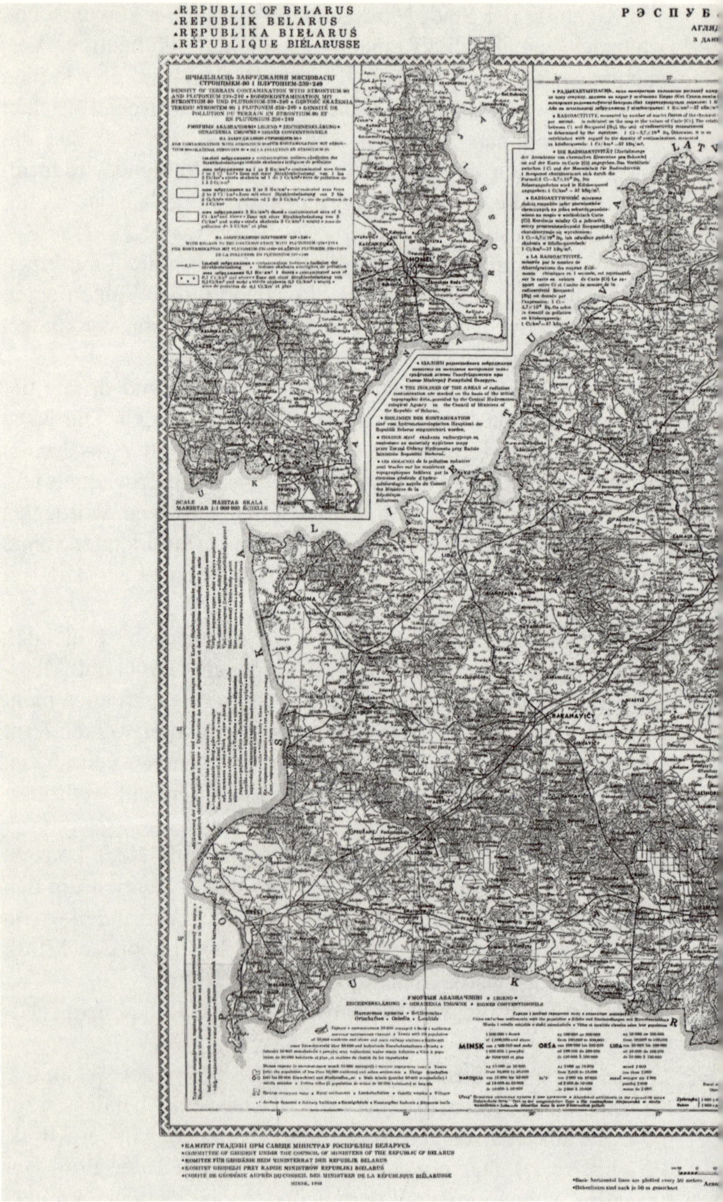

Kontaminationskarte.

•БЕЛАРУСКАЕ КАРТОГРАФА-ГЕАДЭЗІЧНАЕ ПРАДПРЫЕМСТВА
•BYELORUSSIAN CARTOGRAPHIC AND GEODETIC ENTERPRISE

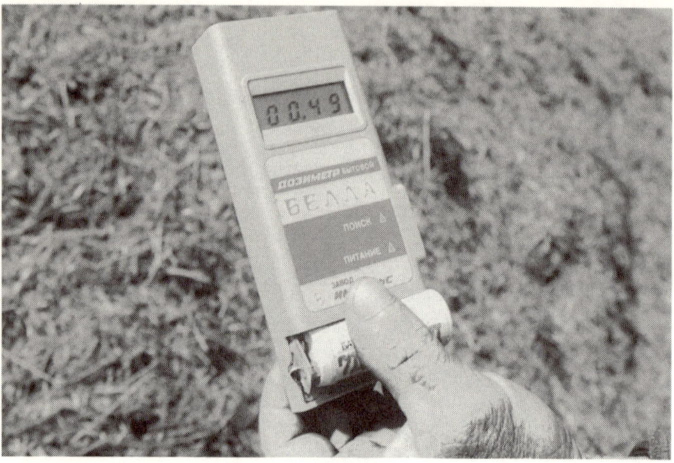

Messungen des verstrahlten Bodens (FF).

Sie hatten sich schnell geeinigt: Der Professor sagt dem Reporter, wann Erinnerung weh tut, und der fragt dann nicht weiter. Oder er fragt anders. Da sind die Bilder von den Kindern. Da sind Fotos von der Datscha. Von glücklichem Leben. Und irgendwann gibt es keine neuen Bilder mehr. Da sind nur noch Worte, Erzählungen, Erinnerung.

Er erzählt die Geschichte von der überstürzten Abreise von der Datscha, vom Soldaten am Fluß und auch von der Angst, vor dem Grauen, das einer jeden Katastrophe folgen muß:

In seinem Institut in Kiew gibt es eine Tafel. Wie in der Schule. Dort wird jeden Tag neu notiert, wie hoch die Verseuchungswerte des Dnjepr, des Flusses durch Kiew sind. Er versorgt die Ukraine mit Wasser. Wird das Gewässer irgendwann einmal vom Dreck Tschernobyls verseucht sein, dann hört das Leben in der Ukraine langsam auf. Das wäre das Ende.

Noch aber ist es nicht soweit. Noch sind die Werte »normal«, befinden sich innerhalb der »Grenzwerte«. Früher kamen die Leute häufig hierher. Die Tür steht offen. Jeder, der die Tafel sehen will, kann die Zahlen ablesen. Das Institut genießt den Ruf, ehrlich zu sein. Wenn die Grenzwerte, die ohnehin großzügig sind, erreicht werden sollten, dann müssen wir über seine Reaktion neu nachdenken. Eine Frage der Glaubwürdigkeit von Wissenschaftlern.

Sobotowitsch aber will ehrlich sein. Als Wissenschaftler und als Betroffener.

Sobotowitsch war nach Kiew zurückgefahren. Über lange Umwege. Militär besetzte die Straßen. Zivilisten waren da unerwünscht. Am nächsten Tag packte er alle verfügbaren Meßgeräte ins Auto und fuhr nach Tschernobyl. Die Ängstlichen begannen bereits, die Stadt zu verlassen. Sie fuhren zu Verwandten zu Besuch. Offizielle Stellen waren auch nur noch dünn besetzt. Ihre Funktionäre hatten plötzlich dringende »Dienstreisen«. Die Stadt begann sich zu leeren. Lange, bevor eine Evakuierung befohlen wurde. Betroffen aber waren lediglich »Wissende«. Der Bevölkerung wurde Normalität vorgegaukelt.

Sobotowitsch wurde befohlen, Stillschweigen zu wahren. Schließlich war der »GAU« noch eine Havarie, ein harmloser Unfall. Lediglich eine Episode in der Geschichte der Atomenergie.

Währenddessen begann der Professor, ein Haus zu requirieren. Begann, Räume zu putzen, den radioaktiven Dreck nach draußen zu befördern. Erst Tage später kamen seine Mitarbeiter. Da aber war klar: Es gab einen GAU im »Lenin-Atomkraftwerk Tschernobyl«.

Von der Außenwelt waren sie abgeschnitten. Sie sahen Soldaten kommen und gehen. Sie bekamen Bodenproben, die sie zu analysieren hatten. Die Meßwerte wurden an die Parteizentrale weitergegeben. Was dann geschah, lag außerhalb des Einflusses der Wissenschaftler.

Drei Wochen vor dem GAU hatte Sobotowitsch seine Bedenken angemeldet. In einem Artikel, der in einer Fachzeitschrift abgedruckt werden sollte, hatte der Professor aus Kiew das Szenario eines Unfalls aufgezeichnet. Ausgehend von den gravierenden Sicherheitsmängeln des RBMK-1000-Reaktors, verlangte er Änderungen und Nachbesserungen im System. Die Katastrophe aber sollte ihn überholen. Der Artikel durfte nie gedruckt werden. Über seine Erkenntnisse durfte Sobotowitsch nicht reden. Politiker hatten einem Wissenschaftler wieder einmal den Mund verboten. Sobotowitsch konnte sich nicht wehren.

In diesen Tagen – aber die Erinnerung ist vage – kamen viele Busse aus Kiew und holten die Bewohner von Pripjat ab. In Tschernobyl passierte nichts. Das aber erfuhren sie nur am Rande. Die Meßwerte im Labor, die Bodenproben und die Auswertungen

Sperrzone, Tschernobyl. Das Labor des Radiochemischen Instituts Kiew in Tschernobyl. Kurz nach der Katastrophe wurde es eingerichtet. Die Einrichtung ist auch 1991 noch schlicht (PV).

der persönlichen Meßstreifen der Liquidatoren nahmen sie zu sehr in Anspruch. Sie hatten die Übersicht über das Ausmaß der Katastrophe verloren. Niemand hatte sie zu diesem Zeitpunkt. Niemand sollte sie in Zukunft auch ernsthaft wieder bekommen. Andere Nachrichten und Informationen waren Bestandteil einer großen Schau des damals herrschenden wirtschaftlich-militärischen Komplexes. Nur das Grauen vor der Vorstellung, was sein könnte, ist den Beteiligten geblieben.

2. Mai 1986

30 Schwerverletzte liegen in Kliniken in Moskau und Kiew mit zerstörtem Knochenmark und schweren radioaktiven Verbrennungen. 100000 Menschen werden untersucht, 18000 kommen in Krankenhäuser, 1200 Ärzte, 900 Schwestern, 3000 Arzthelfer und 700 Medizinstudenten sind im Einsatz.

Alexander Sgurskij, Schlosser, war ebenfalls Katastrophenhelfer.

»Die Musterung im Mai 1986 ging wie am Fließband. Die haben alle mitgenommen. Alter, Krankheit, Familienstand: Das war denen egal.«

Er füllte fünf Monate lang radioaktiven Schutt in Müllsäcke.

»Für 15 Mann gab es ein einziges Meßgerät. Das hat man uns jeden Abend abgenommen. Über meine Strahlenbelastung hat mich niemand aufgeklärt.«

Seit diesen Tagen quälen ihn unerträgliche Kopfschmerzen. Er wird schnell müde und hat immer einen trockenen Hals. Viele der Liquidatoren sind mittlerweile Invaliden geworden. 7000 Liquidatoren seien bereits gestorben. Das behauptet Alexander Jegurow, der als Offizier der Roten Armee ebenfalls zwangsverpflichtet war.

Sie löschten Brände, evakuierten Menschen und Vieh aus der radioaktiv verseuchten Zone, begruben kontaminierten Müll und verseuchte Technik. Sie bewachten verlassene Orte – und nun sind sie krank: die Liquidatoren. »Was wird aus unseren Nachkommen? Ich weiß es nicht«, sagt Anatolij Kunski aus Minsk, Angehöriger der Miliz. Er ist verheiratet, hat ein fünfjähriges Kind. Anatolij kam vier Wochen nach der Reaktorkatastrophe in der verseuchten Zone zum Einsatz.

»Wir sollten die Bevölkerung evakuieren, das staatliche und das private Eigentum in den verseuchten Zonen schützen. Man sagte uns zwar, daß die Gegend verstrahlt sei, aber wie gefährlich das für unser Leben und unsere Gesundheit war, das sagten sie uns nicht. Von konkreten Meßwerten oder Dosiswerten sprach niemand. Wir hatten nur eine Atemmaske, das einzige Schutzmittel. Die sollten wir aber ständig tragen. Als wir in die Dörfer kamen und dort Menschen ohne Atemmaske arbeiten sahen, setzten wir die Masken ab, um keine Panik zu verursachen. Unsere Lebensmittelversorgung war gar nicht mal schlecht. Zum Teil wurde unverseuchte Nahrung von außen angeliefert. Aber auch örtliche Kolchosen haben uns versorgt. Die Menschen arbeiteten normal weiter in ihren eigenen Gärten oder in den Kolchosen. Was sie aber allgemein beunruhigte, war einfach die Ungewißheit.

Zum Beispiel kamen wir in ein Dorf. Die Menschen fragten uns dann: Werden wir evakuiert? Ja oder nein? Niemand wußte es. Es herrschte noch immer die totale Verwirrung. Eine Woche hat es gedauert, bis dann die Entscheidung kam und binnen weniger Tage die Menschen innerhalb der 30-Kilometer-Zone evakuiert wurden.

Ich war dabei, als die Menschen in den Dörfern Uljitschi, Nuditschi, Chatutschi, Krugrudka und Ostrogljady umgesiedelt wurden. Vor der Umsiedlung und auch danach kamen Meßtrupps

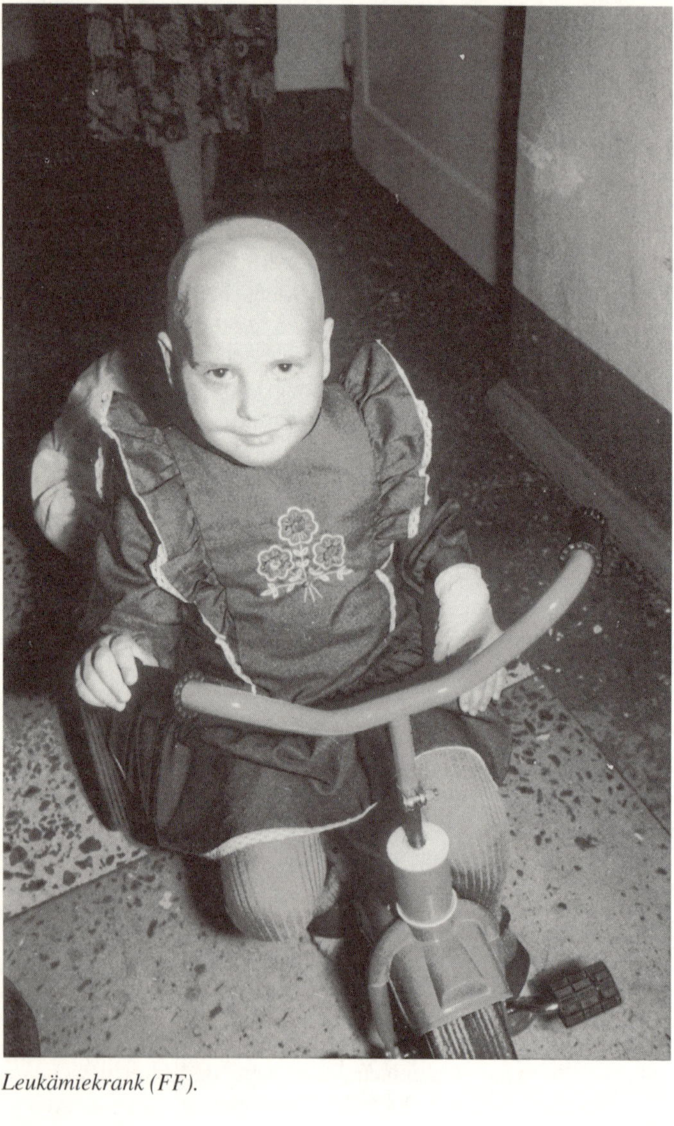

Leukämiekrank (FF).

in die Dörfer und führten Messungen durch, stellten Verseuchungskarten zusammen. Wir fragten nach unseren Strahlenpegeln. Man untersuchte uns auch ärztlich. Aber sie sagten: Es ist alles normal. Heute fühle ich oft Kopfschmerzen, und ich habe eine gewisse Trockenheit im Mund. Wir wollen ein zweites Kind haben, aber ich kann mich nicht dazu entschließen. Ich habe Sorgen, weil ich eine ganze Menge Radioaktivität abbekommen habe.

Vielleicht ist es ja noch eine höhere Dosis, als sie in den Unterlagen eingetragen haben. Ich bin mir da nicht sicher. Wenn ich jetzt im Fernsehen sehe und höre, welche Anomalien es bei Kindern und Tieren in den kontaminierten Gebieten gibt, mache ich mir doch ernste Gedanken. Ich bin immerhin 30 Jahre alt geworden. Aber was wird aus unseren Nachkommen? Ich weiß es nicht!«

Aus allen Teilen der ehemaligen Sowjetunion waren die Helfer rekrutiert worden, insgesamt 660000. Bisher. Die Aufräumungsarbeiten werden aber weitergehen müssen. Noch lange Zeit. Es wird noch viele Liquidatoren geben.

Dann kam der Tag, als der Verkehr in Kiew zusammenbrach. Benzingetriebene Busse waren nicht mehr auf den Straßen zu finden. Ukrainische Medien nahmen das Phänomen nicht zur Kenntnis. Niemand aber konnte das Chaos übersehen. Menschen kamen zu spät oder überhaupt nicht zur Arbeit. Privatwagen verstopften die Straßen, und nur die drahtgebundenen Elektrobusse verkehrten im Inneren der Stadt. Ihre Zahl aber reichte nicht aus.

Was der Bevölkerung nicht mitgeteilt wurde: Die Busse waren unterwegs nach Pripjat, der Stadt in Sichtweite des brennenden Reaktors. Die Räumung war nun befohlen. 40000 Menschen mußten weg. Niemand durfte bleiben. Mitnehmen durften sie nur wenig Gepäck. Das aber wurde ihnen später auch weggenommen. Zu groß war die Angst, die Verseuchung könnte weitergeschleppt werden.

Als die Busse wenige Tage später wieder ihren normalen Liniendienst in der ukrainischen Hauptstadt aufnahmen, wurden sie vorher nicht dekontaminiert. Die Fahrgäste des öffentlichen Nahverkehrs der Stadt Kiew fuhren mit dem radioaktiven Dreck der verseuchten Stadt Pripjat. Niemand hatte die Entseuchung angeordnet. Für die Bürokratie war die Evakuierung damit abgehakt.

Menschen in verstrahlten Dörfern warten auf ihre Umsiedlung (FF).

Die Menschen sollten den Exodus nicht erfahren. Geheimhaltung obsiegte über die Vernunft.

Bis zur Evakuierung, eine Woche nach der Explosion, hatten die Kinder in Pripjat auf der Straße gespielt. In den Schulen fand der Sportunterricht auf dem Hof, im Freien statt. Alle sahen die Rauchwolken über dem Kraftwerk. Nicht weit entfernt. Ein Brand. Mehr nicht. Den aber, so sagten die Stadtverwaltung, die Partei und die örtliche Presse, würde man schnell wieder in den Griff bekommen. Hilfe aus der gesamten Union sei da. Niemand hätte Anlaß zur Sorge.

Bilder ukrainischer Kameraleute zeigen eine absurde Situation: Soldaten in Schutzanzügen laufen durch die Straßen, tragen Gasmasken und erklären völlig ungeschützten Zivilisten, sie hätten nun die Stadt zu verlassen. Niemand aber kann das verstehen. Die Propaganda hatte beruhigt, die Menschen wurden unwissend gehalten. Ruhe war oberste Pflicht gewesen. Und nun sollte alles ganz schnell gehen. Sollten die Nachrichten bisher denn unwahr gewesen sein?

5. Mai 1986

TASS, die regierungsamtliche Nachrichtenagentur berichtet zum ersten Mal, daß Pripjat evakuiert worden ist. 177 Mitglieder der KPdSU kommen während der Evakuierung ihren Pflichten nicht nach. 135 000 Menschen werden aus

200 Städten und Dörfern weggebracht. Von dieser Zeit an bildet sich die Legende, daß diese Katastrophe zu bewältigen sei.

Die Stadt Pripjat wurde aufgegeben. Sie wird von der Landkarte verschwinden.

Die Bilder der Kameraleute sind fleckig. Nur schwer sind Menschen zu erkennen. Radioaktivität zerstörte das Filmmaterial. Indiz für lebensgefährliche Strahlung. Deshalb auch wurde dieses Material erst viel später gezeigt. Zu offensichtlich war die Gefahr. Die aber sollte geheim bleiben.

Später werden die Verantwortlichen auf diesen heimlichen Verrat reagieren. Auf ihre Art. Aus dem Westen, für Devisen, wurden elektronische Kameras eingesetzt. Deren Bilder weisen keine Schäden durch Radioaktivität auf, verstecken die Katastrophe besser. Damit ließ sich der heldenhafte Kampf der Liquidatoren verharmlosen. Der GAU wurde zur Havarie heruntergespielt. Mit allen Mitteln.

Kameraleute, Journalisten und Piloten für die Dreharbeiten zählten zu den ersten Opfern. Über sie aber wurde nicht gesprochen. Die heile Welt einer »Havarie«.

Zum ersten Mal hatten wir Dr. Dimitrij Chesnow im Krankenhaus getroffen. Heute arbeitet er als Kinderarzt in Minsk. Die Folgen des GAUs werden ihn wohl den Rest seines Lebens begleiten.

Direkt nach der Katastrophe war er als Liquidator eingesetzt, unmittelbar in der Nähe des Reaktors, nur wenige Schritte entfernt.

Bei den Aufräumungsarbeiten, gleich nach der Katastrophe, kamen Maschinen kaum zum Einsatz. Im Trommelfeuer der harten Strahlung versagte die Elektronik. Deshalb wurden und werden Menschen geopfert. Liquidatoren, der Name verharmlost das Problem. Denn noch brennt der Reaktor, noch immer tritt Strahlung aus. Viele Jahre noch. Viele Menschenleben lang wird der Schrecken noch andauern.

»Wir arbeiteten an der medizinischen Versorgung des Militärs und der Zivilbevölkerung bei der Tschernobyl-Katastrophe im Raum Gomel und Mogiljow. Unsere Hauptaufgabe war natürlich, die Liquidatoren medizinisch zu versorgen«, sagt Dr. Chesnow.

»Ich bin Arzt, ich habe natürlich selbst mehr über Radioaktivität gewußt als die meisten anderen. Aber selbst das, was ich wußte,

Kinder sind die Hauptbetroffenen der Katastrophe (FF).

war nicht ausreichend. Die anderen, also auch das Militär, wußten kaum etwas über mögliche Gefahren der Radioaktivität.

Aber bereits damals, also ganz am Anfang der Liquidatorenarbeit, konnten wir die Auswirkungen der Strahlung an anderen Liquidatoren sehen.

Es stieg das Schlafbedürfnis. Die Leute bekamen Kopfschmerzen und Entzündungen. Auch Erkrankungen der Atmungsorgane und Darmkrankheiten stiegen überdurchschnittlich an.

Die Leute, die auf dem Dach gearbeitet haben, und die Hubschrauberpiloten und natürlich auch die Leute, die den Sarkophag gebaut haben, waren immens hohen Strahlendosen ausgesetzt. Niemand aber hat wirklich darauf geachtet. Unsere Verantwortlichen waren Verbrecher. Die Liquidatoren sind ungeschützt geopfert worden. Sie haben innerhalb kürzester Zeit Strahlendosen erhalten, die weit über das hinausgingen, was ein Mensch in seinem ganzen Leben erhalten darf.

Ich habe nicht alles über Radioaktivität gewußt. Aber es war mir klar, daß unsere Arbeit hochgefährlich war. Und natürlich wollte ich auf keinen Fall nach Tschernobyl, aber auch ich mußte gehen.«

Der Befehl zur Arbeit in den Strahlungsfeldern des Reaktors konnte jeden treffen. Junge und Alte, Männer und Frauen. Eine Liquidatorin, eine der ältesten, berichtet:

»Es wurden sehr junge Mädchen eingesetzt, eigentlich waren sie noch Kinder. Sie kamen gerade aus der medizinischen Ausbildung, gingen gleich zum Einsatz. Sie hatten noch nicht geboren, hatten selbst noch keine eigenen Kinder empfangen. Aber sie mußten hin. Und es waren sehr viele.

Heute haben die Kinder der Liquidatorinnen alle ein sehr schwaches Immunsystem, sie sind alle krank. Die Kinder müssen dauernd zum Arzt.«

Das aber wurde erst 1995 bekannt: Junge Frauen – noch hatten sie keine Kinder geboren – wurden in die Strahlungsfelder Tschernobyls gehetzt. Gefragt, ob er wolle oder nicht, wurde niemand. Dem Staat war die Schädigung der Nachkommenschaft, der künftigen Bürger dieses Landes, gleichgültig. Die Veränderung der genetischen Veranlagung von Müttern nahm ihren Anfang. Die dritte Katastrophe, das dritte Verbrechen an den Menschen hatte seinen Anfang genommen. Noch immer aber drücken sich »Verantwortliche« vor der Verantwortung. Noch immer haben sich die »neuen« Regierungen bei ihrer Bevölkerung nicht entschuldigt. Noch immer wird vertuscht. Noch wurde niemand aus der Führungsriege verurteilt für seine Verbrechen. Die Frauen Weißrußlands und der Ukraine haben ein schweres Los zu tragen. Noch haben sie die Schuldigen nicht verurteilt. Dies aber wird ein Schritt der »Vergangenheitsbewältigung« sein. Vor dem Tribunal müßten viele stehen. Aus dem Osten und auch aus dem Westen. Die meisten sind heute noch an der »Macht«.

Später behaupteten staatliche Stellen, lediglich Freiwillige hätten an den Aufräumungsarbeiten teilgenommen. Auch dies Verschleierung, Vertuschung, Fehlinformation.

Dr. Chesnow, Arzt und Liquidator:

»Ich weiß, daß es bei uns Strafbataillone gibt. Natürlich wurden die für den Bau des Sarkophags eingesetzt. Die durften natürlich nicht verweigern. Das war Befehl, und sie mußten gehorchen.«

Mit dem Unbegreifbaren müsse man leben oder daran zugrunde gehen, sagte später eine Ärztin. Alternativen seien Schein, oder man lüge sich selbst in die Tasche. Vielleicht aber könne man das Ganze nur nicht ertragen. Wo wir, die Beobachter, dabei stehen, wissen wir noch nicht. Möglicherweise werden wir es nie erfahren. Betroffenheit macht blind und öffnet die Seele. Blinde aber entwickeln mehr Sinne als Sehende. Erfahren Dinge über sich und andere, die diesen verschlossen bleiben. So können wir damit

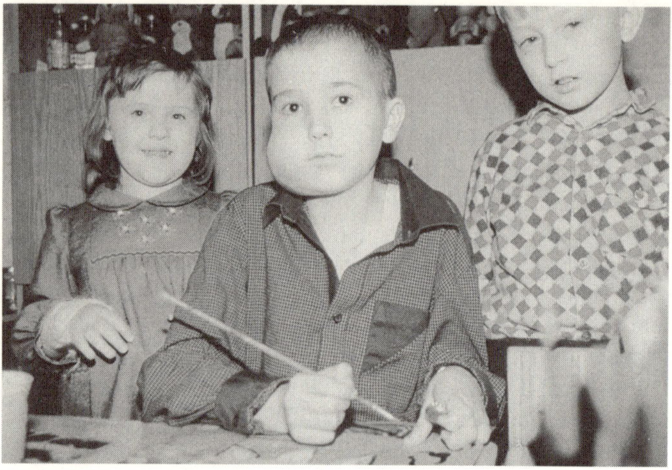

Kinder müssen ständig zum Arzt oder ins Krankenhaus (FF).

leben, Blinde in den Spuren des Schreckens einer großen Katastrophe zu bleiben. Irgendwie muß man sich selbst trösten, wenn man andere

Die zweite Katastrophe: die Vertuschung der Folgen

Ein Gedicht, erzählt von einem Kind. Die Epoche nach dem GAU hat begonnen:

»Ich bin jetzt elf,
ich war erst drei, als Kraniche vom Süden schreiend zogen
und als das Unglück in Tschernobyl passierte.
Wir wurden um unsere fröhliche Kindheit gebracht.
Die Erde und Luft und die Kinder
und auch ich und meine Mutter wurden verseucht.
Wir durften nicht im Sand spielen.
Nicht baden.
Nicht in den Wald gehen.
Wir kennen nur Termine bei Ärzten
und das ›Proben abgeben‹.
Und Tränen einer jeden Mutter in der Nacht.
Wofür hat man uns so bestraft?
Woran sind wir Kinder schuld,
daß man uns nicht gleich die Wahrheit sagte?
Ich will nicht, daß meine Mutter und ich krank werden.
Wir Kinder sagen: Rettet uns und unsere Mütter
vor Unheil!
Bittet Gott um Gesundheit für uns.
Betet von ganzem Herzen.«

Das Gedicht eines Kindes. Elf Jahre alt. Seine Heimat: Weißrußland. Nur ein paar Flugstunden von uns entfernt.

Als die Kraniche schreiend nach Norden zogen. So lange ist es doch noch gar nicht her, als wir die Meldung im Radio hörten. Schon aber haben wir sie vergessen wollen. Geändert hat sich noch nichts. Wir wollen dies nur nicht wahrhaben. Es ist nur das Gedicht eines Kindes, das sein Leben noch vor sich haben sollte. Aber es war zu Ende, bevor es richtig begonnen hatte. Der GAU von Tschernobyl fordert Opfer.

21. 5. 1986

Die erste Antiatomdemonstration in Moskau: Jugendliche verteilen Flugblätter vor dem Wachtangow-Theater.

Pripjat, 49000 Einwohner, vier Schulen, eine Kulturhalle, ein Sportzentrum, 23 Wohnblöcke. Die Stadt wird eva-

Aus Belarus. Kinderbild: So ist die Erinnerung an die Katastrophe (NS).

kuiert. Tschernobyl war das Zentrum des sowjetischen Nuklearprogramms. Bis 1988 sollten Block 5 und 6 in Betrieb gehen. Die Reaktorkatastrophe stoppte zunächst die hochfliegenden Ausbaupläne.

Bei uns spielen Kinder dieses Alters noch mit Autos und Puppen, entdecken die Welt des Computers, gehen ins Kino, treffen sich mit Freunden. Die Kinder dort, in Weißrußland, der Ukraine, in Rußland, haben andere Perspektiven:

»Wir sehen für uns keine Zukunft mehr!« Die Aussage eines Mädchens. Elf Jahre alt.

Juni 1986

Noch immer werfen Hubschrauber Sand und Bor über dem Reaktorgebäude ab.

Das Schlimmste, so wurde uns in der Schule erzählt, und das ist lange her, ist, wenn Menschen den Mut vor der eigenen Zukunft genommen wird. Nur selten lernen wir in der Schule fürs Leben, manchmal aber bleiben doch Fetzen von Wahrheit. Manchmal verbirgt trockene Lehre etwas fürs »Danach«. Was aber, wenn das Leben vorbei ist, bevor es richtig begonnen hat? Der Beobachter kann nicht weiterhelfen. Er resigniert ebenso wie ein Kind.

Die Katastrophe war nicht mehr zu verheimlichen. Aber die große, die damals noch mächtige Sowjetunion konnte es sich

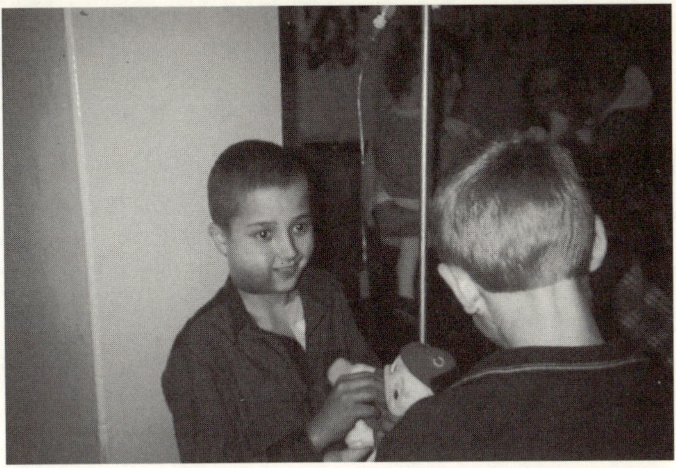

Klinik, Minsk, Belarus. Die Krebsgeschwulst verändert das Aussehen der Kinder. Trotzdem versuchen sie sich zu beschäftigen (FF).

natürlich nicht leisten, ihr Versagen zuzugeben. Fehler fanden nur auf untergeordneten Ebenen statt. Oben, im Apparat, mußten die Westen natürlich sauber bleiben. Der erste Versuch der Vertuschung, des Verschweigens, der Desinformation war die logische Folge. Weil nicht sein kann, was nicht sein darf.

27. 6. 1986

Anweisung U 2617, Dritte Hauptabteilung des Gesundheitsministeriums der UdSSR: »Alle Mitteilungen über die Havarie sind geheim zu behandeln.«

Was den wenigsten bekannt war: Der Atomreaktortyp RBMK 1000 hatte nie eine Betriebsgenehmigung. Trotzdem waren damals 16 Blöcke am Netz. Die Erfinder hatten dem Zentralkomitee garantiert, der Reaktor sei wichtig. Er liefere Strom und er sei notwendig für die nationale Verteidigung. Atombombenbrennstoff konnte erzeugt werden. Waffenfähiges Plutonium und andere kriegswichtige Produkte. Die nationale Sicherheit des Landes. Mit diesem Argument wurde auch in anderen Ländern Schindluder getrieben. Und niemand hat sich jemals ernsthaft an diesem unsinnigen Argument gestört. Im Osten nicht und bei uns auch nicht.

Westliche Wissenschaftler wußten es bereits wenig später oder auch schon vorher: Der Reaktor vom Typ RBMK 1000 ist im

Prinzip instabil. Künstlich muß er im Zaum gehalten werden. Im Gegensatz zu den bekannten Reaktoren bei uns, die angeblich problemlos herunterfahren, wenn sie abgeschaltet werden. RBMK 1000 ist ein gefährliches Ding. Er bricht aus, wenn die Kontrolle verlorengeht.

In Tschernobyl war es ein Versuch, eine Gratwanderung der Möglichkeiten. »Three-Miles Island« in den USA hatte vergleichbare Probleme. Auch ein Reaktor, der waffenfähiges Plutonium erzeugen konnte. So groß können die Unterschiede also nicht sein.

Die Suche nach den Schuldigen erfolgte daher zuerst ganz unten. Bei denen, die sich nicht wehren konnten. Bei denen, die nie eine Kamera und ein Mikrophon finden werden, um sich zu verteidigen:

UdSSR, ohne Datum:
»Vermerk: Streng geheim
Einziges Exemplar
Tschernobyl-Protokoll der Sitzung des Politbüros des ZK der KPdSU
Leitung: Michail Gorbatschow
»Die Havarie ereignete sich als Folge grober Verletzungen der technischen Vorschriften durch das Bedienungspersonal und in Zusammenhang mit schwerwiegenden Konstruktionsfehlern des Reaktors. Die Kommission hält jedoch Bedienungsfehler des Personals für die Hauptursache der Katastrophe. Die Gruppe der Spezialisten, die die Sicherheit des Reaktors vom Typ RBMK prüfte und im Auftrag der Kommission tagte, kam zu dem Ergebnis, daß der Reaktor nicht den gültigen Sicherheitsvorschriften entspricht. Die Spezialistengruppe kommt zu dem Schluß, daß der Reaktor einer Expertise auf internationalem Niveau nicht standhalten würde und international abgelehnt würde. Die Reaktoren vom Typ RBMK sind potentiell gefährlich ... allein im Zeitraum des 11. Fünfjahresplanes mußten 1042 Notabschaltungen bei AKWs vorgenommen werden. 381 davon bei AKWs vom Typ RBMK. Im AKW von Tschernobyl gab es 104 dieser Notabschaltungen. Davon waren 35 auf Versagen des Personals zurückzuführen.«

Ist Gorbatschow mitverantwortlich für den GAU? Hätte er ihn verhindern können? Hätte er handeln müssen?

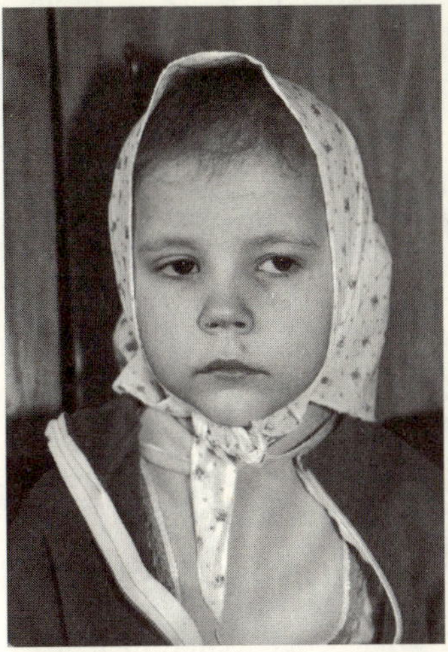 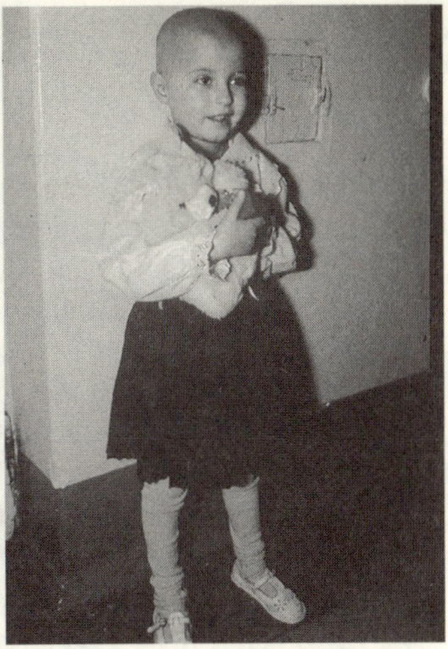

Klinik, Minsk. Krank nach Tschernobyl (FF, EG).

Über die internen sowjetischen Verhältnisse haben wir lediglich Indizien. Der Verseuchungsgrad war den Behörden bekannt:

Sowohl Professor Sobotowitsch von der Universität Kiew als auch Professor Petrajev von der Universität Minsk wurden unmittelbar nach der Katastrophe befragt, was zu tun sei.

Professor Ewgenij Petrajew, Minsk:

»Fabriken für Stacheldraht bauen. Das Gebiet einzäunen. Die Menschen umsiedeln ... In 500 Jahren gehen wir mal hin und messen. Und dann entscheiden wir weiter.«

Professor Emlen Sobotowitsch, Kiew:

»Evakuiert das Gebiet. Legt den Reaktor still. Sperrt das Gebiet. Die Strahlung ist tödlich!«

Hätte Gorbatschow die Bevölkerung schützen können? Haben ihm die Informationen vorgelegen? Wurden ihm die tödlichen Werte verschwiegen? Hat der militärisch-industrielle Komplex die Wirklichkeit geheimhalten können?

Jahre später, 1991, wird er das Gebiet bereisen. Er wird Lebensmittel und Wasser mit sich herumtragen. Seiner Frau wird er die Strahlenbelastung nicht zumuten. Der Ort: Slawutitsch. Eine neue Stadt in den Strahlungsfeldern wird entstanden sein.

Das »Ereignis Tschernobyl« hatte im Westen für genug Aufregung gesorgt. Gorbatschow mußte dies wissen. Es gibt viele

Anzeichen: Er hat es gewußt. Gorbatschow hat verschleiert, vertuscht, verborgen.

Gorbatschow trägt eine Mitschuld an dem Leid der Betroffenen. Tschernobyl war der Beginn des Niedergangs Gorbatschows in der UdSSR. Andere Faktoren in diesem Land kamen hinzu. Offiziell wurde verkündet: Die Havarie ist im Griff. Eine Katastrophe hat nie stattgefunden. Gefahr ist ausgeschlossen.

Eine Lüge, der sich auch der Westen anschließen wird.

23. 7. 1986

Das Politbüro des ZK der KPdSU stellt fest, daß sich die Havarie auf Grund einer Reihe grober Verstöße von Mitarbeitern des Kernkraftwerks gegen die Betriebsvorschriften für Reaktoranlagen ereignet hat. Verantwortungslosigkeit, grobe Vernachlässigung von Dienstpflichten und Indisziplniertheiten hätten zu schweren Folgen geführt, infolge der Havarie seien acht Personen ums Leben gekommen. Das Politbüro spricht den Verwandten der Toten sein tiefempfundenes Beileid aus.

Der Feuerwehrmann Warsinjan stirbt an der Strahlenkrankheit auf Grund des Versagens all seiner Organe. Er überlebte die Rückenmarkstransplantation nicht.

Immer mehr Informationen sickern in den Westen. Journalisten und Wissenschaftler reisen in die betroffenen Gebiete. Nur langsam ergibt sich ein Bild. Aber noch immer behindert die Bürokratie das Erkennen der Gefahr. Dies wird noch lange Jahre so bleiben. Von ungehinderter Berichterstattung kann erst viel später gesprochen werden.

Auch im Westen wird weiterhin abgewiegelt. Eltern, die bei Rundfunkanstalten und Zeitungen anrufen, werden von offiziellen Stellen als Psychopathen abgetan. Strahlung findet bei uns nicht statt. Die Auswirkungen von Tschernobyl erst recht nicht. Als Eltern beginnen, die Milch für ihre Kinder in unabhängigen Instituten messen zu lassen, werden sie diskriminiert.

Wir stellen uns die Frage nach dem »Warum«.

Wie sagte Professor Edmund Lengfelder, München, Jahre später:

»Statistiker rechnen aus, was es kostet, und Politiker entscheiden, was sie sich leisten können!«

Leiden wird auf ein volkswirtschaftliches Problem reduziert. Die Angst vor der radioaktiven Verseuchung wird ins Abseits gestellt. Das aber wird nur eine vorübergehende Lösung sein. Das Problembewußtsein der Bevölkerung wächst. Der Widerstand gegen willkürliche Entscheidungen auch. In westlichen Demokratien ändern sich Einschätzungen über demokratische Politiker. Es stellt sich die Frage: Wem sind diese Abgeordneten verpflichtet? Den Wählern oder anderen Interessengruppen? Tschernobyl bekommt auch bei uns eine andere Qualität. Tschernobyl, das Negativbeispiel der Atomwirtschaft, wird politisches Thema.

29. 4. 1987

Der Wissenschaftsattaché der sowjetischen Botschaft teilt in Bonn mit, in den kommenden 50 bis 70 Jahren würden zusätzlich 2000 Menschen an Krebs sterben, diese Zahl beziehe sich aber ausschließlich auf die Evakuierten, die in der unmittelbaren Nähe des Reaktors gewohnt hätten.

Der amerikanische Arzt Robert Gale geht zu diesem Zeitpunkt von 10000 bis 75000 Krebstoten aus.

19. 6. 1987

Wegen zu starker radioaktiver Verseuchung können mindestens 27 Städte und Dörfer im Umland von Tschernobyl in der ukrainischen Sowjetrepublik nicht wieder besiedelt werden.

In Weißrußland nehmen die Meßwerte bedrohliche Formen an. Die radioaktiven Wolken zogen auch in nordöstlicher Richtung. Hier verseuchten sie das Land. Immer neue verseuchte Gebiete werden entdeckt. Anfangs wurde die Radioaktivität aus der Luft gemessen. Das Ergebnis sei, so sagt Petrajev, vergleichbar mit der Durchschnittstemperatur aller Patienten eines Krankenhauses. Also sinnlos. Die Organisation, die die notwendigen Messungen vornimmt, muß aber zuerst einmal aufgebaut werden. Damit ist das Radiochemische Institut der Universität Minsk beauftragt. Professor Ewgenij Petrajew beginnt ein Team zu bilden.

Tausende von Meßwerten werden zusammengetragen. Die ersten Verseuchungskarten entstehen. Amtliche Stellen aber arbeiten langsam. Hochradioaktive Bereiche mit einer Strahlung von über 1000 Mikrosievert pro Stunde werden auch fünf Jahre später noch bewohnt sein. Der Probleme sind zu viele. Die Führung arbeitet noch an Erklärungen des Desasters.

In einer KGB-Note an den Kreml heißt es zu den Ursachen für den Reaktorunfall von Tschernobyl ganz lapidar: Die Verletzung von Montage- und Bauvorschriften und die Nichtumsetzung von vorgesehenen Plänen hätten zu dem Unfall geführt. Im Tschernobyl-Prozeß 1991 kommt der Vorsitzende Richter Raimund Brise zu dem Urteil, es sei nachlässig gearbeitet worden, man habe Belege für schlechtes Management gefunden, die Mitarbeiter des Reaktors hätten Domino und Karten gespielt, die Privatpost habe man während des Dienstes erledigt, und hinzu kämen nicht weniger als 71 Sicherheitsverstöße.

23. 7. 1986

Das sowjetische Politbüro zur Katastrophe im Kernkraftwerk Tschernobyl:

»Verantwortungslosigkeit, grobe Vernachlässigung von Dienstpflichten und Indiszipliniertheiten haben zu schweren Folgen geführt. Infolge der Havarie sind 32 Menschen ums Leben gekommen. Die Gesundheit vieler Menschen wurde geschädigt ... Es wurde betont, daß die Havarie im Kernkraftwerk Tschernobyl eine ernste Lehre sei, aus der die Ministerien und anderen zentralen Staatsorgane, die wissenschaftlichen, Konstruktions- und Projektierungseinrichtungen sowie die wirtschaftlichen, staatlichen und Parteiorgane tiefschürfende Schlußfolgerungen ziehen müssen ... Höchste Organisiertheit, Exaktheit und Verläßlichkeit in der Arbeit, gründliche Kenntnisse und Beherrschung des Fachs müssen Lebensgesetz jedes Arbeitskollektivs in der Atomenergiewirtschaft sein ... Das Politbüro des ZK der KPdSU hat die feste Überzeugung zum Ausdruck gebracht, daß die Ministerien und anderen zentralen Staatsorgane, die örtlichen Partei- und Sowjetorgane, die Leiter der Betriebe und Organisationen die erforderlichen Maßnahmen ergreifen, um die Folgen der Havarie im Kernkraftwerk Tschernobyl in kürzester Zeit zu überwinden, die exakte und sichere Arbeit der Kernkraftwerke zu gewährleisten und die sowjetische Kernenergetik im Interesse der Volkswirtschaft, im Interesse der Werktätigen weiter zu entwikkeln.«

In Weißrußland trinken alte Menschen gerne Birkensaft, weil sie Gesundheit »tanken« wollen. Die Birkenwälder liegen jetzt in den verstrahlten Zonen. Pilze dürften sie eigentlich ebensowenig sammeln. Sie speichern Radioaktivität. Dennoch ist Pilzesammeln eine Lieblingsbeschäftigung der Weißrussen. Sie essen sie, sie verkaufen sie. Männer und Kinder angeln gern. Bringen die Fische mit nach Hause. In den Flüssen aber hat sich Strontium und anderes Gift abgelagert. Die staatlichen Läden sind leer. Der sogenannte »freie« Markt ist teuer. Zu teuer für Normalverdiener.

Die Natur Weißrußlands und der Ukraine ist radioaktiv verseucht und spielt verrückt: In der 30-Kilometer-Zone ist der Wald völlig rot gefärbt. Bäumen fehlen die Blätter. Sie sind tot, gestorben in einer einzigen Nacht. Gigantische Nadelbäume wachsen in den Himmel. Die Nadeln sind zehnmal so groß wie normal. Auch die Blätter der Laubbäume wachsen und wachsen. Riesenwuchs an Eichen. Andere Pflanzen bilden seltsame Farbstoffe, die nicht in ihrer Natur liegen. Ihre Blüten tragen ganz andere Farben als üblich.

Am Anfang hatte es niemand gemerkt. Niemandem war es aufgefallen. Die Tiere des Waldes zogen sich zurück. Dann kamen die Wildschweine. Größer als früher. Gewaltige Tiere. Sie fielen über die Äcker her, fraßen Kartoffeln und Gemüse. Das aber war verstrahlt vom radioaktiven Regen. Eines Tages hörten die Vögel auf zu singen. Sie waren verschwunden. Dann hatten die Hunde Fehlgeburten. Verkrüppelte Tiere, Mißgestalten.

Und wie bei allem, das langsam geschieht: Diese Entwicklung war unauffällig. Erst als die Kinder krank wurden, als in den Krankenhäusern mißgestaltete Babys zur Welt kamen, da bekamen die Menschen Angst. Da aber war es für sie bereits zu spät.

Jetzt wurden die Beobachtungen publik, ließen sich nicht länger vertuschen:

Haustiere sind erblindet und taub geworden. Schuppenmuster von verseuchten Fischen verlieren ihr charakteristisches Aussehen. Bei Tiergeburten lassen sich Anomalien feststellen. Tote oder verkrüppelte Ziegen werden geboren, Schafe und Pferde kommen mit Mißbildungen auf die Welt. Sie haben zu viele Gliedmaßen. Bei den Ferkeln fehlen die Augen.

1986 und 1987 wurden in stark belasteten Regionen Weißrußlands bei zwei Dritteln der Erstgeburten von Rindern tote Kälber auf die Welt gebracht. Kühe erblindeten. Auf den Feldern entdeckten die Bauern anormales Getreidewachstum.

Wissenschaftler analysieren bei Pflanzen Chromosomenschäden. Der Grund: radioaktive Strahlung. Caesium bleibt für Pflanzen in sauren Böden, in lockerer Sanderde, auf Heide- und Waldböden und lagert sich in den Lebensmitteln ab. In Pilzen und

Klinik, Minsk. Beide Kinder haben das gleiche Alter. Radioaktive Strahlung hat ihr Wachstum gestört (FF).

Beeren, in Gemüse und Kartoffeln, in der Grundnahrung. Der Wind treibt den strahlenden Dreck über Wald, Wiesen und Ansiedlungen. Niemand kann sich vor ihm schützen. Die radioaktiven Partikel sind überall. Sie verbreiten sich. Mit dem Wind, dem Wasser, dem Regen. Die Radioaktivität verbreitet sich, sie kennt keine Grenzen.

Staatliche Stellen haben immer wieder darüber gesprochen. Sie haben es versprochen, und sie haben sich nicht an ihr Versprechen gehalten:

Eine Sicherheit garantierende Lebensmittelkontrolle gibt es nicht. In Weißrußland sind zwar öffentliche Kontrollstellen mit Meßgeräten eingerichtet worden, aber wer 25 Kilometer und mehr mit Bus oder Pferdekarren in die nächste Stadt kutschieren muß, um die Tomaten testen zu lassen, wird diesen Plan schnell wieder aufgeben. Lethargie macht sich breit. Menschen ergeben sich in ihr Schicksal. Sie geben innerlich auf. Sich, ihre Kinder, ihre Zukunft.

Im Hinterhof, im eigenen Garten wird weiter Gemüse angebaut und auch gegessen. Obst und Vitamine sind Mangelware. Ob Nahrungsmittel verstrahlt sind, ist vielen inzwischen gleichgültig. »Sterben müssen wir ja sowieso.« Alternativen, d. h. saubere Nahrung steht zudem nicht zur Verfügung.

Es fehlen allgemeine, durch den Staat veranlaßte Strahlenschutzmaßnahmen. Es gibt zuwenig Dosimeter. Laborausrüstungen sind unzureichend. Die Datenspeicherung der Dosimeterkontrolle ist unzulänglich. Es gibt kaum Messungen der inkorporierten Strahlenbelastung. In den Atomkraftwerksanlagen selbst fehlt ein automatisiertes Strahlenschutzsystem. Noch sind Verstrahlungskarten völlig unzureichend. Plutoniumskonzentrationen sind noch kaum ausgewiesen. Jeder aber weiß: Die Gefahr ist da.

Swetlana Rewina, Chemikerin, beobachtete:

»Ein Jahr nach der Katastrophe wuchsen in Reaktornähe Pflanzen, die die Menschen niemals sehen sollten. Kastanienbäume mit rechteckigen Blättern. Blätter einer einheimischen Klettenart, die normalerweise bis zu 30 Zentimeter lang wurden, waren zu einer Größe angewachsen, daß ich mir daraus ein Kleid hätte machen können. Einige Tage nach der Reaktorkatastrophe waren die Straßen rund um das Atomkraftwerk von toten Igeln übersät.«

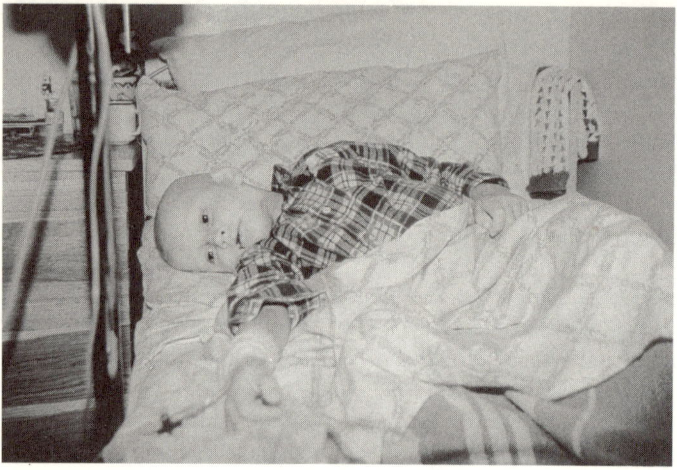

Klinik, Minsk. Der Anteil von Leukämie und Schilddrüsenkrebs steigt (FF).

29. 7. 1987
Sechs ehemalige Beamte und Techniker des Atomkraftwerks in Tschernobyl sind zu Höchststrafen verurteilt worden. Der Direktor des Kraftwerks Wiktor Brjuchanow, der Chefingenieur Nikolaij Fomin und der Leiter des vierten Unglücksreaktors Anatolij Djatlow wurden zu zehn Jahren Arbeitslager verurteilt. Brjuchanow wurde auch wegen Amtsmißbrauchs zu fünf Jahren verurteilt. Die Verurteilten wurden der groben Verletzung von Sicherheitsregeln und der kriminellen Fahrlässigkeit für schuldig befunden.
In der Viehzuchtkolchose Petrowskij sind die Tiermißgeburten nach der Reaktorkatastrophe von drei auf 76 pro Jahr angestiegen. 41 Ferkel und 35 Kälber kamen mit Mißbildungen zur Welt. Sie hatten Zyklopenaugen, keinen Kopf, acht oder zwei Beine und immer wieder offene Rükken.

Die Menschen in den verseuchten Regionen nehmen die Radionuklide mit der Luft, dem Staub und den kleinsten Schwebeteilchen der Luft, den sogenannten Aerosolen, auf. In den Lungen setzen sich dann Tausende dieser kleinen Teilchen, die »hot spots«, mit hoher radioaktiver Konzentration fest. Es steht fest: Sie sind krebserregend.

Wenige Kilometer weiter liegt die Sperrzone. Die Frau wird das Wasser aus dem Brunnen trinken, sie wird ihren Garten bewässern. Das Grundwasser ist radioaktiv belastet (WF).

Die Behörden legen Grenzwerte fest, die unsere westlichen bei weitem überschreiten. Darüber streiten sich die Wissenschaftler. Die Diskussion aber ist sinnlos: Fast überall werden die Werte überschritten. Sowjetische Wissenschaftler waren von einer »Inkorporations«-Grenze von 35 Rem ausgegangen. Dieser Wert sollte in 70 Lebensjahren nicht überschritten werden. Dieses Maß wurde als Gesamtlebensdosis bestimmt. In vier Jahren aber haben Kinder, die in Reaktornähe wohnen, schon 20 Rem inkorporiert. Statistisch ist ihre Lebensuhr in vier Jahren bereits zur Hälfte abgelaufen. Ihr Leben, kaum daß es begonnen hatte, ist bereits fast zu Ende.

Der Vorsitzende des Tschernobyl-Rats der Republik Belarus, des früheren Weißrußlands, A. W. Stepanenko, kritisierte das »35-Rem-Konzept«: Es fehle dafür eine grundlegende wissenschaftliche Begründung. Es gebe keine Analysen zur dauerhaften Auswirkung von Strahlen auf den menschlichen Körper. Zudem seien die Krebsauswirkungen von Radioaktivität und die genetischen Effekte auf die Zellen wissenschaftlich nicht ausreichend geklärt.

Unmittelbar nach der Reaktorkatastrophe von Tschernobyl waren die Dosiswerte nach wissenschaftlichen Maßstäben nicht registriert worden. Die wenigen Informationen landeten als Geheimberichte in den Panzerschränken der Bürokratie. Die Auswirkungen von Plutonium, Strontium und »heißen Teilchen« in der Lunge und im Knochenmark wurden nicht in die Überlegungen einbezogen. Es waren zu viele Liquidatoren und Bewohner. Zu wenig Meßgeräte. Zu wenig Spezialisten. Und vor allem: zu wenig Interesse. Erst in neuerer Zeit liegen weißrussische Studien vor.

14. 2. 1988

Nach Schätzungen von Robert Gale werden in den kommenden 50 Jahren rund 15000 sowjetische Bürger an Krebs sterben als Folge der Reaktorkatastrophe von Tschernobyl.

24. 2. 1988

Die IAEA baut ein System zur Meldung von Nuklearunfällen auf. Im Falle einer Reaktorkatastrophe informiert die Bedienungsmannschaft über Zeitpunkt und Art des Unfalls einen nationalen Kontaktpunkt, von dort aus soll die IAEA in Wien verständigt werden, die wiederum weltweit informieren wird.

29. 2. 1988

Niedrige Strahlendosen sind gefährlicher als bisher angenommen, stellen Nuklearmediziner bei einer Tagung in Münster fest.

Ende 1989 wird Stepanenko die Abkehr vom »35-Rem-Konzept«, eine regelmäßige Kontrolle der Belastungsdosen, ein Wohnverbot für verseuchte Gebiete, die Produktion unbelasteter Lebensmittel und eine verbesserte wissenschaftliche Zusammenarbeit fordern. Die Forderung wird ungehört bleiben.

Heute ist seine Kritik aktueller denn je. Ausreichende Informationen über die Radioaktivitätsbelastung auf den weiten Flächen der betroffenen Republiken liegen nicht vor. Die Wissenschaftler müßten zu viele Meßpunkte untersuchen, um zu präziseren Ergebnissen zu kommen. Das ist zu teuer. Die Republiken wollen sich das nicht leisten.

16. 4. 1988

Etwa 100 ältere Menschen sind in die radioaktiv verseuchten Gebiete zurückgekehrt. Sie konnten sich in den neuerrichteten Aussiedlerwohnungen nicht einleben und sind in ihre alten Häuser zurückgekehrt. Allein aus der 30-Kilometer-Zone war die Bevölkerung von 180 Dörfern und Siedlungen evakuiert worden.

Strahlenmessung in der Nähe des Reaktors (FF).

Aber selbst wenn umfangreiche Strahlenkataster zur Verfügung stünden, fehlten wissenschaftliche Grundlagen darüber, wie Strahlung sich über Jahrzehnte, Jahrhunderte oder gar Jahrtausende auf Menschen auswirken wird.

Über die langfristigen gesundheitlichen Folgen des Desasters scheinen zur Zeit präzise wissenschaftliche Prognosen kaum möglich zu sein. Wir haben keine katastrophalen »Vorbilder« für den GAU in Tschernobyl. Tschernobyl und die Menschen, die darunter leiden, so zynisch das klingt, bleiben »Forschungsgegenstand«. Für die Wissenschaft sind sie bisher einmalig. Untersuchungsobjekt der Ereignisse und ihrer Folgen. Völker als »Versuchskaninchen«.

Die Angst vor Strahlung ist nicht nur in den verseuchten Zonen allgegenwärtig. Es ist gleichgültig, ob die Menschen auf verstrahltem oder nichtverseuchtem Gebiet leben. Sie wissen in der Regel noch nicht einmal, wie hoch die radioaktive Belastung ist, die sie umgibt. Selbst wenn sie im Lebensalltag Informationen darüber bekommen, sind sie skeptisch, glauben die Daten nicht mehr. Denn jahrelang haben die Behörden das tatsächliche Ausmaß der Katastrophe vertuscht. Die Menschen vertrauen und glauben ihren Politikern nicht mehr.

Wie relativ solche Daten zudem sind, zeigen Vorkommnisse wie diese:

Klinik, Minsk. Krank nach Tschernobyl (FF).

Im einen Landesteil wurden die verstrahlten und verseuchten Böden abgetragen und in anderen Regionen aufgehäuft. Dort strahlen die Lagerstätten nun extrem hoch. Wenn Regen fällt, gelangt das kontaminierte Oberflächenwasser in die Bäche, Flüsse und Seen. Das Wasser verstrahlt andernorts das Land. Was also sagen dann Verstrahlungsdaten und Karten, die Jahre zuvor erstellt worden sind? Sie können den aktuellen Verstrahlungsgrad einer Region nicht widerspiegeln.

Von den Altlasten droht nun Gefahr: Plutoniumverstrahlte Bäume wurden einfach vergraben. In der Ukraine können strahlende Teilchen über Regen und Grundwasser in den Dnjepr gelangen, können mit dem Fluß weitertransportiert werden. Das Trinkwasserreservoir der Hauptstadt ist gefährdet. Hinter Kiew aber fängt das Land erst an. Millionen Menschen holen ihr Trinkwasser aus diesem Fluß. Auch die verstrahlten Schrottmengen und die eingesetzten kontaminierten Hilfsgeräte verseuchen das Land.

Hektische, unüberlegte Reaktionen der Bürokraten leiteten, nach dem »größten anzunehmenden Unfall«, die zweite Katastrophe ein: die Tragödie der Helfer. Rußland nannte sie bezeichnenderweise »Liquidatoren«. Ihre Anzahl wurde lange verschwiegen. Auch das zweite Verbrechen sollte geheim bleiben.

Das zweite Verbrechen staatlichen Handelns war, die Öffentlichkeit nicht rechtzeitig, oftmals überhaupt nicht über das Ausmaß der Katastrophe zu informieren. Die Schuld blieb nicht auf staatliche Stellen der UdSSR beschränkt. Auch im Westen wurde vertuscht und verschleiert:

18. 4. 1988
Hans Blix, Generaldirektor der IAEA, bezeichnet die Kernkraftwerkskatastrophe in Tschernobyl als den <u>nicht</u> größten industriellen Unfall der Welt. Er habe zwar das öffentliche Vertrauen zur Kernenergie stark gemindert, jedoch seien die Umweltfolgen der Katastrophe nicht so schlimm gewesen. Nur ein Gebiet im Umkreis von 30 Kilometern um Tschernobyl sei stark radioaktiv verseucht worden. Zwei Jahre nach dem Unfall kehrten die Bewohner bereits in ein Gebiet zehn Kilometer außerhalb Tschernobyls zurück. Abgesehen von einigen »hot spots« und radioaktiven Niederschlägen sei der Fallout in Europa nicht sehr ernst gewesen.

Dreieinhalb Jahre werden nach der Explosion vergehen, bis sich die Menschen der heutigen GUS-Staaten selbst mehr Informationen über die Folgen von Tschernobyl erkämpfen. Erst 1989 werden verläßlichere Daten über die Strahlenbelastung der Region Weißrußlands bekannt werden. Erst im Februar 1989 wird das weißrussische Politbüro Daten für die Republik Weißrußland freigeben. Am 20. 3. 1989: die erste Veröffentlichung in der »Prawda«. Wie die Rußlandexpertin Astrid Sahm nachweist, wurde die Verordnung erst aufgehoben, als fast alle Informationen schon publiziert waren. Bis dahin herrscht eisernes Schweigen der regierungsoffiziellen Stellen.

22. 4. 1988

Für die nächsten 50 Jahre rechnet Robert Gale mit 25000 zusätzlichen Krebstoten in den Ländern der UdSSR und weiteren 50000 in den westlichen Industrieländern.

Damals, unmittelbar nach der Katastrophe, wurde versucht zu vertuschen, zu verschleiern. Niemand sollte die Wahrheit, das Ausmaß des Schadens erfahren. Die große Sowjetunion wollte und konnte nicht zugeben, versagt zu haben. Inkompetenz, Konstruktionsmängel und Schlamperei durfte es im großen sozialistischen Staat nicht geben. Deshalb riß die Verwaltung des militärisch-industriellen Komplexes die Koordination des Schreckens an sich.

22. 4. 1988

Die 40 Reaktoren sollen ihre Stromproduktion in Höhe von 80 Millionen Kilowatt bis 1990 verdoppeln und bis 1995 verdreifachen, erklärt der erste stellvertretende Minister für Atomenergie, Alexander Woronin.

Warum, so stellte sich damals immer wieder die Frage, warum ließ die UdSSR eine offene Auseinandersetzung mit der Katastrophe nicht zu? Die Antwort ist komplizierter, als sie zunächst scheint. Dem Politbüro, dem KGB und der Leitung der »Liquidation« waren die Gefahren bekannt. Nur wenige Eingeweihte aber kannten damals das Kompetenzgerangel innerhalb der verschiedenen sowjetischen Ministerien. Die Atomkraftwerke unterstanden einem Ministerium, das von nuklearen Katastrophen keine Ahnung hatte. Die Fachkenntnis war in einem anderen Ministerium angesiedelt. Nun wollte sich aber kein Ministerium von einem anderen hereinreden lassen. Dieses Problem war der Führung zwar bekannt, es gehörte sogar zum Aufbau des Systems, Eingriffe von

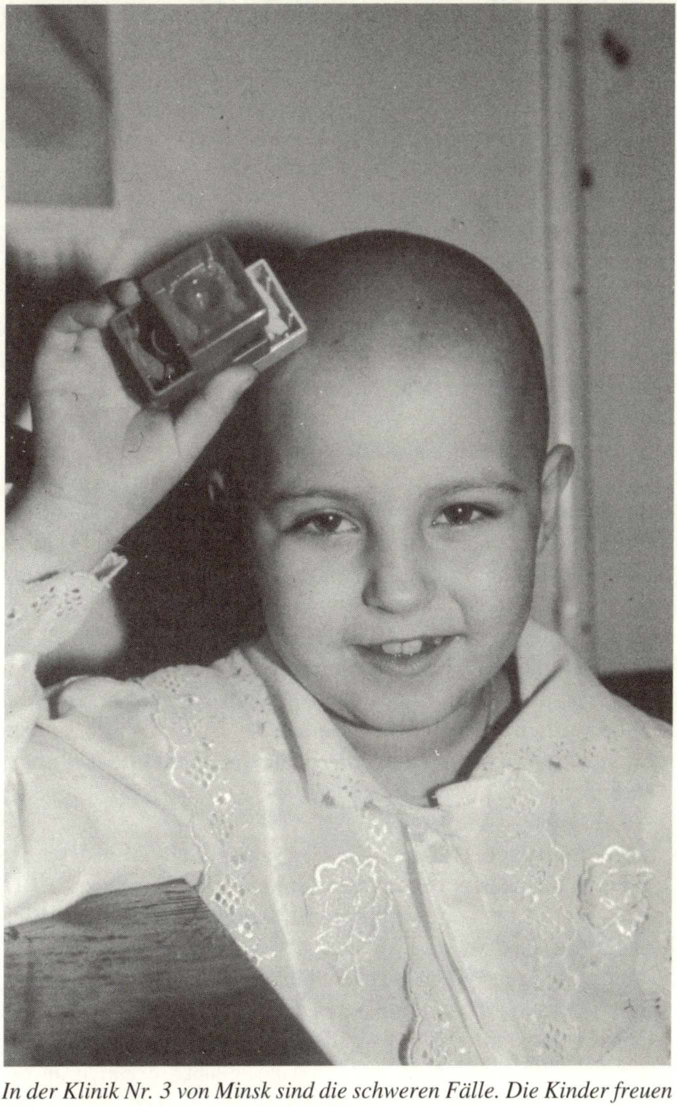

In der Klinik Nr. 3 von Minsk sind die schweren Fälle. Die Kinder freuen sich auch über kleine Geschenke (FF).

»oben« allerdings waren unüblich. Dies nahm die »Führung« im Falle von Fehlentscheidungen aus der ersten Reihe der Kritik. Deshalb wurde zunächst einmal überhaupt nichts entschieden. Die Herren der Nomenklatura versteckten sich hinter Befehlen und Spielregeln. Wie immer in der UdSSR. Eigenständige, selbstverantwortliche Entscheidungen waren unerwünscht. Die Verantwortung wurde auf viele verteilt. So lange, bis niemand mehr verantwortlich war. Gorbatschow hätte dies ändern können. Er hat aber nichts angeordnet. Auch er fürchtete wohl, »Verantwortung« übernehmen zu müssen, »verantwortlich« für den größten GAU der Nukleargeschichte zu werden. Deshalb wurde vertuscht. Nach innen und nach außen. So wurden Probleme dieser Art oft in der UdSSR behandelt. In den Atomversuchsgebieten, in den Atommüllgebieten im Nordmeer, in Tscheljabinsk. Verschleierung hatte sich bis dahin bewährt. Warum also sollten Verantwortliche jetzt anders reagieren? Aber die Zeit hatte sich geändert. Eine neue Schwelle des Leides war überschritten. Der Kadavergehorsam gegenüber dem System begann zu schwinden. Die große UdSSR näherte sich ihrem Ende. Tschernobyl beschleunigte den Niedergang. Es begann die Zeit des zivilen Ungehorsams.

18. 5. 1988

Auf Drängen der Bevölkerung werden jetzt zum ersten Mal die Strahlenwerte von Lebensmitteln regelmäßig einmal wöchentlich in Kiew veröffentlicht. In den zwei Jahren zuvor hieß es immer nur, die Höhe der Strahlung sei ungefährlich.

20. 5. 1988

Der sowjetische Wissenschaftler und Tschernobyl-Experte Valerij Legassow begeht Selbstmord. Der Wissenschaftler sah die Katastrophe als Resultat der sowjetischen Wirtschaftsweise.

Bis zum 24. März 1989 war per Verordnung eine Nachrichtensperre über die Auswirkungen der Reaktorkatastrophe verhängt. Mehr als drei Jahre hatte es gedauert, bis 5000 besiedelte Orte untersucht worden waren, bis einzelne, genauere Daten an die Öffentlichkeit drangen, bis die Informationen von der politischen Opposition, den nationalen Bewegungen, der Volksfront und der seit Herbst 1989 demonstrierenden Öffentlichkeit freigepreßt worden waren.

In einem Rayon, einer Art Regierungsbezirk, wurden 30000

In einer russischen Fernsehsendung (GF).

Unterschriften gesammelt. In einem anderen streikten 23000 Arbeiter. Betriebe, ganze Städte gingen in den Ausstand. Fernsehredakteure verloren ihren Job, weil sie illegal Meßwerte und Daten publizierten. Nachrichtenjournalisten wurden degradiert, zwei Redakteure abgesetzt, weil sie sich nicht ans Schweigegebot gehalten hatten.

Als ein Oppositioneller immer wieder das Stillhaltegebot brach, signalisierte ihm das Sicherheitskomitee KGB:

»Sie kennen doch unsere psychiatrische Abteilung.«

Die Bevölkerung mußte es hinnehmen, daß sie zunächst keine Analysen über den Verstrahlungsgrad der Umgebung hatte. Keine Daten über die Verseuchung der Lebensmittel. Keine Information über ausreichende medizinische Sofortversorgung. Dreieinhalb Jahre dauert es, bis die ersten Verseuchungskarten veröffentlicht wurden.

Die Vorwarnungen wurden mißachtet. Aber der Widerstand regte sich. Die Schwelle war überschritten. Die Angst vor der Verseuchung übertraf die Angst vor der Macht. Vor persönlichem Terror. Vor Strafen. Die Menschen Weißrußlands und der Ukraine schlossen sich zusammen. Gaben sich gegenseitig Kraft. Bekamen ein Selbstbewußtsein. Der militärisch-industrielle Komplex geriet ins Wanken.

Er hatte seine Macht überschätzt.

5. 9. 1988

Sowjetbürger, die zum Zeitpunkt des GAUs in der Nähe des Katastrophenreaktors gelebt haben, sollen sich zweimal jährlich einem medizinischen Test unterziehen.

Heute wissen wir, wie marode die Atomkraftwerke in der ehemaligen UdSSR sind. Westliche Atomwissenschaftler hatten sie besucht, hatten trotz ihres Interesses an der Atomkraft ernsthafte Bedenken. Sie waren erschüttert über Technologie und Ausbildung, über Sicherheitsstandards und Disziplin. Eine Stillegung allerdings verlangten sie nicht. Nachbesserung hieß die Parole. Ein gigantischer Markt für den Westen. Milliarden von Dollars würde die Aktion kosten, wurde damals bei uns errechnet. Unsere niedergehende Atomlobby witterte Morgenluft. Umweltschutz mit der Atomkraft wurde propagiert. Als ob diese Schrottreaktoren noch eine Chance der Instandsetzung hätten.

7. 9. 1988

Weißrußland stoppt den Bau eines Atommeilers, der 37 Kilometer von der weißrussischen Hauptstadt entfernt gebaut werden sollte.

Überlegungen der Atombetreiber und Kraftwerkserrichter bei uns hatten natürlich einen konkreten Hintergrund. Es war – und ist – augenfällig, daß die GUS-Staaten auf die vorhandenen Atomkraftwerke nicht verzichten können. Es fehlt das Geld für den Bau neuer, anderer, umweltfreundlicherer Kraftwerke. Es fehlt das technologische Wissen. Es fehlt das Material. Fachpersonal. Es fehlen alternative Energiequellen: Öl und Kohle, Erdgas oder Wasserkraft. Die Voraussetzungen für den Ausstieg aus der Atomenergieversorgung sind denkbar schlecht. Denn es fehlt alles.

Die Staaten können und wollen natürlich auf Energie nicht verzichten. Das wäre der wirtschaftliche und soziale Zusammenbruch der Volkswirtschaften. Es müßten deshalb neue Denkmodelle entwickelt werden.

Was vorerst blieb, war die Aufrüstung des Vorhandenen auf einen »einigermaßen« stabilen Stand. Der wäre – wenigstens zum Teil – von den GUS-Staaten zu bezahlen. Und der Rest? Der sollte mit der Angst vor dem nächsten GAU von westlichen Staaten »erpreßt« werden. Die Ukraine wird diese Strategie schnell begreifen. In den 90er Jahren wird sie vom Westen verlangen, ein neues Gaskraftwerk zu bauen. Auf Kosten des Westens. Als

Eine neugebaute, verlassene Siedlung in der Todeszone (FF).

Alternative zu den Schrottreaktorblöcken Tschernobyls. Noch aber stecken die Staaten in der Planungsphase fest.

2. 11. 1988

Bericht des Kraftwerksdirektors Michail Umanetz: Der Brennstoff im Tschernobyl-Reaktor wird vorerst nicht entfernt, weil Menschen dort nicht eingesetzt werden können und es an Robotern dafür fehlt.

Wir verdrängen die Gefahren heute genauso wie im Jahrzehnt der Katastrophe. In der UdSSR war die drohende Gefahr aber schon lange bekannt.

Die Literaturzeitschrift »Literaturna Ukraina«. Auflage: 48 000 Exemplare. Ein Leserbrief:

Vor dem GAU. Hinweis auf die marode Atomwirtschaft. Ljubow Kowalewskaja unter der Überschrift: »Keine Privatsache«. Über den Pfusch am Bau beim Atomkraftwerk in Tschernobyl:

»Die Probleme des ersten Kraftwerkblocks sind auf den zweiten, vom zweiten auf den dritten und so weiter übergegangen. Dabei haben sich die Probleme vermehrt und sind von einer enormen Zahl offengebliebener Entscheidungen überwuchert worden. Man fragt sich, wie lange man über ein und dasselbe reden soll und welchen Nutzen dieses Reden bringt.«

Da war von der »Gewissenlosigkeit der Herstellerunternehmen« die Rede. Von unvollständigen Lieferungen. Von schlechtem Beton. Minderwertigen Metallkonstruktionen und Deckenabdichtungen des Brennstofflagers.

Die zweite Vorwarnung kam nicht aus dem Feuilleton einer Zeitung, sondern von Ingenieuren. Ein halbes Jahr vor dem Unglück hatte sich ein Experte aus dem Atomkraftwerk Kursk gemeldet. Er hatte Mängel an die sowjetische Behörde für die Überwachung der Atomenergie mitgeteilt. Er warnte vor der Gefährlichkeit von RBMK-1000-Reaktoren. Er forderte eine unabhängige Expertise des Reaktortyps und – ein Problem war zumindest erkannt – die Neukonstruktion der Steuerstäbe.

RBMK-Reaktoren sind deshalb so gefährlich, weil sie grundsätzlich instabil sind, weil sie keine sichere Betonreaktorhülle haben, weil das Material Schrott ist. Bei diesen alten Reaktortypen können auch keine Druckabbausysteme nachträglich eingebaut werden. Auch der Brandschutz in RBMK-Reaktoren ist völlig unzureichend. Brände können leicht von einem Reaktorbereich in den nächsten übergreifen.

Die Warnungen verschwanden in den Schubladen der Bürokraten. Reaktionen der staatlichen Atomverwaltung: keine.

22. 12. 1988

Sowjetwissenschaftler teilen mit, daß sich noch 90 bis 95 Brennstäbe im Reaktorblock von Tschernobyl befinden. Sie weisen ferner darauf hin, daß der Bau des Sarkophags nicht für die Ewigkeit, sondern nur für 20 bis 30 Jahre berechnet sei.

Das Politbüro der Kommunistischen Partei schob später einen Teil der Schuld dem Bedienungspersonal zu. Die Behörde sollte in besserem Licht dastehen. Niemand wollte die Verantwortung übernehmen. Selbstschutz der Bürokraten.

Später wird sich auch der Westen »wissenschaftlich« in diese Verschleierungstaktik einreihen. Zuerst werden wir dies glauben. Aber Strahlentote lassen sich auf Dauer nicht verschweigen. Die Internationale Atomenergie Agentur in Wien, die IAEA, eine Einrichtung der UNO, wird die Unwahrheiten der UdSSR auch weiterhin wiederholen.

Sie wird immer noch behaupten: »Die Katastrophe von Tschernobyl hat keine Auswirkungen auf die Gesundheit der Menschen gehabt.« Die Internationale Atomenergie Agentur wird bewußt lügen. Sie ist, wie in ihrer Satzung nachzulesen, die Lobby der Atomenergieindustrie. Öffentlich erweckt sie immer noch den

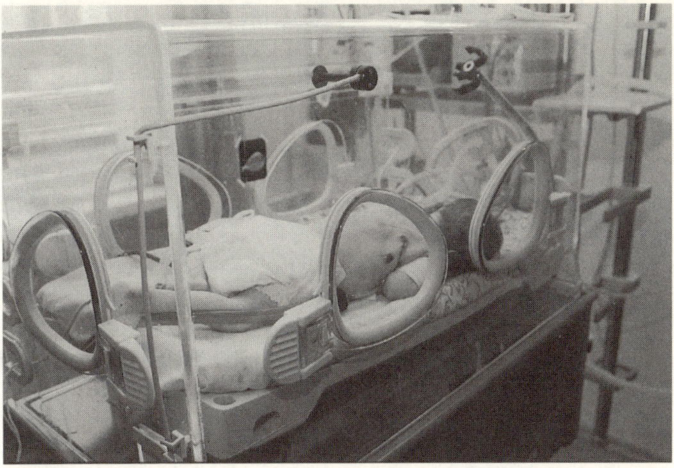

Auf der Intensivstation des Stadtkrankenhauses von Gomel werden Kinder häufig auf den Weitertransport nach Minsk vorbereitet (FF).

Eindruck, »neutral« zu sein. Gefälligkeitsgutachten von sogenannten »Wissenschaftlern« werden jedoch die Glaubwürdigkeit dieser »Herren« vernichten. Grundsätzlich haben deshalb, seit Tschernobyl, alle Beurteilungen, die für die Atomlobby erstellt wurden, keinen Wert mehr. Makulatur für Papierkörbe der Redaktionen und der Öffentlichkeit. Denn niemand kann nach dieser Lüge noch »glauben«, was behauptet wird.

Diese »Fachleute« waren nicht unabhängig gewesen. Sie waren Knechte, die den Befehlen einer Lobby gehorchten. Den Unterschied zwischen richtig und falsch zu erkennen, vermögen seither nur wenige. Dies ist das Perfide.

Deshalb herrscht nun Mißtrauen gegenüber Naturwissenschaftlern im allgemeinen. Die IAEA hat die Reputation eines ganzen Berufsstandes verwirkt. Sie muß dies bewußt riskiert haben. Vorsatz also. Um des Geldes willen?

Wir haben es gesehen, denn wir waren in den Hallen. Zum Lagern von Kartoffeln mögen sie sinnvoll sein. Atomkraft aber läßt sich mit solch primitiven Mitteln nicht bändigen. Das aber durfte die Sowjetindustrie, der militärisch-industrielle Komplex, der Staat im Staate, nie zugeben. Zu groß war seine Macht, zu viele schöne Posten hingen an diesem Apparat. Zu verwickelt waren Vetternwirtschaft und Gewinnsucht.

Drei Kilometer vom Reaktor entfernt messen heute Wissenschaftler immer noch 500 Curie pro Quadratkilometer Caesium 137, das sind 37 Milliarden Becquerel.

Doch wenn ein Wissenschaftler das Meßgerät aus der Tasche nimmt und an einem Punkt seine erste Messung vornimmt, kann ein paar Meter weiter oder ein paar Minuten später ein ganz anderer Meßwert herrschen. Der Wind treibt die Radioaktivität vor sich her. Außerdem verteilen sich Isotope auf dem Boden nicht gleichmäßig. So entstehen fleckenartige Radioaktivitätsteppiche mit unterschiedlich hohen Belastungen. Die Reaktorkatastrophe von Tschernobyl hat auf dem Territorium von Weißrußland Waldflächen von der Größe der Schweiz verstrahlt. Nimmt man die drei betroffenen Länder zusammen, dann sind über vier Millionen Hektar Weißrußlands, Rußlands und der Ukraine hochgradig kontaminiert. Leben ist dort nach unserer Vorstellung nicht mehr möglich.

Tief im weißrussischen Kiefern- und Birkenwald der Region Gomel fällen Waldarbeiter das Holz für die Möbelindustrie. Sie »fällen die Radioaktivität«. Und wenn sie das Abfallholz verbrennen, werden Rauch und Asche die Radioaktivität auch auf benachbarte Gebiete übergreifen lassen. Die Waldarbeiter, die lokale Bevölkerung und die Konsumenten der Produkte müßten eigentlich vor den Gefahren gewarnt werden. Das fordert die UN-Wirtschaftskommission. Doch die Realität sieht anders aus:

Niemand prüft die Produkte. Keiner kontrolliert.

In den Waldregionen unmittelbar am Todesgürtel, rund 50 Kilometer vom Reaktor entfernt, schlagen die Menschen Holz. Sie formen Briketts daraus. Sie verfeuern sie in den Öfen. Es ist verstrahltes Holz. 400 Curie werden in der Asche gemessen. Sie haben sich den »Reaktor« ins Wohnzimmer geholt.

Januar 1989

Die Zahl der Krebserkrankungen hat sich verdoppelt. Krankheiten nehmen zu. Die Mißgeburten bei Tieren steigen an.

Zunächst war es nur ein Gerücht: In Strelitschewo, einem Dorf direkt am Sperrgürtel zur Todeszone, sollen von 169 Kindern genau 169 strahlenkrank sein. Wir besuchen das Dorf, beginnen zu recherchieren, entdecken den Skandal: Die »vergessenen Kinder von Tschernobyl«. Niemand sollte wissen, daß es sie gibt.

Der Friedhof von Chojniki. Viele Gräber sind frisch. Aber es sterben nicht nur die Alten (FF).

Inzwischen hat sich die Lage geändert. Der Westen wurde aufmerksam. Die Presse, der Hörfunk, das Fernsehen sind hinter der Geschichte her. Journalisten kommen. Gegen den Widerstand der Bürokraten. Teilweise auch gegen den Widerstand westlicher Programmhierarchen. Noch immer ist in den GUS-Staaten und im Westen das Interesse groß, das Thema klein zu halten. Die Atomlobby ist sich einig. Im Westen und im Osten. Die Zeit aber verlangt Aufklärung.

24. 3. 1989

Die Nachrichtensperre über die Auswirkungen der Katastrophe von Tschernobyl wird vor der Eröffnung des Volksdeputiertenkongresses aufgehoben.

Berichterstattung für den Hörfunk. Live. Die Berichte werden per handvermittelter Telefonleitung aus dem alten Funkhaus in Minsk gesendet. Draußen steht die Miliz auf dem Gang. Kontrolliert jeden. Vielleicht aus Gewohnheit. Bilder von Lenin hängen an den Wänden. Die Übertragungsqualität der Leitung ist schlecht. Sie geht via Polen nach Deutschland.

»Wir spielen Radioaktivität und Evakuierung«, sagt das Kind. Und dann, als hätte es sein Leben schon hinter sich: »Wir haben wenigstens ein bißchen gelebt.«

Zukunftsträume haben keinen Platz auf verseuchten Spielplät-

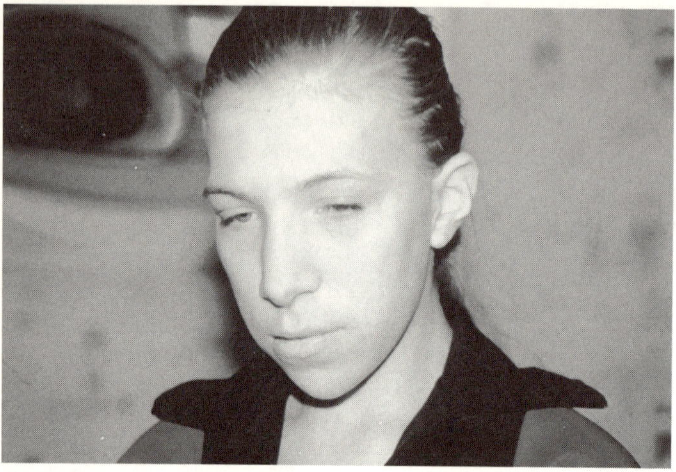

Kinder als Opfer der Katastrophe. Sie wirken älter, als sie sind (FF).

zen. Die kleine 15jährige Oxana sitzt mit ihren Freundinnen und Freunden im verstrahlten Staub.

In der weißrussischen Hauptstadt Minsk suchen wir nach Datenmaterial über die Folgen der Reaktorkatastrophe. Wir treffen Irena Gruschewaja. Ihr Mann ist bei der Volksfront als Parlamentskandidat. Sie selbst wird später zur Mitbegründerin der Organisation »Kinder von Tschernobyl« werden.

20. 4. 1989

Die sowjetische Regierung hat einen Baustopp für den fünften und sechsten Reaktorblock des Unglückskraftwerks Tschernobyl beschlossen.

Interview mit Irena Gruschewaja:

»Wir sind das erste Volk, das an Radioaktivität sterben wird, obwohl es nie einen Atomkrieg gesehen hat. Wir erleben einen Genozid, einen Völkermord. Sagen Sie das der Welt!«

Mita Tirilow ist fünf Jahre alt. 20 Kilo wiegt er. Ausschlag im Gesicht, am ganzen Körper. Heftige Bauchschmerzen quälen ihn. Die Leber ist vergrößert. Die Diagnose der Ärzte: Leukämie.

»Alle Spielkameraden, die mit ihm zusammen waren, sind schon tot«, erzählt die Mutter. Sie hatte uns auf der Straße angesprochen. Mita hatte am 1. Mai bei herrlichem Sonnenwetter draußen gespielt. Die Wolke ging auch über ihn hinweg. Auch er wurde vergiftet. Ob er überleben wird, ist noch ungewiß. Als wir uns von Irina Gruschewaja, Mutter zweier Kinder, in ihrem Wohnzimmer verabschieden, weist sie uns darauf hin, daß wir in eine »gesunde Umgebung« zurückkehren. Sie muß hierbleiben. Mit ihrer Familie. In Weißrußland. In einem radioaktiv verseuchten Land. »Ihr Journalisten berichtet lediglich über Katastrophen. Und dann seid ihr wieder weg«, sagt sie. »Wenn du etwas tust in deinem Land«, entgegnet Norbert Schreiber, »dann tue ich etwas in meinem Land!« Das war der Anfang einer langwierigen »Geschichte«. Der Geschichte der Tschernobyl-Hilfsbewegung und der Geschichte von NADESHDA. Der Hilfe für weißrussische Kinder.

25. 4. 1989

In einigen Gebieten Nord- und Ostschwedens ist die Strahlenbelastung unverändert hoch. Etwa 70 000 Rentiere sind radioaktiv verseucht – bis zu 30 000 Becquerel pro Kilogramm.

Die erste Umsiedlungsphase reicht bis ins Jahr 1986. Die zweite begann ab 1989. In der Ukraine wurden 90 784 Menschen umgesiedelt. Knapp die Hälfte davon stammte aus dem Ort Pripjat. In der Republik Belarus waren es 24 700. In Rußland 186 Menschen. Zunächst waren die Menschengruppen zu evakuieren, die in unmittelbarer Nähe des Reaktors wohnten. In der Todeszone, in der 30-Kilometer-Zone. 25 000 Menschen wurden dort im ersten Schritt aus ihrer Heimat vertrieben.

Jelena Falkowskaja ist eine der Umsiedlerinnen aus dem 50-Kilometer-Radius: Der kam erst später dran.

»Ich komme aus Narowlja, das liegt nur 50 Kilometer vom Kernkraftwerk Tschernobyl entfernt. Wir Mütter von Tschernobyl-Kindern haben uns in einer Initiativgruppe zusammengeschlossen und einen Verein gegründet.

Wir haben dann zu vielen Bürgerinitiativen in aller Welt Kontakt aufgenommen, übrigens auch nach Deutschland.

So konnten wir wenigstens unsere Kinder in Erholung schikken. Und dafür danken wir allen Menschen, die guten Willens sind und unsere Kinder zur Erholung einladen. Die Hilfe vom Staatskomitee für Tschernobyl-Probleme ist nur ein Tropfen auf den heißen Stein. So konnten wir im vorigen Jahr nur 500 Kinder zur Erholung oder zur Kur schicken. Wir brauchen aber Plätze für 5000 Kinder pro Jahr. Unsere Kinder werden jährlich im Forschungsinstitut für Strahlenmedizin untersucht. Für Umsiedler ist

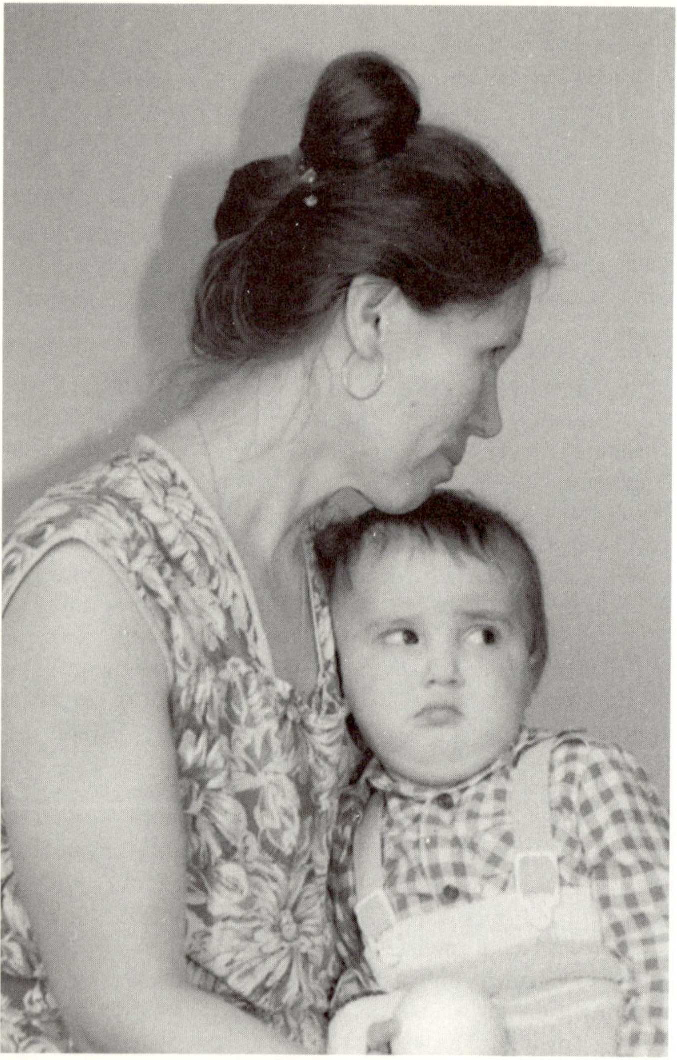

Klinik, Minsk. Mutter in Sorge um ihr Kind (FF).

eine vorbeugende Behandlung notwendig, weil die Krebsgefahr groß ist.

Mein elfjähriger Sohn leidet unter den Folgen der radioaktiven Einwirkung sehr stark. Er hat eine Blutkrankheit, war mehrmals zur Behandlung und zur Erholung in England und Deutschland. Mein Sohn Dima und einige seiner Schulfreunde müssen Mut haben, um gemeinsam Schwierigkeiten zu überwinden. Deshalb besuchen sie einen Zirkel, wo sie gemeinsam singen und auch Gedichte vortragen.«

1990 – der Tschernobyl-Plan:

Nach offiziellen Angaben wurden weitere 55 000 Menschen aus 280 Städten, Dörfern und Gehöften umgesiedelt. Diesen Menschen wurde befohlen, ihr Land zu verlassen. Weitere 470 000 sollen freiwillig gefolgt sein. Wie viele Menschen wirklich umgesiedelt wurden, ist nur schwer nachzuprüfen.

In dieser Phase sollte umsiedeln, wer in einem Gebiet lebte, das mit mehr als 15 Curie pro Quadratkilometer belastet war. Die Strahlung in diesen Gebieten ist fünfzehnmal höher als die höchste Belastung in Deutschland. In Bayern wurde unmittelbar nach dem Reaktorunfall an der am stärksten betroffenen Stelle ein Curie gemessen. Somit hätten mehr als eine halbe Million Menschen in Weißrußland umgesiedelt werden müssen.

Chaos aber griff um sich. Bei der Umsiedlungsaktion auch Inkompetenz und Versagen der Verantwortlichen. Gerade hatten die Familien Hab und Gut verpackt, waren umgezogen, fanden endlich eine Wohnung, da mußten sie nach irgendwelchen neuen Richtlinien schon wieder ihre Koffer packen. Sie verloren wieder ihren Arbeitsplatz, konnten sich nicht am neuen Wohnort einleben.

Eine geordnete Umsiedlungskonzeption hat es nicht gegeben. Auf wissenschaftlicher Grundlage haben die Maßnahmen nicht gestanden. Vorhandene Meßergebnisse wurden erst viel später einbezogen. Astrid Sahm, UdSSR-Expertin, kommt zu dem Ergebnis: »Dieses Faktum trug erheblich zur allgemeinen Vertrauenskrise gegenüber sämtlichen staatlichen Strukturen bei ... Die einzelnen Umsiedlungsplanungen waren eher loses Stückwerk und unterlagen ständiger Korrektur.«

Menschen flüchteten aus eigener Initiative aus den verseuchten Zonen. Sie warteten nicht ab, bis der Staat eine Evakuierung startete. Wachsende wirtschaftliche Schwierigkeiten zwangen

Die Häuser sind leer von Menschen. Sie haben Türen und Fenster verschlossen. Sie glauben, daß sie irgendwann zurückkommen (FF).

aber alsbald Weißrußland und die Ukraine zu einem regelrechten Umsiedlungsstopp. Dann kam die Rückwanderung.

Juli 1989

Berichte in westlichen Zeitungen machen bekannt, daß verseuchte und nicht kontaminierte Milch in Weißrußland vermischt wird.

Chojniki: die Stadt unmittelbar an der Sperrzone. Belastung 15 bis 45 Curie pro Quadratkilometer.

Evakuiert wurde diese Stadt nie. Trotz der tödlichen Belastung. Ursprünglich lebten 40000 Menschen hier. Dann aber verließen viele ihre Heimat. 1991 sagte uns der Bürgermeister, in einem Interview, die Hälfte sei gegangen. Hauptsächlich Leute mit kleinen Kindern. Aus Angst vor Krankheit und Tod. Er, der Bürgermeister, wolle bleiben. Aus beruflichen und persönlichen Gründen.

Inzwischen ist er gestorben. Jetzt aber kommen die Menschen zurück. Trotz der Strahlung. In der »neuen Heimat« wurden sie nicht akzeptiert, sie bekamen keine Arbeit und – das Schlimmste – sie wurden von den Nachbarn gemieden. Die Menschen hatten Angst vor den »verseuchten« Menschen aus den Strahlungsgebieten. Hier in Choiniki gibt es dieses Problem nicht. Sie sind alle verstrahlt. Das Unglück trifft alle gleich.

In einem verlassenen Dorf – Auf wen wartet die Puppe? (EG)

In die radioaktiv verseuchte Zone kehren die Menschen wieder zurück. Die Gründe: Unwissenheit, Armut, Fatalismus, Heimatliebe, wegen Integrationsproblemen andernorts, aus finanziellen Gründen. Die Umstände haben sie gezwungen. In 15 Dörfern der 30-Kilometer-Sperrzone leben seit 1989 wieder fast 2000 Menschen. Nach den großen Waldbränden 1992 war die Zahl wieder auf 800 gesunken. Vorübergehend.

»Ich heiße auf armenisch Asmik, aber meine weißrussischen Nachbarn sagen Assja zu mir. Meine Tochter Julietta ist in Armenien geboren. Die schiere Not hat uns gezwungen, unser Heimatland zu verlassen. Wir sind vor einem fürchterlichen Erdbeben geflohen. Dort, in Leninakan, ist meine erste Tochter ums Leben gekommen. Sie starb unter den Trümmern der zusammenfallenden Stadt.

Dann begann dieser schreckliche Krieg: der aserbeidschanisch-armenische Konflikt. Wir mußten unser Land verlassen, denn dort haben wir an Hunger und Kälte gelitten. Mit den bloßen Händen haben wir die Erde ausgegraben, um unsere verstorbenen Angehörigen zu beerdigen.

Wir sind in der Republik Belarus untergekommen. Aber nun leidet dieses Land unter der Tschernobyl-Katastrophe. Hier lebt der Bruder meines Mannes. Wir sind hierhergekommen, haben gesehen, daß es hier gut und ruhig ist. Die Nachbarn haben uns bei der Ansiedlung sehr geholfen, denn als wir ankamen, hatten wir buchstäblich gar nichts. Man hat uns dieses und jenes geschenkt. Hier leben wirklich gutherzige Menschen. Vor allem der Stadtrat von Chojniki und das Rayonexekutiv-Komitee haben uns sehr geholfen. Zwar werden die Lebensmittel jeden Tag teurer, aber was soll man machen ... Manchmal denke ich an meine Heimat zurück, und wenn ich traurig bin, dann singe ich ein armenisches Lied«: Olga Dautschenko aus dem Ort Dubrownoje. Sie summt vor sich hin.

»Man muß ja weiterleben ... «

Wer in die verseuchten Regionen zurückgekehrt ist, mag über die Gefährlichkeit dieses Wohnraums nachgedacht haben, wer aber gar nicht erst umgesiedelt wurde oder auswanderte, für den wurde die Gefahr »alltäglich«. Der Gedanke an Radioaktivität wurde verdrängt. Jedem, der daran wieder erinnern will, begegnen die Menschen mit Unverständnis.

Ihre Feste feiern sie, wie früher auch, im Wald. Dort aber ist die Radioaktivität noch höher. Bäume speichern sie, halten sie fest, nehmen sie ins Holz auf. »Und wenn wir schon keine Hoffnung für die Zukunft haben«, sagt einer im Vorbeigehen, »dann wollen wir doch wenigstens so feiern wie immer. Im Wald.«

Natalia Kusinas Haus steht 35 Kilometer vom Todesmeiler entfernt. Sie lebt auf dem Land im Süden des Gebiets von Gomel. Suzkowo heißt ihr Dorf.

»Ich bin Leiterin der Dorfbibliothek. Gerade war eine ältere Frau da. Sie wollte christliche Literatur ausleihen. Irgend etwas über Jesus Christus. Zwar hat sie nur drei Schulklassen abgeschlossen, trotzdem kann sie lesen. Es kommen auch Putzfrauen und die Angehörigen der Armee. Belarussische Literatur liest man selten, und die Jugendlichen interessieren sich nur für Sexliteratur. Vor dem Reaktorunfall kamen mehr Leute in die Bibliothek, aber viele gute Leser sind weggezogen. Hier haben die Leute jetzt andere Probleme. Die haben ihre Gedanken nur noch für die Radioaktivität und ihre Krankheiten übrig. Die denken nicht mehr an ihre Zukunft.

Wir wollten schon mal wegziehen, hatten auch schon einen Ort für uns ausgesucht. Aber ich konnte mich nicht entschließen, das Heimatdorf zu verlassen. Also werden auch meine Kinder und Enkelkinder hier aufwachsen. Was das Schicksal vorbestimmt, kann man nicht umgehen. Jedesmal, wenn ich im Dorf herumspa-

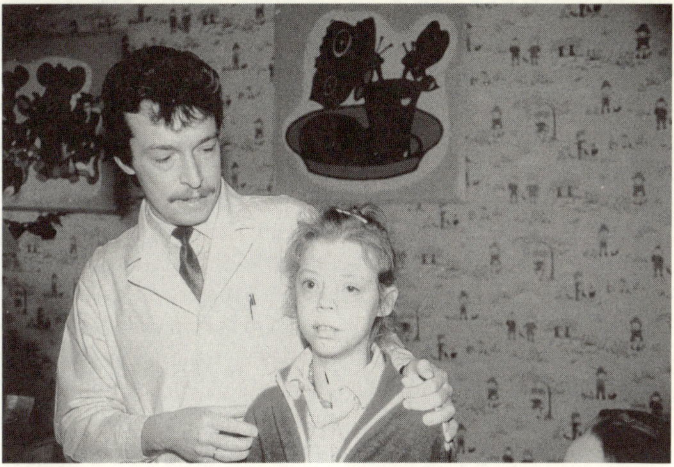

Liquidator Dimitrij Chesnow mit zuckerkrankem Kind (FF).

ziere, tut mir das Herz weh ... Tschernobyl ist Tschernobyl. Aber man muß ja weiterleben. Irgendwie.«

Aber nicht nur in Städten treffen wir Menschen, die von der Verseuchung betroffen waren. Sie sind zurückgegangen. In ihre Heimatdörfer. Auch wenn die Behörden sagten, die Gefahr sei zu hoch. Meist sind sie alt. Meist konnten sie sich nicht eingewöhnen am neuen Wohnort.

»Wie Sie sehen, geht es mir gut. Meine Augen glänzen nicht, weil ich allein hier lebe. Die meisten Menschen sind von hier weggezogen. Ich aber bleibe hier. Meine Söhne und Töchter wohnen alle in anderen Städten. Meine Nachbarn sind weggezogen nach Koslowka, Babowitschi oder Slawutitsch. Nur zum Totengedenktag kommen die wieder vorbei. Ich weiß gar nicht, warum die von hier weggezogen sind. Niemand hat sie vertrieben. Plötzlich aber waren sie alle weg. Jetzt kehren manche wieder zurück. Neulich sind drei Familien aus Ryschkowo zurückgekehrt. Aus Bragin kommen auch wieder welche. Gott sei dank!

Was weiß ich, wieviel Radioaktivität hier herrscht. Nach dem Unglück ist die hochgestiegen und ging auf unseren Gärten, auf dem Feld und dem Wald nieder. Inzwischen ist sie wohl verfault.

Woher die Radioaktivität kam? Die hat uns Gott geschickt ... Es ist jetzt ziemlich langweilig hier im verlassenen Dorf. Im Winter, als es kalt war, habe ich Federn gerupft oder etwas gewaschen und auch genäht. Jetzt, wo die Sonne scheint, ist es wieder Zeit, im Garten zu arbeiten. Mir hilft ja keiner. Ich muß alles selbst machen. Das alte Gras und Laub muß ich jetzt zusammenharken und verbrennen. Bald ist die Zeit, Gemüse zu pflanzen. Deshalb habe ich für Langeweile keine Zeit.

Die Rohfedern holt meine Tochter ab. Die Kartoffeln, Möhren und Gurken bekommen die Kinder. Die Radioaktivität interessiert mich nicht. Die ist längst von den Bäumen runtergefallen und nach sieben Jahren im Boden verfault. Wenn man kein Geld für Kartoffeln, Möhren oder Eier hat, wenn alles so teuer ist in der Stadt, dann nehmen meine Kinder die Lebensmittel halt von mir. Es gibt keine Radioaktivität. Niemand stirbt, der das alles ißt.«

Bauernfamilien mußten sich plötzlich mit dem hektischen Stadtleben auseinandersetzen. Alte Menschen wurden entwurzelt, verloren Haus und Hof, mußten ihr Hab und Gut in Etagenwohnungen zwängen. Die angestammte Bevölkerung versuchte, den »Flüchtlingen« aus den verseuchten Zonen nicht zu begegnen. Die ominöse »Krankheit Radioaktivität« konnte ja ein ansteckender Virus sein. Kinder waren isoliert, ja sogar junge Frauen stigmatisiert. Die Angst, erbgutgeschädigte Kinder zur Welt zu bringen, ist heute weit verbreitet.

26. 7. 1989

Auf Initiative der belarussischen Volksfront findet zum ersten Mal eine Kundgebung statt, die die Lebensbedingungen der Bevölkerung thematisiert. 30000 Teilnehmer fordern in einer Resolution an die Volksdeputierten des Obersten Sowjet von Weißrußland, eine Untersuchungskommission möge die Schuldigen ermitteln, die der unterlassenen Hilfeleistung angeklagt werden sollen. Die Produktion verseuchter Agrarerzeugnisse soll sofort eingestellt werden. Die Bevölkerung ist mit unverseuchter Nahrung zu versorgen. Die Öffentlichkeit diskutiert die Grenzwertfestlegung, die Alternativkonzepte zur Katastrophenbewältigung und die Krankheitssituation der Kinder.

Wassilij Wassilkow ist Rentner aus Slawgorod. Er zog in die Hauptstadt Minsk:

»Meine Familie ist aus den radioaktiv verseuchten Gebieten gekommen. Ich lebe nun mit meiner Frau und meinem Sohn in

Die Häuser sind geplündert. Was den Räubern wertlos erschien, blieb zurück oder wurde zerstört (EG).

Minsk. Mein Sohn ist Invalide. Er findet hier keine Arbeit. Zuerst wollten wir nach Grodno. Doch das klappte nicht. Unser Dorf wurde nicht ganz evakuiert. Etwa ein Drittel der Bevölkerung ist dortgeblieben. Die Leute leben weiter dort. Sie wollten nirgendwohin umziehen, sie sind einfach dageblieben. Die einen wegen des Geldes. In den radioaktiv verseuchten Zonen bekommen wir nämlich einen Sonderzuschlag zur Rente. Meist sind das ältere Menschen. Die interessieren sich heute nur noch fürs Trinken, nicht mehr für die Arbeit. Und nun sitzen sie in ihrem Dorf und spucken auf die Radioaktivität.

Mein Haus in meinem Heimatort ist inzwischen ausgeplündert. Schadenersatz für das verlassene Haus haben wir nicht bekommen. Die Begründung war, wir hätten ja nun eine neue Wohnung. Die aber mußten wir jetzt kaufen. Hilfe habe ich nie gesehen, und da meine Rente gering ist, wäre Unterstützung wirklich notwendig. Ich brauche saubere Nahrungsmittel und Medikamente. In meinem Dorf hatte ich einen eigenen Garten mit Obst und Gemüse. Sogar Weintrauben und einen chinesischen Zitronenbaum habe ich dort gezüchtet. Jetzt muß ich alles kaufen, und man kriegt nicht immer, was man braucht.

Über die Behandlung in der Poliklinik kann ich mich nicht beschweren, sie ist gut, aber es fehlen doch die Herzmittel, die mir verschrieben werden. Ich habe die Rezepte in der Tasche. Die Apotheke hat die Medikamente aber nicht. Wie hoch die Radioaktivität in unserem Dorf ist, weiß ich nicht. Ich weiß nur, daß ich ein Herzleiden bekommen habe, Kopfschmerzen und einen bitteren Geschmack im Mund.

Im Dorf damals haben wir alle Lebensmittel aus dem Garten gegessen, egal, wie hoch die Radioaktivität war. Als sie die Radioaktivität gemessen haben, hat man ein ganzes Jahr lang unser Dorf mit Lebensmitteln beliefert. Heimweh und die Gedanken an früher rauben uns die letzten Kräfte. Mein ganzes Leben lang, mit Ausnahme der Kriegszeit, habe ich dort gewohnt. Ich habe Sehnsucht, wieder dorthin zurückzukehren. Aber ich werde wohl kaum Gelegenheit dazu haben. Vielleicht doch mal … Irgendwann!«

August 1989

Westmedien berichten über Anomalien beim Pflanzenwuchs, mutierte Pflanzenarten und Tiere. Bei Kontrollen in Kraftwerken wurden 1810 Verstöße gegen technische Vorschriften festgestellt.

Swetlana Kowaltschuk war schwanger, als die radioaktive Wolke über Weißrußland niederging:

»Ich komme aus dem Dorf Sawinitschi im Gebiet Mogiljow. Zuerst glaubte ich nicht daran, daß die Radioaktivität in unserem Dorf sich irgendwie auf mein Kind auswirken könnte. Als Lehrerin wurde ich nach Abschluß der pädagogischen Fachschule in ein radioaktiv verseuchtes Dorf geschickt. Dort sollte ich drei Jahre in der Schule arbeiten.

Ich habe geheiratet und wurde schwanger. Erst wollte ich wegziehen, aber man hat mich nicht weggehen lassen. Als ich dann ein Haus bekam, wollten wir nicht mehr umziehen. Wir wollten ja nicht alles wieder verlieren. Als unser erster Sohn geboren wurde, blieben wir noch ein Jahr in dem verseuchten Dorf. Es leben heute noch Menschen dort. Wir wollten es einfach nicht glauben, daß die Radioaktivität für unseren Sohn gefährlich werden könnte. Der Verseuchungsgrad betrug 29 Curie pro Quadratkilometer. Dann haben sie das ganze Dorf evakuiert. Unser Dorf und die benachbarten Dörfer wurden abgerissen. Wir zogen nach Klimowitschi. Heute leidet mein erstgeborenes Kind an Störungen der Bewegungsabläufe und an Hepatitis. Ein Jahr lang hatte es ständig Fieber. Die Ärzte konnten aber nicht sagen,

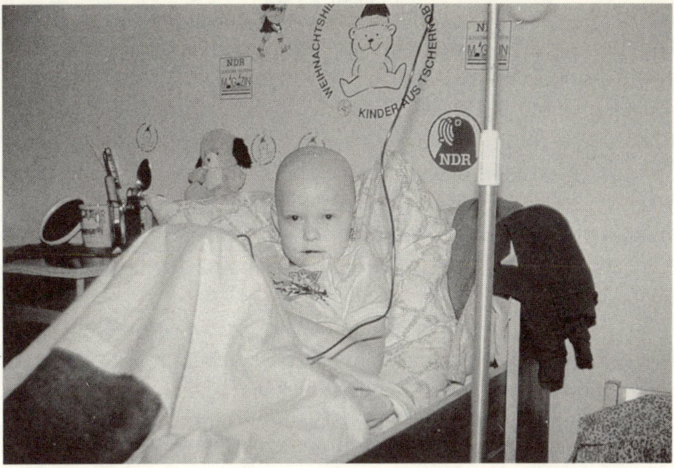

Vor allem Kinder leiden an den Folgen der Reaktorkatastrophe (FF).

warum. Das Leben in der radioaktiv verseuchten Gegend hat die Gesundheit meines Kindes schwer beeinträchtigt.

Die Medikamente bekommt es kostenlos. Ich werde aber bald arbeitslos sein, und mein Mann möchte aufs Land. Ich kann mir jedoch nicht vorstellen, daß wir es schaffen werden, noch einmal umzuziehen.«

Als in den ersten 14 Tagen nach dem Reaktorunglück der radioaktive »Regen« auf die Menschen und die Landschaften niederging, hätten Jodpräparate ausgeteilt werden müssen. Die Anreicherung von Radioaktivität in den Schilddrüsen wäre dann minimiert worden. Sauberes Jod hätte den Bedarf des Körpers gedeckt. In den verseuchten Territorien herrscht an sich schon Jodmangel. Die verspätete Jodgabe hat die Entstehung von Tumoren begünstigt.

Die Schilddrüse versucht immer, Jod zu speichern. Bei radioaktivem Fallout nimmt die Schilddrüse deshalb auch sofort das radioaktive Jod auf. Die Gabe von Jodtabletten hätte das Speicherbedürfnis der Drüse befriedigt. Deshalb lagerten sich die radioaktiven Isotope in der Schilddrüse ab. Durch die Verzögerung hat sich das Krebsrisiko um das Zwei- bis Dreifache erhöht.

Auch im Westen wurden Anomalien festgestellt: Bei verstorbenen Kindern und Jugendlichen in Finnland haben Ärzte die Schilddrüsen untersucht. Sie entdeckten Mikrotumore. Die radioaktive Wolke war nach Nordosten über Skandinavien gezogen. Die Heilungsaussichten bei Schilddrüsenkrebs sind im Westen gut. Russische Wissenschaftler aber hatten nicht das Wissen, daß die sogenannte Radiojod-Therapie, als hochdosierte radioaktive Bestrahlung durch den Arzt in der Praxis vorgenommen, genau die Tumore beseitigt, die durch Radioaktivität hervorgerufen werden. Strahlung hilft, medizinisch gesehen, gegen Strahlenschäden.

Neben signifikanten Erhöhungen der Schilddrüsenkrebsrate sind auch andere Krebsarten und allgemeine Erkrankungen zu beobachten:

In Naroditschi fielen schon 1989 Krebserkrankungen der Mundwege und der Speiseröhre auf. Daneben Eisenmangelanämien und allgemeine Anämien, chronische Erkrankungen der Gaumen- und Rachenmandeln, Bronchitis, Gastritis, Zwölffingerdarmgeschwüre.

Die Anzahl von Embryos mit Entwicklungsstörungen hat sich verdoppelt.

Nicht allein durch ionisierende Strahlung werden solche Krankheiten ausgelöst, es kommt hinzu, daß die Umwelt absolut verschmutzt ist: durch Pestizide und Nitrate. Allgemein herrscht Vitaminmangel. In der Nahrung finden sich Schwermetallbelastungen. Was die giftigen Industrieabfälle im Grundwasser anrichten, kann niemand vorhersagen.

6. 9. 1989

In 44 sowjetischen Kernkraftwerken gab es im August neun Abschaltungen, bei 189 gab es Störfälle. Gegen 131 Mitarbeiter wurden administrative Strafen verhängt, 51 Mitarbeiter wurden entlassen oder degradiert.

Ärzte diagnostizieren: Krebs- und Bluterkrankungen, Atemwegserkrankungen, Augenkrankheiten wie Hornhauttrübungen, Erkrankungen der Lunge, Asthenien, Hepatitis, Immundefekte, Dystonien – Fehlregulationen des Nervensystems, Enzephalopathien – krankhafte Veränderungen des Hirns, psychische Erkrankungen und Allgemeinerkrankungen durch falsche und einseitige Ernährungsweise.

In den einzelnen Republiken gibt es keine Tumorregister. Verläßliche Zahlen, vor allem zum Anstieg der Leukämierate, werden nicht angegeben.

Hiroshima-Erfahrungen besagen, die erhebliche Steigerung der Krankheiten tritt etwa sieben bis zehn Jahre nach dem Unglück

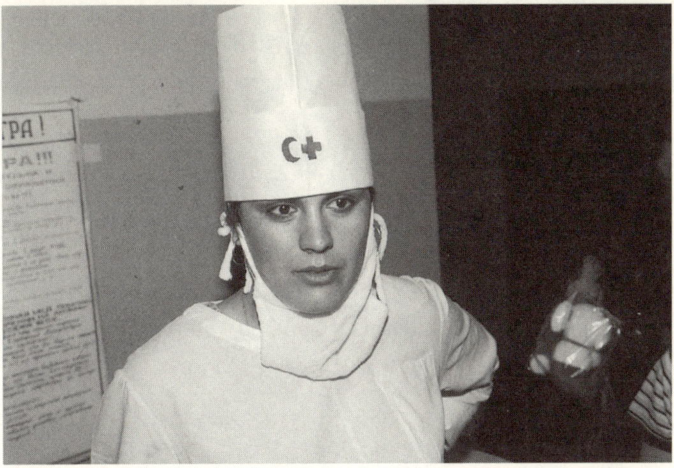

Ärztin in einer Kinderklinik (FF).

ein. Das Verschweigen und Hinhalten während der ersten Jahre verschleiert die wahren Werte. Klare, wissenschaftlich verwertbare Informationen, präzise Fakten sind nicht vorhanden. Der Grund: In den ersten Jahren galt eine Verfügung. Diese besagte: Nur die medizinisch genau definierte Strahlenkrankheit darf in Zusammenhang mit dem Atomunglück gebracht werden. Die Zahl der Folgeopfer sollte niedrig gehalten werden.

2. 10. 1989

15000 Menschen protestieren in Minsk gegen die Folgen der Reaktorkatastrophe von Tschernobyl in einem nicht genehmigten Demonstrationszug. Die Demonstranten beschuldigen die Parteiführung in Minsk, jahrelang die Wahrheit über die Verseuchung verschwiegen zu haben.

Olga Aleinikowa, Chefärztin der Klinik für Blutkrebs, Minsk:

»Wenn wir die Angaben von den Marshallinseln in Betracht ziehen, so entstanden dort die ersten Krankheiten nach acht bis zehn Jahren. Auch die sogenannten respiratorischen Krankheiten, wie Bronchitis und Lungenentzündung, sind inzwischen dreimal so hoch wie früher. Wir denken, daß dies alles mit dem Immunsystem zusammenhängt. Unsere Laboruntersuchungen bestätigen das.«

Vor der Katastrophe von Tschernobyl hatte es in einem Zeitraum von fünf Jahren nur 20 Schilddrüsenkrebsfälle gegeben. Die

Erkrankungen waren nur bei Erwachsenen aufgetreten. Kinder waren zuvor nicht an dieser Krebsart erkrankt. Seit 1986 wurden bei 200 000 weißrussischen Kindern vergrößerte Schilddrüsen festgestellt.

30. 10. 1989

237 Patienten wurden bisher in Zentren für Strahlenmedizin behandelt, 120 litten an der Strahlenkrankheit, fast ausschließlich Männer, die auf dem Gelände des Atomkraftwerks gearbeitet hatten.

9. 11. 1989

Zeitungsberichte gehen jetzt von 250 Toten in Tschernobyl aus.

13. 11. 1989

Offizielle Zahlen bestätigen: 145 Strahlenkranke durch Reaktorkatastrophe.

Die allgemeine Sterblichkeit nimmt ebenso wie die Kinder- und Säuglingssterblichkeit zu. Im Bezirkskrankenhaus Choiniki starben 15 Neugeborene an Mißbildungen. Selbst im Mutterleib bilden sie in ihren kleinen Körpern schon Krebsgeschwüre.

Heute kommen für die Bevölkerung zu den Strahlenbelastungen noch die Begleiterscheinungen einer ungesunden Lebensweise hinzu. Magen- und Darmerkrankungen durch ständige Dosennahrung und Vitaminmangel, Nasenbluten, Unkonzentriertheiten, Kopfschmerzen bei Kindern. Ursache dabei ist auch, daß sie sich kaum im Freien bewegen dürfen, nicht spielen, sich kaum entspannen können.

Eine Schwächung des Immunsystems, inzwischen auch von den Wissenschaftlern »Tschernobyl-Aids« genannt, führt dazu, daß ganz normale Krankheiten sich monatelang hinschleppen. Sie werden kaum ausheilen, sondern immer wieder zurückkehren.

Die offizielle Lesart regierungsamtlicher Stellen und der Atomlobby ist die Reduzierung der Folgen von Tschernobyl auf die psychische Dimension: Die Bevölkerung leide unter »Psychostreß« und »Radiophobie«.

Was werden die Eltern des Babys, das in Moldawien mit zwei Köpfen geboren wurde, über diese zynische Einschätzung denken? Übertreibung des Nachrichtengeschäftes, tatsächliche Auswirkung der Reaktorkatastrophe, normale Abweichung der Natur bei der Reproduktion – ein Genirrtum? Niemand weiß es.

Die Krankheitsfolgen von Tschernobyl sind inzwischen ein

weites Forschungsfeld. Trotz westlicher Hilfsmaßnahmen bleibt die medizinische Versorgung angesichts zusammenbrechender Wirtschaftssysteme in den GUS-Staaten auch weiterhin desolat. Die Vorsorgemedizin ist unterentwickelt, es fehlt an den einfachsten Geräten, medizinischen Hilfsmitteln, Medikamenten.

Der Unabhängigkeitsdrang der Republiken hat zusätzliche Versorgungsengpässe verursacht. Ärzte fehlen. Die Mediziner sind unzureichend ausgebildet. Sie verdienen zuwenig. Der internationale wissenschaftliche Standard kann nicht erreicht werden. Und: Die Bevölkerung ist wirklich krank. Weniger als die Hälfte der Einwohner der Ukraine zum Beispiel kann nach den Normen der internationalen Gesundheitsbehörden noch als gesund gelten.

15. 11. 1989
Weißrußland will 526 verstrahlte Dörfer evakuieren.
Dezember 1989
Behörden stellen fest, daß ein Dorf für Evakuierte selbst verstrahlt ist.

In einer Greenpeace-Dokumentation heißt es über Opfer und gesundheitliche Folgen von Tschernobyl:

»Im Jahr 1986 starben nach offiziellen Angaben 31 Menschen: Angehörige des Betriebspersonals, Feuerwehrleute, Soldaten; an Verbrennungen, an akuter Strahlenkrankheit. 200 bis 300 schwere Strahlenkrankheitsfälle wurden gemeldet. An diesen Zahlen wurde lange Zeit festgehalten. Eine Reihe von Todesfällen, die in der Folgezeit auftraten, wurde jedoch von nichtoffizieller Seite auf Gesundheitsschäden durch die Strahlenbelastung während der Katastrophe oder danach zurückgeführt. So sprechen die Selbsthilfeorganisationen der Liquidatoren von 7000 bis 10000 Todesfällen in dieser Gruppe. Vielleicht werden es aber auch mehr sein. Hinzu kommen heilbare Krebserkrankungen, Erbschäden und weitere bekannte oder weniger bekannte Strahlenfolgen.«

Astrid Sahm, UdSSR-Expertin:

»Nach amtlichen Angaben des ukrainischen Gesundheitsministeriums sind allein in der Ukraine bis 1992 bereits 10000 Liquidatoren gestorben.«

Angesichts dieser Zahlen stellt sich die Frage: Wie wirkt radioaktive Strahlung auf den menschlichen Organismus?

Radioaktivität schädigt die Körperzellen an Stellen, wo sie sich ganz besonders schnell teilen: im Knochenmark und im Magen-Darm-Trakt.

Robert Gale, amerikanischer Strahlenmediziner und Rückenmarkstransplanteur:

»Ohne funktionsfähiges Knochenmark stirbt der Mensch binnen Wochen an Blutungen oder Infektionen wie ein Leukämiekranker, der nicht behandelt wird.«

Die Art der Strahleneinwirkung ist unterschiedlich:

Der Mensch wird der Strahlung passiv ausgesetzt, indem diese von außen auf ihn einwirkt. Wie eine Art Dusche kommen die radioaktiven Strahlen über ihn.

Der zweite Weg führt über das Innere des menschlichen Körpers, über die Nahrungskette. Durch Essen und Trinken wird Radioaktivität aufgenommen und je nach Strahlungsart teilweise wieder ausgeschieden.

Die dritte schädliche Auswirkung: Radioaktive Strahlen suchen den Weg über die Lunge. Die Menschen atmen radioaktive Teilchen ein, die sich in den Zellen ablagern. Die Substanzen zerfallen, Teilchen dringen in die Zellstruktur ein und verändern diesen kleinsten Baustein des Lebens.

Robert Gale, der amerikanische Knochenmarksspezialist, beschreibt die Gefahren:

»Im ersten Fall gibt es schwere Gewebsschädigungen. Die Strahlenkrankheit bricht innerhalb weniger Tage aus. Frühe Symptome sind Übelkeit und Erbrechen, Schwindelgefühl und Kopfschmerzen, später kommen Blutungen, Störungen im Magen-Darm-Bereich und Haarausfall hinzu. Wenn schließlich Abermillionen von Zellen absterben, werden die Körpergewebe und Organe zerstört. Sind zu viele Teile des Körpers erfaßt, stirbt das Strahlenopfer…

Die zweite Art der Strahlenschäden wirkt langfristig und basiert auf der Veränderung der einzelnen Zelle. Gehören radioaktive Teilchen zur Umgebung des Menschen, ist es unvermeidlich, daß er welche schluckt oder einatmet. Sie lagern sich – je nach ihrem chemischen Aufbau – in bestimmten Organen ab. Strontium 90 zum Beispiel ist strukturell dem Kalzium ähnlich und wird deshalb in das Knochengewebe integriert. Die Schilddrüse pflegt Jod 131 mit normalem Jod zu verwechseln und lagert es deshalb ein. Caesium 137, dem Kalium ähnlich, reichert sich in allen Körperzellen an.«

In der Klinik Nr. 1 werden strahlenkranke Kinder mit Chemotherapie behandelt. Das Mädchen hat die Haare verloren, der Körper ist aufgedunsen (FF).

In den Jahren 1988 und 1989 wurden bei Kindern, die in Reaktornähe gewohnt hatten, abnorme Veränderungen der Chromosomen in den Lymphzellen festgestellt.

Robert Gale: »Ist nun ein einziges radioaktives Teilchen in die Lunge gelangt, kann es dort jahrelang lagern. Es wird die Zelle allerdings beeinflussen. Erst nach Jahrzehnten kann dann eine Krebserkrankung auftreten.«

Die 31 Todesopfer der ersten Katastrophentage, die auf dem Friedhof Mitino in Moskau beerdigt sind, waren so stark verstrahlt, daß ihre sterblichen Überreste in Bleisärge umgebettet und ihre Gräber mit Betonplatten abgedeckt werden mußten. Der Mensch wurde ein wandelndes Depot für Radioaktivität, eine bewegliche Endlagerstätte.

»Man kann also irgendwann, irgendwo ein Plutoniumatom einatmen, das in Tschernobyl freigesetzt worden ist. Dieses Plutoniumatom könnte erst im Jahr 2000 schädlich werden. Ein einziges Plutoniumstäubchen, eine einzige geschädigte Zelle kann den Tod eines jeden von uns bedeuten.«

Die Plutoniumatome können also Krebs erzeugen. 24 000 Jahre bleiben sie aktiv strahlend.

Strontium setzt sich in den Knochen des Menschen ab und

bleibt dort. Es kann praktisch nicht mehr aus dem Körper herausgeholt werden. Caesium wird meist durch Lebensmittel aufgenommen, ist jedoch durch saubere Lebensmittel, durch Obst, Gemüse, Milch und Fleisch, abbaubar. Die Konzentration kann im Körper gemindert werden. Insofern ist für die Bevölkerung von absoluter Bedeutung, welche Nahrungsmittel sie zu sich nimmt und wie hoch die Menschen verstrahlt sind.

21. 12. 1989

Zwei leitende Angestellte werden zu Geldstrafen verurteilt, weil sie verstrahlte Babynahrung mit dem Etikett »Vor Tschernobyl hergestellt« verkauft haben.

Saubere Lebensmittel sind kaum zu bekommen. Zwar machen Schwarzhändler mit angeblich »sauberer Nahrung« große Gewinne, einer ernsthaften Prüfung halten jedoch die wenigsten Angebote stand. Prüfungen aber sind die Ausnahme. Ein staatliches Lebensmittelgeschäft in Chojniki:

»Ich heiße Tatjana Senko und bin Verkäuferin in Suzkowo. Für die Lebensmittel bekommen wir Zertifikate mitgeliefert. Wir schreiben die Nummern auf die Lieferscheine, und die werden dann wieder abgeholt. Milch bekommen wir von der Molkerei und Brot von der Bäckerei in Choiniki. Wir haben uns hier schon ein bißchen akklimatisiert. Aber wir leben trotzdem in Angst. Wir sind hier nicht weggegangen, aber andere sind umgezogen. Viele aber sind inzwischen schon wieder zurückgekehrt. In den unverseuchten Dörfern sind sie aufgefallen, weil sie mehr Geld hatten als die normalen Leute. Die beschwerten sich dann, daß die Tschernobyl-Menschen mit viel Geld alle Gemüsekonserven wegkauften. Denen geht's dort doch schlechter als bei uns. Gleich, ob man Angst hat oder nicht, auch dort in den unverseuchten Gebieten muß man sterben. Wir bleiben in unserer Heimat. Wenn wir alle umgesiedelt würden, mit der ganze Sowchose, da wär das was anderes. Dann müßten die 30 bis 40 Häuser komplett aufbauen. So aber setzen sie den einen da- und den anderen dorthin. Da sterben wir doch lieber auf unserer eigenen Erde.

Bei mir haben sie einen zu großen Kropf festgestellt. Ich bräuchte medizinische Behandlung. Aber wo soll die herkommen? Ich habe zwar kostenlos Medikamente bekommen, aber die sind nun aufgebraucht. Manche meinen, man könnte sich mit Wodka vor der Radioaktivität retten. Dann wird eben getrunken. Sie sterben dann mit 50 oder 52. Meine Enkelin liegt jetzt im

Die Alten wollen das belastete Land nicht verlassen. Sie wurden lieber einsam. Manchmal, besonders im Sommer, kommen aber die Kinder und Enkel zu Besuch (FF).

Krankenhaus in Gomel. Sie hatte ständig Fieber und Nasenbluten. Die Ärzte hier haben nichts an ihr feststellen können, aber die Mediziner in Minsk meinen, daß viele Kinder vor allem an den Schilddrüsen erkrankt sind. Ja, wir weinen mehr im Leben als wir singen.«

1. 1. 1990

Geheime Daten über die Verstrahlung von Soldaten werden in der Öffentlichkeit bekannt. Mehrere tausend Soldaten waren bei ihrem Tschernobyl-Einsatz radioaktiver Strahlung ausgesetzt, gibt Wladimir Buzunow vom Staatlichen Institut für Gesundheitsforschung in Kiew in Helsinki bekannt. Angaben über die Zahl der Opfer und deren Gesundheitszustand waren von der Sowjetarmee bis dahin im dunkeln gelassen worden.

Januar 1990

Bisher unveröffentlichte Zahlen werden bekannt: In der Stadt Chojniki, unmittelbar am Sperrgürtel, wurden bei 200 neugeborenen Kindern 30 Mißgeburten festgestellt. Die Volksfront kontrolliert die Gräber in den verseuchten Zonen, da der Zusammenhang mit der Reaktorkatastrophe von Tschernobyl offiziell noch immer bestritten wird.

Hilfslieferung nach Chojniki, am Rande der Todeszone (FF).

Die Stadt Chojniki wird sich wieder füllen. Die Menschen kommen zurück. Auch die mit kleinen Kindern. Niemand wollte sie haben. Ihre Nachbarn waren eifersüchtig auf ihre Sonderzulage. Sie hatten Angst, selbst von ihnen verstrahlt zu werden. Radioaktive Verseuchung wird gesellschaftlich zum übertragbaren »Bazillus«. Die soziale Solidarität mit den Opfern bricht zusammen. Die dritte der Katastrophen von Tschernobyl.

Wege aus der dritten Katastrophe: Solidarität

In Sichtweite steht das Denkmal des unbekannten Soldaten. Junge Männer und Frauen stehen hier in der Eiseskälte Wache. In der Mitte die ewige Flamme, das Feuer, das an die Gefallenen erinnern soll. Eine hohe Säule. Oben der Sowjetstern. Ein vaterländisches Denkmal. Unten aber, einen Steinwurf entfernt, ein Bauzaun. Wir sind in der Innenstadt von Minsk. Am Bauzaun hängen Zettel. Viele Zettel. Das Holz der Bretterwand ist nur an Stellen zu sehen, die nicht von den Armen der Interessenten erreicht werden konnten. Auf den Zetteln Wünsche.

»Tausche Kasten Wodka gegen Kinderwagen.« Schuhe gegen Mantel. Waschmaschine gegen irgendwas. Auch bei uns gab es das schon. Unmittelbar nach dem Krieg. In der Zeit, die wir heute als »die schlechte« bezeichnen. Der Ausdruck ist richtig. Auch hier in Weißrußland.

Jahreswende 1989/90: Wir treffen einen weißrussischen Freund. Den Radiojournalisten Wladimir Skworzow. In Minsk. Im Oktober 1989 bei einer Friedenswoche auf dem Platz der Alten Oper in Frankfurt haben wir ihn kennengelernt. Für ein Interview. Wir planten eine Radiopartnerschaft mit einem deutschsprachigen Sender in Weißrußland. Wollten eine »Radiobrücke« nach Minsk schlagen. Deutsche und sowjetische Journalistenkollegen sollten zusammen Livesendungen produzieren. Ein Redakteursaustausch sollte in Gang kommen.

Die große Markthalle in Minsk. Draußen bieten Schwarzhändler Zigaretten und Schnaps an. Die Nachfrage ist groß. Bezahlt werden muß in Valuta, in westlicher Währung. Rubel will kaum ein Händler annehmen.

Die Güter wurden geschmuggelt oder gestohlen. Unter der Hand sagt man uns, daß der Geheimdienst hier seine Hände im Spiel habe. Vielleicht aber ist das nur eine Erklärung für nicht Erklärbares. Aber alle wissen: Die Grenzen sind durchlässiger geworden, wenn das nötige Geld da ist. Geld, westliches Geld aber haben nur wenige.

Im Markt selbst könnte man den Eindruck bekommen, der Wohlstand wäre ausgebrochen. Aber die Preise dieses sogenannten »freien« Marktes sind hoch. Ein Glas russischer Marmelade zu einem Tageslohn. Das Kilo Fleisch zu einem Wochenlohn. Bald haben wir aufgehört zu fragen.

Der staatliche Laden ist gleich nebenan. Er ist leer. Es gibt keine Kunden, denn im Geschäft wird heute nichts verkauft. Die Regale sind leer. Auch im Kaufhaus um die Ecke viele leere Regale. Hier aber drängen sich die Menschen, fahren die pompösen Rolltreppen auf und ab, suchen etwas zu finden. Aber auch hier: hohe Preise. Ein Mantel kostet fünf Monatsgehälter. Schuhe minderer Qualität drei. In der Fotoabteilung wird ein Schwarzweißfilm für einen Wochenlohn verkauft. Die Güter sind da, aber niemand kann sie sich leisten. Die Wirtschaft stagniert, weil die Nachfrage fehlt. Die Preise sind zu hoch.

Im Westen wurde der offensichtliche Mangel in den Geschäften lange falsch verstanden. Der Bedarf der Menschen wird nur zum kleineren Teil durch Märkte und Läden gedeckt. Die Hauptaufgabe haben in Versorgungsfragen die Betriebe. Die sind wirtschaftlich und strukturell mit landwirtschaftlichen Kolchosen verbunden. Gibst du mir Treibstoff, gebe ich dir Gemüse. Kartoffeln gegen Ersatzteile, Autoreifen gegen Schweinefleisch. Der Betrieb organisiert den Transport, und die werkseigene Kantine verarbeitet die Produkte weiter. Nicht nur für den unmittelbaren Bedarf, auch für den zu Hause, für die Familie.

Ein altes, eingespieltes System, das auch viele Jahre später noch funktionieren wird, vorausgesetzt, der Betrieb existiert noch, hat der Kolchose etwas anzubieten. Fällt das weg, bleibt die Versorgung aus. 1990 beginnt die Wirtschaft Weißrußlands zusammenzubrechen. Die Versorgungsstruktur bröckelt. Die ersten Opfer sind die entwurzelten, arbeitslosen Opfer Tschernobyls.

März 1990

Die Frankfurter Projektgruppe »Leben nach Tschernobyl«, von Journalisten, Ökologen und Vertretern der evangelischen Kirche als gemeinnütziger Verein gegründet, ruft in einem Appell an nationale und internationale Institutionen und Organisationen dazu auf, Hilfsmaßnahmen für radioaktiv verseuchte Regionen zu starten. Die Projektgruppe will konkrete Hilfsprogramme organisieren. Es sollen Partnerschaften mit Krankenhäusern aufgebaut und den Kindern Kur- und Therapieaufenthalte in der Bundesrepublik ermöglicht werden. Die Organisation plant einen Expertenaustausch. In dem Gründungsaufruf der Organi-

Hilfslieferung nach Chojniki, am Rande der Todeszone (FF).

sation heißt es: »Leben nach Tschernobyl betrifft auch uns. Es geht um die gemeinsame, grenzüberschreitende Verantwortung für ein humanes Überleben. Solidarität und Kritik angesichts gemeinsamer Bedrohungen müssen über die Grenzen hinweg wirksam werden.«

8. 4. 1990

4000 Menschen, die an der Beseitigung der Reaktorkatastrophe von Tschernobyl teilgenommen haben und jetzt im Uralgebiet wohnen, schließen sich zur »Vereinigung Tschernobyl« zusammen, um die sozialen Rechte der Betroffenen zu schützen, den Gesundheitszustand der Menschen zu erfassen und auszuwerten. Außerdem kämpft die Vereinigung um die Veröffentlichung vollständiger und glaubwürdiger Informationen.

In den Hotels der Stadt wächst die Prostitution. In den Bars, weit hinter den Kontrollen der Miliz, weit hinter der Rezeption, warten Frauen auf westliche Kundschaft. Die meisten Gäste aber sind weißrussische Zuhälter. Sie kontrollieren den Markt. Es muß in Westgeld bezahlt werden. Die Frauen müssen sich teuer verkaufen und verdienen nur wenig. Es sind viele zu schmieren, viele wollen mitkassieren. Wer nicht gehorcht, fliegt raus.

In Weißrußland entsteht die Zweiklassengesellschaft. Da sind die, die nichts haben, und die, die Westgeld besitzen. Die Kaufkraft schwindet. Der Rubel verliert an Wert. Produktionsgruppen und Wirtschaftsunternehmen brechen zusammen. Die UdSSR spart an Rüstungsausgaben. Die Stillegung weiterer Betriebe ist die Folge. Der »Sozialstaat UdSSR« stellt viele Leistungen ein. Die Menschen müssen sich selbst helfen.

Immer schon hatte es in der UdSSR eine Schattenwirtschaft gegeben. Rund 30% des Lebensmittelbedarfs, so hieß es inoffiziell, wurden von den »Feierabendbauern« und Kleingärtnern erzeugt. Es galt als normal, irgendwo Verwandtschaft oder Freunde zu haben, die aus ihren Gärten Produkte an Angehörige abgaben. Es war normal, daß in den Betrieben zur Erntezeit viele Plätze unbesetzt blieben. Die Arbeiter waren auf dem Land, halfen, die Früchte des Feldes einzubringen. Auch der kleine Verkauf in der nächsten Stadt, zu erschwinglichen Preisen, half der Großmutter, die Rente aufzubessern. Half, den Familienunterhalt zu sichern.

Es war normal, die Kinder im Sommer zu den Verwandten aufs Land zu schicken. Sie konnten sich erholen, konnten nach Herzenslust essen, konnten herumtollen. Alte Menschen hatten somit eine Aufgabe. Ein wichtiges Bindeglied im Familienverband. Eine festgefügte soziale Struktur.

Mit Tschernobyl brach diese Struktur zusammen. Das Land war verseucht.

25. 4. 1990
Der Oberste Sowjet der UdSSR fordert die Umsiedlung von 200 000 Menschen aus den radioaktiv verseuchten Zonen.
26. 4. 1990
Mit einem 24stündigen Marathonprogramm erinnert das sowjetische Fernsehen an die Reaktorkatastrophe von Tschernobyl, um Spendenaktionen für die Kinder von Tschernobyl zu starten. Streiks, Kundgebungen, Mahnwachen und Gottesdienste erinnern am 4. Jahrestag an die Reaktorkatastrophe von Tschernobyl. Die Situation bei uns: Das Bundesamt für Strahlenschutz gibt bei der Gesamtnahrung einen repräsentativen Wert von 0,3 Becquerel Caesium pro Kilogramm an.
7. 7. 1990
Erste Demonstration innerhalb des Moskauer Kremls in der Geschichte der Sowjetunion. Bewohner aus radioaktiv verseuchten Gebieten Weißrußlands entrollen innerhalb

der Kremlmauern Transparente, fordern vom KPdSU-Parteitag eine politische Stellungnahme, Meßgeräte und eine bessere Versorgung der Strahlenopfer.

12. 7. 1990

Weißrußland erklärt sich zum ökologischen Notstandsgebiet. Mehr als zwei Millionen Menschen leben in radioaktiv verseuchten Gebieten, 119 000 Menschen müßten aus gefährdeten Gebieten umgesiedelt werden. Die Ukraine beschließt, daß die medizinische Versorgung der Tschernobyl-Opfer für Bewohner aus dem Umkreis des Unglücksreaktors künftig kostenlos erfolgt, ferner bekommen Opfer einen 25prozentigen Lohnzuschlag und 30 Rubel zum Kauf radioaktiv unbelasteter Lebensmittel.

Die wirtschaftliche Not steht der politischen Entwicklung gegenüber. Die Länder der UdSSR streben auseinander, versprechen sich mit der Eigenständigkeit größeren Einfluß auf die eigene Zukunftspolitik. Die Herrschenden versprechen sich größere Macht. Weniger Einfluß der allgegenwärtigen Zentralregierung in Moskau. Traditionelle, gewachsene, wichtige Wirtschaftsverbindungen reißen ab. Die zentralistische Ausrichtung des militärisch-industriellen Komplexes beginnt sich zu rächen.

Auf einmal fehlen die Ersatzteile aus den sozialistischen Bruderstaaten, z.B. der DDR. Es fehlt technisches Know-how aus Rußland. Spezialisten aus Kasachstan. Der wirtschaftliche Zusammenbruch hat begonnen.

27. 7. 1990

Weißrußland erklärt sich zum souveränen Staat und will nach einem Parlamentsbeschluß als hauptbetroffenes Land zur »atomwaffenfreien Zone« werden.

Für die wirtschaftlichen Probleme der Tschernobyl-Opfer hat niemand mehr Zeit. Hat niemand mehr Geld. Fehlt das Interesse. Der Staat hat andere Probleme.

Während in Weißrußland und der Ukraine die Solidarität mit den Opfern nach 1992 zusammenbricht, wird bei uns über Hilfe nachgedacht. Wir sind weit genug weg, um Abstand vom Schrekken haben zu können. Wir sind reich genug, um etwas abgeben zu können. Wir haben ein schlechtes Gewissen gegenüber »den Russen«. Wir Deutschen haben mit ihnen eine gemeinsame, lange Geschichte.

In der Sowjetunion gab es nichts mehr zu teilen, waren die

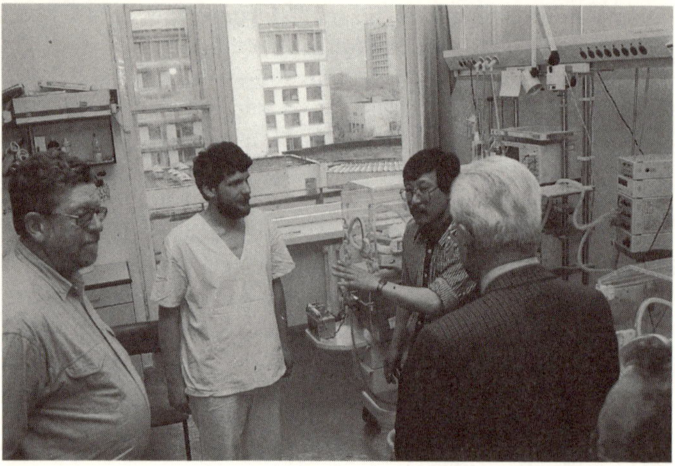

Dr. Ten mit Norbert Schreiber (links) im Allgemeinkrankenhaus von Chojniki. Es gilt, medizinisches Gerät zu beschaffen (FF).

Probleme für jeden hautnah. Niemand klärte die Menschen über das Desaster auf. Das war im System nicht vorgesehen.

Norbert Schreiber war einer der ersten Hörfunkjournalisten, die nach Weißrußland gingen. Damals aber war die Arbeit schwierig. Zu lange waren die Menschen unterdrückt gewesen. Sie hatten unter der Bespitzelung besondere Techniken und Rituale aufgebaut, um »Westmenschen« zu begegnen. In der Zeit zwischen Diktatur und beginnender Perestroika mußten neue Freiheiten erst langsam »erfahren« werden, ertastet. Schreiber berichtete aus Minsk, aus den verseuchten Gebieten, aus den Krankenhäusern.

Im Hessischen Rundfunk liefen schon im Februar 1990 Liveübertragungen aus dem Funkhaus der weißrussischen Hauptstadt. Übermittelt per Telefon, von Hand geschaltet, in schlechter Tonqualität. Bei uns wollten die Menschen mehr wissen über den GAU von Tschernobyl. Es sollte nur ein Anfang sein. Ein Anfang auch für die weißrussischen Journalistenkollegen. Mit den neuen Freiheiten der Berichterstattung für westliche Medien wuchs auch die Freiheit im Land selbst. Es war ein schwieriger, steiniger Weg. Noch heute ist er nicht zu Ende.

Groß war nämlich die Angst vor Repressalien des Staates. Immer noch waren dort nachts die KGB-Gebäude erleuchtet. Immer noch funktionierte der Sicherheitsdienst. Immer noch betrieb dieser Apparat seine eigene Politik des Schreckens. Sie war nicht immer die der Regierung, wurde aber von dieser toleriert. Auch dies gehörte zum System.

Skepsis auch bei uns. Kollegen raten ab. Sie beurteilen die Situation als weniger ernst. Wir sollten doch keine Panik verbreiten, so wird uns gesagt. Dies sei nicht die Aufgabe von Journalisten. Eine Fehleinschätzung der »Kollegen«. Dies aber wissen wir erst heute. Damals waren alle unsicher. Wir konnten uns nur auf ein Gefühl verlassen. Auf Erfahrungen im Ostblock. Die Atomlobby übrigens war der gleichen Meinung wie diese Kollegen. Die aber hätte es besser wissen müssen. Denn dorthin flossen Informationen, reichlicher als zur Presse.

In der Sowjetunion beginnt die Krise des Staates. Die Macht Moskaus bröckelt. Die Stalinismusdebatte ist in vollem Gang. Am Denkmal des Staatsgründers Lenin wird gekratzt, Freiheit sucht sich einen Weg. Bald sollen hier die ersten demokratischen Wahlen stattfinden. Wird die KPdSU verschwinden? Eine Fragestellung, die bei uns lediglich auf Unverständnis stößt.

Da ist ein geheimer Treffpunkt: eine orthodoxe Kirche. Dorthin kommt der Gewährsmann. Jahrelange Erfahrung hat ihn geprägt. Hat sein Leben immer wieder verändert. Hat ihn vorsichtig gemacht. Die wichtigen Papiere trägt er in einem verschlissenen Köfferchen mit sich herum. Dicht am Körper.

Neben einer kahlen Backsteinmauer steckt er uns den Packen verstohlen zu. Buchstaben, geschrieben mit einer uralten Schreibmaschine. Einzelne abgetippte Werte aus den verstrahlten Zonen Weißrußlands. Geheim. Die Weitergabe ist noch strafbar. Geltendes Recht versteckt noch den Schrecken.

Bei einem anderen Treff ist es ein Aufruf »an die Landsleute in aller Welt« aus dem Jahr 1989. Er wendet sich an Belarussen und Russen, Ukrainer und Juden, Polen, Litauer und Menschen anderer Nationalitäten.

Der Text: »Schmerz und Sorge rufen in unseren Herzen die Gefahr für die Gesundheit der Leute und vor allem der Kinder hervor. Deshalb wenden wir uns an Sie mit der Bitte um Hilfe. Wir sind überzeugt von der Bereitschaft der Menschen, Gutes zu tun, ungeachtet unterschiedlicher Ansichten oder Glaubensbekenntnisse. Wir glauben, daß unsere Hoffnung sich in praktischen Taten durch jene bestätigen wird, die Belarußland und sein Volk in guter Erinnerung haben.«

19. 8. 1990

Die Internationale Atomenergiebehörde rechnet mit einer neuen Atomkatastrophe in Tschernobyl. Der in aller Eile gebaute Betonmantel halte möglicherweise den Belastungen nicht stand. Die größte Gefahr drohe vom Betondach. Der Beton werde durch die hohen Temperaturen und durch den Strahlenbeschuß immer spröder. Sowjetische Atomwissenschaftler wollen den Unglücksreaktor durch das Einfüllen von flüssigem Kunststoff abstützen oder einen neuen Betonmantel um den Reaktor legen.

27. 8. 1990

Unfall im Atomkraftwerk Tschernobyl; die Steuerungsfunktion des dritten Blocks war gestört.

Es ist die Zeit der Wende in der Politik. Da wird westlichen Journalisten, auch deutschen, Gelegenheit gegeben, »frei« zu arbeiten.

Auf den Gängen vor Redaktionen und Studios stehen immer noch schwerbewaffnete Posten der Miliz. Vielleicht aus Gewohnheit. Die Allgegenwart der uniformierten, bewaffneten Macht allerdings läßt die Mehrzahl der Redakteure kuschen. Nur wenige wagen aufzumucken. Wenige nur wagen, Widerstand zu leisten.

Auch unten am Eingang wird jeder kontrolliert. Die Mienen der Bewacher lassen die Frage aufkommen: Ist hier ein Gefängnis, oder droht die Gefahr von außen? Auch die Verunsicherung durch die Wachen gehört zum Herrschaftssystem.

Noch immer herrschen deshalb Ängste aus der Zeit der Geheimniskrämerei, des kalten Krieges. Glasnost und Perestroika in einem Land, das auf diese Art der Veränderung, der Freiheit nicht vorbereitet ist. War aber diese »Freiheit« überhaupt gewollt? Die, über Tschernobyl zu berichten, informieren zu können? Herrschendes Recht widersprach dem noch. Außerdem konnte diese Freiheit auch noch nicht funktionieren. Das Volk durfte sich vorher noch nie frei entscheiden. Dumm, unwissend gehalten. Das ist so, bis heute. Daran wollten auch die neuen, die alten Herren nichts ändern. Deshalb mußte Gorbatschows Idee scheitern. Auch, weil er selbst nicht ehrlich war. Bei Tschernobyl zum Beispiel.

Unter ihm durfte das Ausmaß der Katastrophe im Lande selbst nicht öffentlich werden. Untersuchungen mußten geheim bleiben. Erst nach den ersten kleinen Öffnungen, in den Jahren der Wende, erschreckte die Wahrheit die Völker der Ukraine, Weißrußlands und Rußlands. Noch immer aber war vieles geheim. Noch immer durften Wissenschaftler nur über Kleinigkeiten reden. Noch immer blieben Daten unterdrückt. Erst heute öffnen sich langsam die Archive. Aber auch heute ist noch längst nicht alles bekannt. An den Schalthebeln der Macht sitzen noch immer die gleichen Funktionäre, die auch zum Zeitpunkt der Explosion ihre Unfähigkeit geheimhalten wollten. Dies hat sich nicht geändert. Warum auch?

Die Generalprobe der Perestroika ist am Drama Tschernobyl gescheitert.

7. 10. 1990

Das Bundeswehrkrankenhaus Koblenz behandelt zehn Strahlenopfer des Reaktorunfalls von Tschernobyl. Es handelt sich um Hubschrauberpiloten und Ingenieure, die bei der Brandbekämpfung am Reaktor eingesetzt waren.

Wichtige, für Mediziner unersetzliche Statistiken lagern 1989 unauffindbar in irgendwelchen Archiven. Eine Übersicht über Opfer und Schäden, Perspektiven und Schuldige wird nicht angestrebt. Warum auch? Ein paar Bauern werden geopfert. Mehr verlangt die internationale Staatengemeinde nicht. Zu groß ist die Angst, irgendwann auch bei sich selbst Schuldige finden zu müssen. Der Internationale Gerichtshof wird nicht tagen müssen. Darin sind sich die Machthabenden einig. In Ost und in West.

Strukturen wurden in den Nachfolgestaaten der UdSSR auch später nicht geändert. Lediglich der Grad der Überwachung.

Im Westen allerdings kam Gorbatschow gut an. Seine Politik und seine Pläne versprachen den Deutschen eine entscheidende Wende. Die Wiedervereinigung rückte immer näher. Der kalte Krieg ging zu Ende. Unternehmer versprachen sich im Osten große, lukrative Märkte. Bei uns war »Gorbi« ein Held. Heute ist er fast vergessen. Auch bei uns verkannten Politiker den Einfluß des sowjetischen Präsidenten im eigenen Land.

In der Sowjetunion treffen die Reformen des Präsidenten auf wenig Gegenliebe. Nie war den Menschen dort beigebracht worden, selbständig zu handeln. Nur wenige können es. Geschäftemacher und Betrüger versuchen, sich zu bereichern. Der »kleine Mann« versteht die Welt nicht mehr. Für ihn ist die Politik des Präsidenten der Ausverkauf eines Weltreiches. Immer wieder hören wir den Satz: »Wofür haben wir eigentlich gekämpft, wofür haben wir gelitten?« Gorbatschow wird in den Augen vieler Sowjetbürger zum Verräter. Die Privatisierung der Betriebe wird als Unsinn empfunden. Immer mehr Menschen werden arbeitslos, verlieren die scheinbare Sicherheit durch den Staat.

Tschernobyl wird von Glasnost ausgeklammert bleiben. Bei unangenehmen Informationen hält sich der sowjetische Staat an alte Traditionen. Sie werden verschwiegen. Als dann, mit dem Umweg über den Westen, immer mehr Nachrichten über die Auswirkungen der »Havarie« durchsickern, begehrt das Volk auf. Die Schwelle des Zumutbaren ist überschritten.

1. 11. 1990

Das Parlament Weißrußlands bittet den sowjetischen Präsidenten Michail Gorbatschow um Hilfe für die Tschernobyl-Opfer. In einem Appell heißt es, Weißrußland sei nicht in der Lage, die Kinder mit speziellen Nahrungsmitteln zu versorgen. 400 Millionen Rubel müßten für medizinische Einrichtungen und die vitaminreiche Ernährung der Bevölkerung bereitgestellt werden.

Der weißrussische Staat hat den Bankrott angemeldet. Anscheinend aber hat er dies noch gar nicht verstanden. Die Mittel sind ausgeschöpft, die Wirtschaft bricht zusammen. Niemand weiß, wie es »morgen« weitergehen soll. Die Menschen in den verseuchten und unverseuchten Gebieten, sie werden allein gelassen. Der Staatsapparat ist mit sich selbst beschäftigt. Für die Bürger hat er nur noch wenig Zeit.

7. 12. 1990

Eine nukleare Marshallplanhilfe für Kernkraftwerke in Osteuropa halten deutsche Kernkraftwerksbetreiber für dringend notwendig. Sie fordern ebenso eine dringliche Sicherheitsanalyse.

Die Menschen begannen sich zu wehren. Sie glaubten nichts mehr. Zudem wurde die Unruhe durch die wirtschaftliche Misere gefördert. Die Verantwortlichen bekamen Angst. Der Druck der Öffentlichkeit des Auslandes wuchs. Unabhängige wissenschaftliche Organisationen im Ausland bekommen wachsende Zuwendung. Sie wiederholen die Lügen der Beteiligten nicht, sie warnen. Geben Hinweise. Die Katastrophe erregt die Aufmerksamkeit der Weltpresse. Journalisten aus aller Welt versuchen, an Informationen heranzukommen. Meist führt ihr Weg über Moskau, über die offiziellen Stellen. Die versuchten natürlich, die lästigen Frager

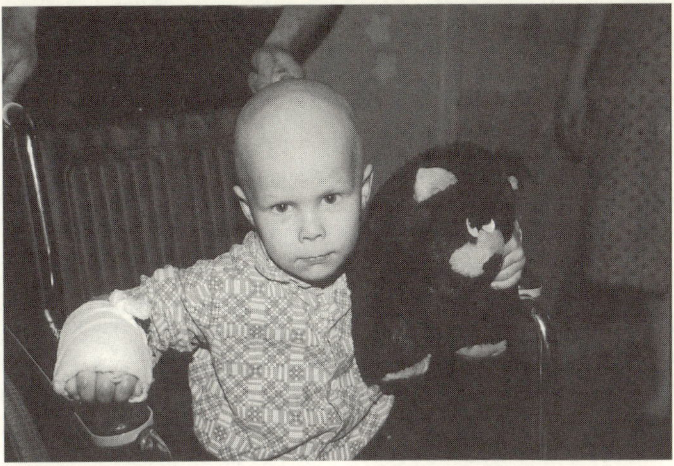

Auch in Allgemeinkrankenhäusern werden krebskranke Kinder versorgt. Durch die Vielzahl der Infusionen ist der Arm verletzt (FF).

abzubügeln. Die Kollegen bekommen keine Visa, keine Zutrittsberechtigungen für Krankenhäuser und wissenschaftliche Einrichtungen.

Wir arbeiten da eher wie die Maulwürfe. Durch die verschiedenen Hilfslieferungen kommen wir ins Land. Wissenschaftler, die die Vertuschung nicht mitmachen wollen, öffnen uns Türen. Menschen, die es satt haben, verschaukelt zu werden, erzählen uns ihre Probleme. Ärzte, denen die Menschen unter den Händen wegsterben, öffnen uns die Türen zu Krankenzimmern.

Auf einmal aber war für uns selbst alles ganz anders. Niemand geht in ein Krankenhaus, in dem Kinder sterben, und kommt als der gleiche wieder heraus. Die Bilder werden uns noch Jahre verfolgen. Sie werden Motivation sein, zwei Dinge gleichzeitig zu tun: Hilfe über einen langen Zeitraum und auch dafür einzustehen, daß die Katastrophe nicht vergessen wird. Das erste ist mühsam, das zweite undankbar. Niemand will dauernd an die Gefahr erinnert werden, an das Leid der Menschen, an die Trostlosigkeit.

Klinik Nr. 3, Minsk

Die Mutter hat ihr Kind auf dem Arm. Sie sieht müde aus. Sie kommt aus Chojniki. Der Stadt unmittelbar neben der Sperrzone. Mitten in der Gefahr. Die Menschen dort aber wissen noch nichts, sie ahnen nur.

Am Tag zuvor – noch kann sie es nicht verstehen – teilten ihr die Ärzte hier in Minsk mit: Ihr Sohn habe einen Gehirntumor. Der Kleine ist jetzt drei Jahre alt. Immer wieder versucht er, den kleinen, bunten Ball, den Windschutz des Mikrophons anzufassen. Er lächelt, freut sich über die Begegnung mit den Fremden, die ihm ein kleines Spielzeug geschenkt haben. Das Interview interessiert ihn nicht.

Seine Heilungschancen liegen bei 20 Prozent. Die Mehrzahl der kranken Kinder wird sterben. Mit weißrussischen Mitteln allein sind sie nicht zu retten. Bei uns im Westen gibt es mehr Material, mehr Kenntnis, mehr Interesse. Bei uns hätten die Kinder ungleich bessere Voraussetzungen zur Gesundung. Sie aber leben in einem armen Land. Sie hatten das Pech, zum falschen Zeitpunkt, am falschen Ort, mitten hinein in die Katastrophe geboren zu werden. Wir, die anderen, haben großes Glück gehabt.

Aber es ist nicht nur ihr Kind. Ihr Mann, jetzt 25 Jahre alt, war Liquidator. Vor Tschernobyl hat er sich gut gefühlt. Nun aber leidet er an einer Rückenkrankheit. Die wird immer schlimmer. Das Siechtum wird sich bald einstellen. Wie lange es bis zu seinem Tod dauern wird, weiß niemand. Heilung, Linderung der Leiden wird er kaum erfahren. Die Ärzte werden ihm ein paar Tabletten geben und ihn dann nach Hause schicken. Der übliche Weg. Seit langem.

Die Mutter kann für ihre Familie nur wenig Hoffnung haben. Es fehlen die Mittel, Kenntnisse, Geld, Interesse.

Die Kinder sind still. Sie leiden, wenn die Schwester mit der Spritze kommt. Wimmernd liegen sie auf den kleinen Betten. Chemotherapie. Daneben: Mütter. Zum ersten Mal dürfen sie bleiben. Einige Ärzte haben es durchgesetzt, auf Anraten von Professor Lengfelder aus München. Eine weißrussische Revolution. Die Mütter entlasten die Schwestern, die Heilungserfolge steigen. Nachts schlagen sie ihre Lager zwischen den Krankenbetten auf. Matratzenlager im Krankenhaus.

Wenn wir nach ein paar Tagen zurückkommen, sehen wir immer wieder neue Gesichter. Dafür aber fehlen einige. Nur wenige konnten als geheilt entlassen werden. Viele sterben.

Wir müssen reagieren. Wir wollen nicht einfach nur berichten und zur Tagesordnung übergehen. Wir wollen Mut machen und helfen, nicht aber durch Hilfe Unzulänglichkeit verdecken. Schließlich haben wir einfach begonnen, haben uns damit ein

Hilfstransport im Februar 1991, Monika Schmidt kocht bei –28° C im Freien Suppe (FF).

wenig auch selbst Mut gemacht. Irgendwo muß der Anfang sein.

Wir wollen keine einmalige Aktion. Nicht Erwartungen und Hoffnungen wecken, die dann nicht erfüllt werden. Dafür ist das Problem zu groß, wird zu lange andauern. Wir glauben, daß wirkliche Hilfe zuverlässig sein muß. Auf lange Zeit.

Dezember 1990
Der Hessische Rundfunk startet die Aktion »Hessen hilft«. Mit drei Lkw-Konvois bringt der Hessische Rundfunk 38000 Lebensmittelpakete nach Weißrußland in die verseuchten Zonen. Der Frankfurter Verein »Leben nach Tschernobyl« garantiert durch die Partnerorganisation in Minsk eine gerechte Verteilung.

Ganz unterschiedliche Menschen und Organisationen finden zueinander. Der Bundesverband des Güterfernverkehrs, die Dachorganisation der vielen Brummis, stellt nach einem Telefonat zehn schwere Lastwagen für den ersten Transport zur Verfügung. Mitten im Weihnachtsgüterverkehr ist man bereit, für die Aktion die notwendige Transportkapazität bereitzustellen. Man hat verstanden, wie wichtig die Aktion gerade zu dieser Zeit sein würde.

Dem Bauernverband des Landes Hessen gelingt es, die engagierten hessischen Landfrauen zu begeistern. Innerhalb von nur zehn Tagen ist der erste Fahrzeugkonvoi zusammengestellt. In zwei Tagen und zwei Nächten werden von den Frauen zehntausend Pakete gepackt und auf Paletten gestapelt. Später sollten noch viel mehr folgen.

Die Berichte in den laufenden Hörfunk- und Fernsehprogrammen lösen eine Lawine der Hilfsbereitschaft aus. Zusätzlich zu unseren Standardpaketen wollen immer mehr Radiohörer und Fernsehzuschauer selber Päckchen für die Menschen in Weißrußland packen. An einem Samstagmorgen machen sich zwei Lkw auf den Weg durch Hessen.

Hanau, Dezember 1990, morgens 7 Uhr: Das erste Fahrzeug erreicht die Stadt. Wir haben Bedenken, mit einem zu großen Lkw wieder halbleer in Frankfurt anzukommen. Als wir in der Innenstadt auf den großen Platz einbiegen, eilen von überall her Menschen aus der Dunkelheit auf den blauen Lastwagen zu.

Nach einer Stunde ist der Lkw überladen. Wir müssen nach Frankfurt zurück, erst einmal umpacken, bevor wir unsere Pakettour durchs Land fortsetzen. Die Aktion »Hessen hilft« entwickelt sich rasch zu einer großen Hilfsaktion. Immer mehr Menschen spenden Geld, kommen ins Funkhaus am Dornbusch, liefern Pakete ab. Eine eigene Telefonleitung muß eingerichtet werden.

Die Frankfurter Messegesellschaft stellt eine komplette Messehalle zur Verfügung. Als Ausgangspunkt für die Kolonne.

Dezember 1990. Wenige Tage vor Weihnachten

Der lange Konvoi wird von zwei Polizeiwagen der hessischen Autobahnpolizei eskortiert. Am früheren Grenzübergang Herleshausen übernehmen Polizeifahrzeuge der ehemaligen DDR die Begleitung. Beamte in Vopo-Uniformen. Noch sind sie unsicher. Da bringt der ehemals so verhaßte Klassenfeind Hilfsgüter in den sozialistischen Bruderstaat. Ihr Weltbild gerät ins Wanken. Sie verstehen nur langsam. Die Wende beginnt.

Die Grenzübergänge nach Polen sind wieder einmal verstopft. Schwierigkeiten, die irgendwie geregelt werden.

Kurz vor Brest, dem Grenztor zu Weißrußland, verpaßt die Kolonne den kaum sichtbaren Hinweis zum Lkw-Grenzübergang. Wir nähern uns dem Stadtgrenzamt. Dem aber stehen nur Personenwagen zur Abfertigung zur Verfügung. Zehn schwere Lkw drehen unter großen Schwierigkeiten. Dann sind wir wieder auf der Straße zur Lkw-Grenzabfertigungsstelle.

Die Straße zieht sich in einem weiten Bogen nach rechts. So

weit das Auge reicht, sehen wir nur Lastwagen in langer Reihe, dicht an dicht. Die Fahrer der vielen wartenden Züge haben trotz der Kälte ihre Fahrerhäuser verlassen, diskutieren, wie es wohl weitergehen wird. Eiskalter Wind fegt Schneeflocken durch die kahlen Äste der Bäume. Der Blick geht ins Unendliche. Hier hilft nur noch Eigeninitiative.

Im Funk murren die Fahrer unserer Lkw, die mit rund 250 Tonnen Hilfsgütern beladen sind. »Du hast versprochen, daß wir Weihnachten wieder zu Hause sind.«

Wir kämpfen uns zu Fuß gegen den Wind zu den Abfertigungsgebäuden der Grenze durch. Dort versteht uns aber niemand, will uns niemand verstehen. Wir sind uninteressant. Niemand hilft uns, niemand will uns haben. Also zurück zum Konvoi. Ratlosigkeit, der Anfang der Resignation.

Zu seiner eigenen Verwunderung hört Frank Franke sich sagen, alles sei geregelt. »Wir haben die Genehmigung, an den wartenden Lkw vorbeizurollen!« Frank Franke, Redakteur beim Hörfunk des Hessischen Rundfunks, gehört zu den Initiatoren der Hilfsaktion. Er war zwar nie zum Konvoiführer gewählt oder ernannt worden, aber alle glauben, er sei es. In seiner Not hat er nun entschieden.

Die Wagen fahren auf der Gegenfahrbahn in Richtung Grenze. Alle auf der falschen Seite der schmalen Straße. Vorbei an den Wartenden, die hier schon viele Stunden in der Kälte stehen. Wut macht sich unter den Wartenden breit, Aggression.

Im Prinzip liegt zwar eine Ausnahmegenehmigung für den Grenzübertritt vor. Eine Vereinbarung zwischen den Regierungen. Diese Sonderabmachungen sind den sowjetischen Grenzbeamten aber völlig unbekannt. Moskau ist weit. Das sollen wir auch in Zukunft öfters zu spüren bekommen.

Den wartenden Lkw-Fahrern ist diese Regelung ebenfalls unbekannt. Einige ziehen ihre Züge ebenfalls auf die Gegenfahrbahn, öffnen ihre Türen, versuchen uns zu stoppen. Zwei der großen Autos schließen sich unserem Konvoi an, während wir uns dem Schlagbaum nähern. Die Fahrt endet, als uns drei sowjetische Militärlastwagen entgegenkommen. Wir stehen Führerhaus an Führerhaus, hoffnungslos verkeilt. Die Grenze ist endgültig zu. Was dann folgt, nennt man wohl eine Verhaftung.

Eine solche Frechheit ist dem Offizier der Armee der UdSSR bisher wohl noch nicht passiert. Er zieht die Pistole, fuchtelt damit in der Luft herum, hält sie mal an diese, mal an jene Schläfe. Er schreit, er fürchtet um seine Autorität, er hat Angst, sein Gesicht bei den Soldaten zu verlieren. Denen allerdings scheint das egal zu sein. Aber er befiehlt, uns abzuführen.

Im Abfertigungsgebäude sind die Scheiben verschmiert. Davor zerschlissene, früher wohl mal weiße Gardinen. Wie überall in der Sowjetunion. Die Luft ist schwer vom Qualm der Zigaretten, von abgestandenem Schweiß und den Ausdünstungen der Toiletten. Mürrische Grenzbeamte versuchen, noch mürrischeren Menschen, die auf ihre Abfertigung warten, durch betontes Desinteresse die Hoffnungslosigkeit deutlich zu machen. Die Stimmung ist gereizt.

Der Offizier, der uns »verhaftet« hat, gestikuliert. Die Beamten reagieren mit stoischem Blick. Plötzlich ein Zivilist. Er spricht Deutsch. Wie das Problem zu lösen sei, fragt er. Die anderen verstummen, nehmen Haltung an. Hier also ist ein wichtiger Mann, einer, auf den sie hören, einer, der Macht hat und sie auch ausübt.

Franke schlägt vor, vier Fahrzeuge aus der wartenden Schlange ebenfalls auf die Gegenfahrbahn rollen zu lassen. Wir könnten dann in der entstandenen Lücke um die Militärfahrzeuge herumfahren. Der Mann in Zivil denkt nach, nickt schließlich mit dem Kopf. Ein Befehl.

Während draußen der Konvoi in den Zollhof einfährt, nimmt niemand mehr Notiz von uns. Wir stehen herum, unbeachtet.

Bei unseren Reisen in die Strahlungsgebiete von Tschernobyl hat uns oft Mutlosigkeit befallen. Wegen des Leids der Menschen, häufiger aber noch wegen der Interesselosigkeit der Behörden. Die soziale Solidarität mit den Opfern war zuerst bei den Behörden weggebrochen, wenn sie dort überhaupt jemals existiert hat. Diese Gleichgültigkeit können wir zuerst nicht verstehen, wollen sie auch nicht verstehen. Später werden wir lernen. Die Situation ist überall schlecht, Mangel ist überall. Niemand kann ihn aus eigener Kraft beseitigen, niemand will entscheiden, Verantwortung übernehmen. Auch dies: Teil des Systems.

Mitten hinein in diese Mutlosigkeit kommt Alexander Ruchlja, Strahlenchemiker an der Universität Minsk, engagiert in der Belarussischen Ökologischen Union. Später wird er stellvertretender Außenminister, danach kommissarisch Botschafter in Bonn werden. Jetzt aber, in der schauerlichen Kontrollstation bei Brest,

Dr. Alexander Ruchlja zeigt Bewohnern den Kontaminationsgrad. Zum ersten Mal erfahren sie etwas über die Bedrohung (FF).

erscheint er uns als die letzte Rettung. Endlich jemand, der unsere Hoffnung und Anstrengung kennt, der sie mitträgt.

Alexander Ruchlja weiß auch nicht, wie es weitergehen soll. Er ist beunruhigt, die Grenzbeamten sind verärgert. Wir versuchen erneut, auf die Vereinbarungen über Hilfstransporte zwischen den beiden Regierungen hinzuweisen. Aber es interessiert niemanden. Wir packen die Fernsehkamera aus und beginnen zu drehen. Die Beamten versuchen, uns daran zu hindern. In unserer Wut und Verzweiflung aber nehmen wir keine Befehle mehr entgegen. Dann sollen sie uns doch mit dem ganzen Transport rausschmeißen, dann kommt der große Presseknall. Wir sehen schon die Schlagzeile: »Hilfskonvoi für Tschernobyl-Kinder an der Grenze von der UdSSR zurückgewiesen!«

Irgendwann sind wir dann ins Leere gelaufen.

Da schicken wir die Lkw-Fahrer zurück in die Autos. Der Auftrag: Dreht den Konvoi Richtung Westen. Hektik. Quer stehende Lastzüge im Hof. Was das solle, fragt der Zivilist, der plötzlich wieder da ist. Die Antwort: »Wir fahren nach Bonn!« »Warum nach Bonn?« »Dort werden wir die Hilfsgüter vor der Botschaft abladen! Unsere Presse wird da sein. Ihr Botschafter auch.«

In die Sache kommt Bewegung. Trotz der Nachtstunde wird der Chef der Station alarmiert. Nach zwei Stunden fährt er draußen

Der Konvoi »Hessen hilft« mit 18 Lkw quält sich über weißrussische Landstraßen (FF).

vor. Ein weißhaariger Oberst mit strengem Blick. Sichtlich verärgert. Drei Beamte berichten ihm gleichzeitig. Er wird unwirsch, fragt auf deutsch nach der Leitung des Konvois. Der Sprecher der Lkw-Fahrer, das Fernsehteam und Frank Franke müssen ihm in einen kahlen Raum folgen. Dort: Warten auf wackligen Stühlen. Dann der Oberst: »Mitkommen!« Ein kurzes Kommando, das kein Nein zuläßt!

Wir gehen eine Treppe höher und treten in einen Raum, in dessen Mitte ein großer Tisch steht. Dort dampft heißer Kaffee, frische Brötchen verbreiten einen angenehmen Geruch, und natürlich stehen die in Rußland unvermeidlichen Wodkaflaschen auf dem Tisch. Wir fühlen uns wie im Wunderland. Der Mann mit den weißen Haaren ist wie verwandelt, lacht und schaut amüsiert auf die übernächtigten Gestalten. Dann nimmt er ein Glas in die Hand, füllt es bis zum Rand voll, hält es Franke hin und befiehlt: »Austrinken!« Draußen, im fahlen Morgenlicht, werden die Lastwagen abgefertigt. Es wird nicht der letzte Konvoi sein, den wir über diese Grenze begleiten.

Zwei Monate später werden wir wieder hier sein. Am gleichen Ort. Achtzehn Lastwagen und mehrere Begleitwagen. Während der Fahrt ist der Konvoi rund zwei Kilometer lang. Ein logistisches Problem. Das Ziel: Minsk und die verstrahlten Gebiete.

An der Grenze sind die Probleme gleichgeblieben. Wieder dauert es Stunden, wieder sind die Beamten unwillig. Wir aber haben unser Verhalten geändert. Wir sind gelassener geworden. Und: Wir fangen früher Krach an.

Da war zum Beispiel die Frage an den Kommandanten: Können wir Ihren Soldaten etwas schenken? Die Antwort war natürlich ein klares Nein. Was sollte der Mann uns auch anderes sagen? Er darf nichts entgegennehmen. Das wäre Bestechung. Die Antwort ist uns aber egal.

Über den Lastwagen sind Brücken angebracht, damit die Wachleute von oben auf die Lastwagen sehen können. Illegale sollen entdeckt werden und Schmuggelware. Eine normale Sache an jedem Grenzübergang. Dort stehen junge Wehrpflichtige. Viele kommen aus der Umgebung, haben zu Hause Frauen und Kinder, Brüder, Schwestern, die Familie. Ihr Sold ist schlecht. Mangel auch bei ihnen. Woher sie kommen, wir wissen es nicht. Aber diese kleinen Soldaten, sie haben hungrige Augen, sie sehen die Pracht, die Herrlichkeit westlicher Hilfsgüter auf den Wagen. Sie sind arm.

Ein paar Pakete haben wir auf die Lauframpe geworfen. Sie werden nicht lange dort herumgelegen haben. Vielleicht haben wir die Zöllner bestochen. Aber auch das ist egal. Wir haben ein paar armen Hunden von Grenzsoldaten gezeigt, daß wir teilen können. Abgeben. Anderen helfen. Vielleicht ist das unrecht. Wer aber nie gelernt hat, was recht ist, der kann auch nicht wissen, was unrecht ist. Über dieses Problem haben wir lange nachgedacht. Und wir sind zu neuen Schlüssen gekommen. Mangel kennt keine Gesetze. Nur die des Stärkeren. Die aber wollen wir nicht so ohne weiteres akzeptieren.

Ziel dieser Reise: Kliniken in Minsk. Gefährdete Gebiete außerhalb. Orte, die befähigt werden sollten, zukünftig Patienten zu »heilen«. Sie sollten nicht länger lediglich »Sterbekliniken für viele« sein – Überlebende die Minderheit.

Klinik Nr. 3. Von außen sieht das Haus aus wie viele in Minsk. Hier werden die schweren Fälle aus den Strahlengebieten behandelt. Innen offensichtlicher Mangel. Medizinisches Gerät ist kaum vorhanden. Die Zimmer sind übervoll von Kindern und Müttern. Auf dem Gang sind Wände und Fenster in bunten Farben bemalt. Ein kleiner Versuch, der Hoffnungslosigkeit zu entfliehen. Aber da ist kein Lachen, kein Rennen, keine Spiele. Kinder und Mütter

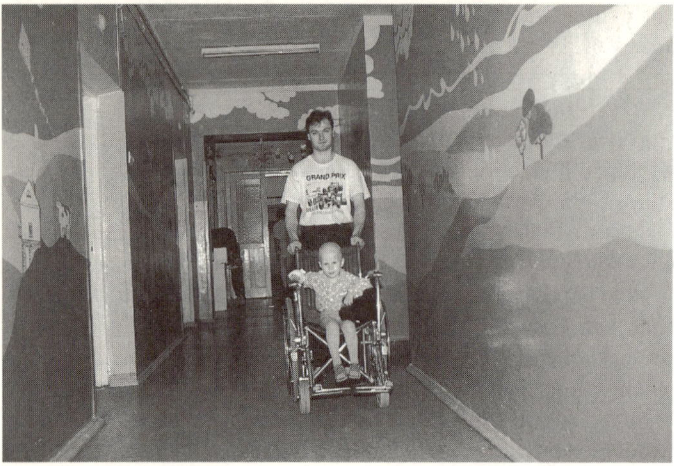

Die Eltern sind bei ihren Kindern. Sie ersetzen auch fehlendes Pflegepersonal. Besonders in den Kliniken der Vorstädte ist der Mangel groß. Die Wände haben die Eltern bemalt. Um ihren Kindern ein wenig die Angst zu nehmen (FF).

sitzen auf Bänken und Stühlen und harren aus. So, als würden sie auf irgendwas warten.

In einem der Krankenzimmer sitzt eine Mutter mit ihrer kleinen Tochter. Sie stammt aus einem Dorf in der heutigen Sperrzone. Das kleine Mädchen ist erst ein Jahr und sieben Monate alt. Sie sieht aus wie eine 15jährige. Ihre Brust ist entwickelt wie bei einer Erwachsenen. Sie hat schon Menstruationen. Der Grund: die Verseuchung nach dem Desaster.

Ein anderes Zimmer: Das Mädchen hat riesige Hände und Füße. Sie überragt den Arzt um Haupteslänge. Sie leidet an Störungen der Wachstumsdrüsen und hat einen Tumor im Bereich des Kleinhirns. Der Grund: Tschernobyl.

Vor einer großen Lagerhalle in Minsk stehen unsere Lastwagen. Sie werden entladen. Die Lebensmittel kommen unter Verschluß. Erst einmal. Die Grundidee der Hilfeleistung ist: Jedes Kind aus einem Gebiet mit einer Belastung von mehr als 15 Curie pro Quadratkilometer bekommt ein Lebensmittelpaket. Viele tausend Pakete liegen deshalb auf den Ladeflächen. Viele tausend Menschen bei uns haben dafür gearbeitet, haben gespendet, verpackt, geladen. Die Verantwortung für die Verteilung hat die Belarussische Ökologische Union übernommen. Sie will Listen liefern, Wohnorte, die neuen Adressen der Ausgesiedelten.

Wir stehen mit Alexander Ruchlja auf der Rampe. Um uns herum fahren die Gabelstapler mit den Paletten. Wir sind mißtrauisch. Zu oft mußten wir hören, daß Lieferungen an falsche Adressen kamen. Zu oft wurden Hilfsgüter von Geschäftemachern verschoben. Haben wenige reich gemacht. So fragen wir, wer garantiere, daß die Pakete auch die richtigen Adressaten erreichen. »Wir«, sagt er, »wir garantieren, daß alles ankommt. Im Radio und im Fernsehen haben wir die Menschen informiert. Wir haben Listen erstellt von Betroffenen. Unsere Organisation übernimmt die Verantwortung. Wir garantieren!«

In Zeiten der Not fällt es schwer, daran zu glauben, daß Menschen ehrlich bleiben. Viele Familien leben hier am Existenzminimum. Nicht nur die aus den Strahlungsfeldern. Wir fragen nicht nur einmal, wir fragen mehrmals. Alexander Ruchlja verliert irgendwann die Geduld ob des Mißtrauens. Erst viel später wird er uns glauben, daß diese Fragen nicht gestellt wurden, um ihn zu ärgern ... Es war unsere Sorge, in dieses Land ein wenig »Gerechtigkeit« bringen zu wollen. Das sieht er später ein und vergräbt seinen Groll bei einem gemeinsamen Wodka. Später erst werden auch wir erfahren, daß niemand inmitten des Mangels »gerecht« handeln kann. Auch wir nicht. Aber es wird noch eine geraume Zeit in Anspruch nehmen, bis wir dies gelernt haben.

Vielleicht ist es die Angst des Helfers vor dem Opfer. Diese unmittelbaren Begegnungen, die dann Formen von Konfrontationen annehmen. Noch Jahre werden wir brauchen, diese Eindrücke zu verarbeiten, mit den Bildern im Kopf klarzukommen. Lange Zeit, bis wir die Szenen verdrängt haben werden. Der Schrecken aber wird bleiben. Stunden vergehen, bis die Mitglieder des Konvois wieder miteinander sprechen. Jeder entwickelt eigene Methoden, seiner Emotionen Herr zu werden.

Wir dürfen uns nicht von unseren Gefühlen von der Arbeit abhalten lassen. Die Auseinandersetzung mit dem Erlebten wird auf später verschoben. Mit den Fahrern ist vereinbart, daß jeweils eine kleine Gruppe die Übergabe der Hilfsgüter begleitet. Jeder soll die Möglichkeit haben zu sehen, warum er hier unterwegs ist.

Das Bild, das wir bisher von den Männern hatten, die schwere Lkw durch Europa steuern, verschwimmt immer mehr. Die lange

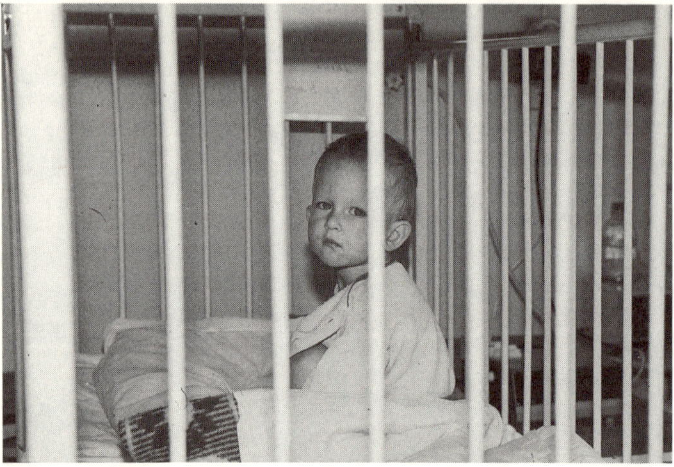

Klinik Nr. 3, Minsk (FF).

Abwesenheit von zu Hause ist Ursache vieler Probleme in den Familien. Sorgen sind die Begleiter in ihren Fahrerhäusern. Wie geht es der Frau zu Hause? Wie soll man mit den Schwierigkeiten der Kinder in der Schule umgehen? Fragen jedoch, die hier vorübergehend in den Hintergrund treten.

28. 1. 1991

Der zweite Hilfstransport aus Hessen mit 16 000 Lebensmittelpaketen, Medikamenten und medizinischem Gerät startet von Frankfurt aus nach Weißrußland. Auf dem Spendenkonto des Hessischen Rundfunks waren 2,5 Millionen Mark eingegangen.

Neben den vielen Tonnen von Hilfsgütern haben die Fahrer auch eigene kleine Geschenke mitgebracht. Einer steht in der Tür seines Wagens und wirft den Kindern ringsum Schokoladentäfelchen zu. Die Situation erinnert an Karneval. Bonbons und Prinz. Hier aber ist die Verteilung bitterer Ernst. Zu viele Kinder, zu wenig Schokolade. Am Ende schließt der Mann die Tür, verriegelt sie, sinkt in sich zusammen und weint.

Draußen verläuft sich dieser Haufen von Kindern. Es ist wie im täglichen Leben. Die starken Jungen, die größeren, haben gewonnen. Tragen nun ihre Schätze weg. Schokolade, wie wir sie kennen, haben sie bisher noch nie gesehen. Die kleinen, die, die nicht so schnell laufen, nicht so hart kämpfen können, sie gehen leer aus. Es wird noch längere Zeit dauern, bis sie verstehen, daß sie nichts bekommen werden.

Vor einem großen Haus werden Pakete ausgeladen, werden hinuntergebracht in den Keller, kommen unter Verschluß. Erst dann werden die Listen hervorgeholt. Auf diesen sind die Menschen verzeichnet, die aus einem Gebiet kommen, in dem die Verseuchung über fünf Curie pro Quadratkilometer liegt. Dies war das Versprechen: Alle Kinder aus Gebieten mit mehr als 15 Curie bekommen ein Paket. Es ist wie mit der Schokolade. Es sind viele, die leer ausgehen werden.

Sie stehen an. In langen Schlangen. Das aber sind sie gewöhnt. In den Händen tragen sie Papiere. Die Ausweise der Kinder. Die Legitimation, ein Paket zu bekommen. Warten auf die milde Gabe. Warten auf ein bißchen Zuwendung. Daß die aus dem Westen kommt, verwundert nur wenige. Der Westen ist reich. Und haben nicht die Russen 1919 Lebensmittelpakete ins Ruhrgebiet geschickt? An die hungernden Genossen?

Die alten Männer wissen das noch. Sie haben es ihren Töchtern erzählt. Die Männer wollten es vergessen. Da war doch ein Feindbild in der jüngeren Vergangenheit.

Deutsche und die Menschen der UdSSR haben eine lange, auch unbekannte gemeinsame Vergangenheit. Eine gemeinsame Geschichte. Auch wir hatten das vergessen.

In Schlangen stehen die Frauen. Männer stehen abseits. Auch die vom KGB, die, die uns immer begleiten. Sie sind gut gekleidet, gut genährt, und sie sind sehr gelangweilt. Fast ein Markenzeichen. Aber es entgeht ihnen nichts. Langsam drängeln sie sich näher, heran an die Kamera. Sie wollen hören, was die Menschen uns erzählen.

Als ihnen aber das Mikrophon direkt vor die Nase gehalten wird, wollen sie nichts sagen. Bei der Frage, ob sie vom Sicherheitsdienst seien, drehen sie sich ab, verschwinden.

Der Übersetzer hatte dabei seine Schwierigkeiten. Ein wenig Druck war nötig. Denn auch er kam vom KGB.

Da entwickeln wir doch gerne ein neues Spiel: Das Fernsehen, das deutsche, interviewt, wo immer es geht, den KGB. Aussagen haben wir leider nicht bekommen. Das Spiel aber sollte Verfeinerungen erfahren. Später.

Vor der Kamera steht eine Frau, die nichts erhält. Sie hat das »Pech«, aus einem sauberen Gebiet zu kommen. Sie zählt nicht zu

Die Aktion »Hessen hilft« bringt Pakete. Nur Kinder aus Gebieten mit einer Belastung von mehr als 15 Cu/km² dürfen sie bekommen (FF).

den Glücklichen. »Wie soll ich meinem Kind erklären, daß wir nichts bekommen?« Sie sagt es und zieht ihr Kind hinter sich her. Weg von uns, weg von den aufgetürmten Reichtümern, die für sie unerreichbar sind.

Die Versorgungslage der Sowjetunion im Jahr 1990/91 ist schlecht. Viele Menschen versammeln sich bei jeder Entladeaktion an unseren Fahrzeugen, versuchen, auch etwas von den Gütern abzubekommen. Fast alle werden leer ausgehen. Dazu sind es zu viele. Keine Hilfsorganisation kann dieses Land auch nur annähernd ausreichend versorgen. Wir haben Grenzen überschritten. Die unserer Leistungsfähigkeit in der Hilfe und auch die, das Problem Tschernobyl als lediglich etwas Schreckliches für die Betroffenen zu sehen. Tschernobyl hat Auswirkungen auf jeden. Nicht nur auf die Menschen in den verseuchten Gebieten. Wir werden die Politik, ihre Repräsentanten, Wissenschaftler und die Gleichgültigkeit der scheinbar Unbeteiligten anders sehen. Jeder von uns wird verantwortlich sein für alles. Denn: Wir können uns zumindest wehren. Wir müssen es zumindest versuchen. Wir werden uns ändern müssen. Überall.

Wir steigen eine dunkle Treppe hoch, betreten die Wohnung einer Familie, die bei der Katastrophe in der Nähe von Tschernobyl gewohnt hat. Fast in Sichtweite des Reaktors.

Auch sie hatte niemand vor den Gefahren der Strahlung gewarnt. Deshalb saß der Familienvater nach der Explosion tagelang am Ufer des Pripjat, angelte, starrte auf den brennenden Reaktor. Von der unvorstellbaren Strahlung, die seine Gesundheit zerstörte, wußte er nichts. Jetzt sitzt er als Frührentner vor uns, erzählt seine Krankengeschichte. Sie ist nur eines der Beispiele der verheerenden Auswirkungen der Katastrophe von Tschernobyl.

Seit drei Jahren kann er nicht mehr arbeiten, leidet vor allem unter den Schädigungen der Schilddrüse. Dann wurden sie umgesiedelt, mitnehmen durften sie nichts. Noch nicht einmal das Spielzeug der Kinder. Neben ihm, auf dem Sofa, sitzt seine Familie. Die Menschen sind blaß. Sie leiden an verschiedenen Krankheiten, ausgelöst von der Explosion des Reaktorblocks 4 am 26. April 1986.

Später hat man ihnen eine Wohnung gegeben. Kleine Zuwendungen. Jetzt sind die Nachbarn neidisch. Jetzt haben die Nachbarn Angst vor ihnen, könnten sie doch vielleicht die Radioaktivität in die neue Gemeinschaft tragen. In der Schule werden die Kinder gemieden. Bekommen keine Freunde. Außerdem haben sie oft Kopfschmerzen, können sich nicht auf den Lehrstoff konzentrieren. Wir sitzen dabei und trinken den Tee, den sie uns angeboten haben. Wir können ihnen ein Lebensmittelpaket für jedes Kind dalassen. Helfen können wir ihnen nicht.

Wir besuchen an diesem Abend noch viele Familien. Immer wieder erzählen uns die Menschen von ihrem glücklichen Leben vor der Reaktorkatastrophe. Viele sind einsam, können sich nicht an die neuen Wohnungen in den Hochhäusern gewöhnen. Früher, aber das ist lange her, wohnten sie in kleinen Häusern. Früher hatten sie einen eigenen Garten. Früher. Heute sind sie heimatlos. Oft sind Familien auseinandergerissen worden. Wo die Freunde geblieben sind, sie wissen es nicht.

Würde man alle Menschen evakuieren, die in Gegenden wohnen, in denen ausschließlich verseuchte Lebensmittel produziert werden können, dann müßten 2,3 Millionen Menschen ihren Lebensraum verlassen. Das kann die Weltgemeinschaft nicht finanzieren, geschweige denn die GUS-Staaten. Allein in der Republik Belarus leben auf 40 000 Quadratkilometer verseuchtem Boden mit einer Caesium-137-Belastung von einem Curie pro Quadratkilometer 2,3 Millionen Menschen. Bei über einem Curie wächst die Zahl auf 2,5 Millionen an. 200 000 kommen in der

Katzen und Hunde sind fast immer die letzten Bewohner der verlassenen Dörfer (FF).

russischen Föderation hinzu. In Rußland, Belarus und in der Ukraine leben heute 9 Millionen Menschen insgesamt in radioaktiv verseuchten Territorien mit einer Belastung von über einem Curie pro Quadratkilometer.

Nach dem belarussischen Staatsprogramm für 1990 bis 1995 mußten etwa 120 000 Menschen ungesiedelt werden. Im Unterschied zur Ukraine und Rußland wurde das belarussische Umsiedlungsprogramm fast vollständig ausgeführt. Bis 1995 waren es 150 000 Menschen, die eine neue Heimat finden mußten. Die UNO nennt für die Ukraine 150 000 und für Rußland 75 000 Menschen.

Das vorrangige Kriterium, das die Verwalter der Bürokratie geleitet hat, war die Frage: Wie teuer wird die ökologische Völkerwanderung der Umsiedler? Und weil der Staat die Kosten nicht tragen konnte, wurden die Grenzwerte hoch angesetzt.

Auf staatliche Anordnung wurde nur aus Gebieten ausgesiedelt, in denen die Belastung mehr als 40 Curie pro Quadratkilometer betrug bzw. eine Überschreitung der Gesamtkörperbelastung von 35 Rem in 70 Jahren Lebenszeit zu erwarten war. In Gebieten ab 15 Curie Verseuchungsgrad war die Umsiedlung »freiwillig«. Auch sie wurde vom Staat finanziert. Zu Beginn aber war der Grad der Vergiftung des Landes nicht bekannt. Es wurde geschätzt, spekuliert, angenommen. Mehr nicht. Die Wissenschaftler brauchten nun Zeit für die Untersuchung.

7. 2. 1991

Fast fünf Jahre nach dem Reaktorunglück hat der Generalstaatsanwalt der UdSSR gegen verantwortliche Behördenvertreter Strafverfahren wegen Amtsmißbrauch und Fahrlässigkeit eingeleitet. Die Anklagebehörde war erst nach öffentlichen Appellen – unter anderem in Zeitungen – zur Anklageerhebung bereit. Die Beamten hätten bei der Evakuierung von Menschen aus den kontaminierten Gebieten versagt, hätten objektive Daten über die Höhe der Radioaktivität ignoriert und Gesundheitsbestimmungen über die Beseitigung von Atommüll verletzt. Aufgrund übereilter Entscheidungen seien zudem neue Siedlungen in verstrahlten Gebieten entstanden, ohne ausreichende Kontrolle landwirtschaftlicher Produkte. Kraftwerksbetreiber und Hilfskräfte seien hohen Dosen von Radioaktivität ausgesetzt gewesen.

28. 2. 1991

Präsident Michail Gorbatschow besucht die radiaoaktiv verseuchten Zonen Gomel und Mogiljow: »Es ist die Zeit für das sowjetische Kabinett gekommen, die Ausführung von bereits beschlossenen Entscheidungen zu diskutieren. Viele Entscheidungen sind getroffen worden, und vieles wurde getan, aber wir müssen weiter prüfen, was noch getan werden kann.«

19. 3. 1991

Bei zahlreichen Patienten in der UdSSR werden ein erhöhter Blutzuckerspiegel und eine Veränderung diverser Hormone festgestellt. Die radioaktive Strahlung, berichten sowjetische Experten, habe zu einer deutlichen Zunahme von Herzkrankheiten und einer Schwächung der körpereigenen Abwehr geführt. Koronare Herzerkrankungen und arterieller Bluthochdruck seien bei einzelnen Bevölkerungsgruppen bis dreimal so hoch wie zuvor. Bei Wöchnerinnen liegt die Wahrscheinlichkeit der behinderten Kinder eineinhalbmal höher als in Normalgebieten. Die ein- bis dreijährigen Kinder zeigten in 27 Prozent der Fälle Schilddrüsenvergrößerungen, parallel dazu erkrankten sie an den Atemwegen und den Lymphgefäßen.

Auf dem Gelände der Universität Minsk herrscht hektisches Treiben. Studenten hasten umher, einige Uniformträger, Frauen, Männer mit unbekanntem Ziel. Wir treffen Professor Petrajew. Er ist zuständig für alle Messungen in Weißrußland. Er sitzt hinter einem großen, uralten Schreibtisch. Berge von Papier häufen sich. Nebenan, bei seiner Sekretärin, ist das Bild nicht anders. Auf dem Monitor ihres Computers ist kaum noch etwas zu lesen. Uralt ist das Ding, ein »Robotron« aus der DDR. Hier werden Meßtrupps koordiniert, Zahlenkolonnen ausgewertet, Gefahren ausgewiesen. Ein schlechter Arbeitsplatz. Noch ist es der einzige Computer des Instituts.

Petrajew muß uns führen. Wir wollen in sein Labor. Allein könnten wir es nicht finden, obwohl es nur ein kurzer Gang ist. Das Haus ist verfallen, liegt zwischen einigen blattlosen Bäumen und Büschen. Es ist Winter. Schmutziger Schnee bedeckt Wiesen und Wege. Petrajew reißt mit Mühe die Tür auf. Sie klemmt. Gleich dahinter, noch im kleinen Vorraum, die ersten Tonnen mit dem gelben Zeichen »Radioaktiv«. Der alte Mann schaut gar nicht hin.

Innen, eine Treppe in den Keller, rechts und links zwei Räume. Viele Frauen, wenige Männer arbeiten hier. Die Feststellung der Bodenverseuchung ist ein schwieriger, aufwendiger Chemieprozeß. Anders als Strahlung, die mit Geigerzählern sofort gemessen werden kann, muß die Verseuchung im Labor bestimmt werden. Deshalb kochen hier Frauen die Proben, filtern, bestimmen.

Über den Arbeitsplätzen Absauganlagen. Aber sie funktionieren nicht. Der Lüfter ist defekt. Das ist er schon lange. Ersatz ist nicht zu erwarten. Deshalb sind die Frauen den Dämpfen ausgesetzt. Die schweben frei durch die Räume. Schleusen gibt es nicht.

Die Treppe ist steil. An ihrem Fuß liegen Hunderte von Plastikbeuteln. Bodenproben aus den verseuchten Gebieten. Sie liegen offen herum. Würde hier jemand stolpern, er würde hineinfallen in den verseuchten Dreck. Auch im Laborraum nebenan haufenweise Bodenproben. Ungeschützt. Teilweise nur in Papiertüten verpackt. Dreck auch auf dem Boden. Wir stehen mit unseren Schuhen darauf. Von den Laborantinnen nimmt niemand mehr die Gefahr zur Kenntnis. Auch hier sind die Absauganlagen außer Betrieb. Bei den Untersuchungskästen fehlen die Schutzscheiben. Sie konnten nicht geliefert werden. Drinnen kochen die hochverstrahlten Proben.

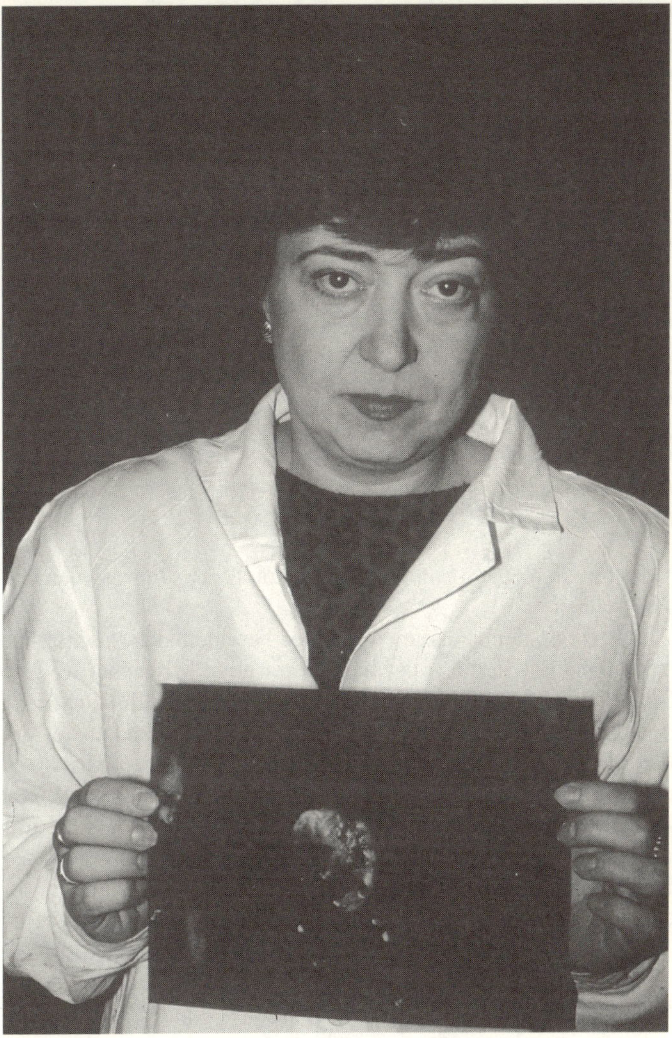

Hot Spots auf der Lunge (VS).

Im Labor der Universität lagern Bodenproben aus dem ganzen Land. Ungeschützt (FF).

Im hinteren Raum eine Demonstration für die Journalisten aus Deutschland.

In kleinen, verschlossenen Schalen befinden sich Proben. Sie stehen auf Fotos, die seltsame, sternförmige Muster aufweisen. Spuren der Radioaktivität. In einer der kleinen Schüsselchen ist mit durchsichtigem Klebeband ein winziges Pünktchen festgeklebt. Für uns ist es unsichtbar, mikroskopisch klein. Sie haben es aus der Lunge eines verstorbenen Liquidators herausgeholt. Zur Demonstration. Es ist ein Teil der Brennstäbe des Reaktors. Ein »heißes Teilchen«, ein »Hot Spot«. Winzig klein, kleiner als ein Staubkorn. Der Mann hatte es eingeatmet. Das Teilchen kam in seine Lunge. Dort setzte es sich fest. Das war sein Todesurteil. Dabei sieht es aus wie ein kleines, unbedeutendes Sandkorn.

Das Foto dokumentiert den Schrecken. Wie ein heller Stern leuchtet uns die Gefahr entgegen. Dieses kleine Teilchen ist gefährlicher, als würde man sich in der verseuchten Zone am Boden wälzen. Wo allerdings diese »Hot Spots« herumliegen, niemand weiß es. Dafür sind sie zu klein. Sie lassen sich nie mehr einsammeln. Sie werden sich langsam über den gesamten Erdball ausbreiten. Tschernobyl wird überall sein.

Das Teilchen ist Plutonium. Wissenschaftler haben es analysiert. Und dann haben sie es in die Schale geklebt. Zur Demonstra-

Universitätsinstitut von Professor Petrajew in Minsk. Hier werden alle Bodenproben der Republik untersucht. Die Ausrüstung ist schlecht (FF).

tion. Fast automatisch waren wir einen Schritt zurückgetreten. Als ob uns dies vor der Gefahr schützen könnte.

Bei der Explosion sind Tausende verschiedener Stoffe freigesetzt worden. Der Brand hat sie in die Luft gewirbelt. Mit den Wolken waren sie weitergezogen. Mehrmals um den Erdball. Seitdem regnen sie langsam wieder ab. Wo sie herunterkommen, weiß niemand. Fleckenartig werden sie das Land vergiften. Aber nicht alle Stoffe sind gleich gefährlich. Radioaktives Jod zerfällt innerhalb weniger Tage. Andere Stoffe haben eine Halbwertszeit von vielen tausend Jahren.

Für die verschiedenen gefährlichen Stoffe wurden deshalb unmittelbar nach der Katastrophe unterschiedliche Grenzwerte festgelegt. Auch hier waren wirtschaftliche Überlegungen ausschlaggebend.

Petrajew erklärt: »Die Grenzwerte für Strontium und Plutonium sind viel niedriger als die für Caesium, weil Strontium und Plutonium praktisch nicht wieder aus dem Organismus herausgeführt werden können.«

Durch spezielle Medikamente, Ernährung, sauberes Wasser können einige dieser Stoffe aus dem menschlichen und tierischen Körper abgeführt werden. Und es kursiert das Märchen, Wodka helfe gegen Strahlung. Schnaps regt aber lediglich den Stoffwechsel an. Bestimmte Stoffe werden schneller abgeführt. Außerdem beruhigt der Rausch kurzfristig die Nerven.

Deshalb ist Petrajews Labor so wichtig. Allein die Arbeit dort kann die Menschen längerfristig vor Schaden bewahren. Dann nämlich, wenn die Leute aus den verseuchten Gebieten herausgebracht werden. Für die Organisation der wichtigen Meßarbeit stehen ihm nur bescheidene Mittel zur Verfügung. Petrajew ist ein grimmiger, alter Mann geworden. Vielleicht der einzige Weg, inmitten des Mangels überhaupt noch etwas tun zu können.

»Zur Zeit steht uns außer unseren Privatfahrzeugen noch nicht einmal ein Lkw zum Abholen der verstrahlten Erde zur Verfügung.«

Inzwischen werden seine Mitarbeiter krank. Der Mangel an Schutzmaßnahmen im Labor und bei den Außenarbeiten beginnt sich zu rächen. Es ist absehbar, wann sie aus dem wichtigen Dienst für ihr Volk ausscheiden müssen. Anerkennung, materielle Sicherheit für »die Zeit danach« können sie nicht erwarten. Sie sind nur wenige unter vielen.

Galina Sukolik ist Leiterin des Labors. Auch bei ihr zeigen sich die ersten Symptome. Dunkle Ringe unter den Augen, Gliederschmerzen. Sie antwortet, ohne lange zu überlegen:

»Wir leben hier in diesem Land. Wir, unsere Kinder, unsere Enkel, wir wissen, daß nur eine Chance bleibt. Wir müssen uns selbst retten. Dies ist unser Beitrag zur Bekämpfung der entsetzlichen Folgen dieser Katastrophe.« Und dann, nach kurzer Überlegung: »Irgend jemand muß sich eben opfern!«

Da beschließen wir, den Spuren des Schreckens zu folgen.

Annäherung an den Schrecken

Es ist Nacht. Es ist bitter kalt. Wind pfeift über das Land. Draußen liegt Schnee. Wir sind in Minsk. Wir wollen nach Mogilow. Hinein in den »Dreck«, in eine der vielen verseuchten Zonen. Die Stadt ist noch ausgestorben. Kaum Fahrzeuge auf den Straßen. Deshalb hält uns der Posten der Transportpolizei am Stadtrand auch gleich an. Zu viele Waren werden in der Zeit des Mangels verschoben. Kontrollen sollen helfen. Polizisten aber verdienen schlecht, bekommen für ihre undankbare Arbeit nur ein paar Rubel. Da ist die Versuchung groß, auch mal wegzuschauen. Viele Polizisten sollen angeblich wegschauen.

Winter 91. Bei uns zu Hause beginnen die Menschen bereits zu vergessen.

»Es wird viel verschoben«, sagten uns ein paar Leute, »geklaut wird auch. Aber was das Schlimmste ist: Sie bringen viele Güter aus den verseuchten Gebieten jetzt in die Städte. Lebensmittel, Geräte, Autos, Traktoren. Alles, was irgendwie zu gebrauchen, zu verkaufen ist. Viele sollen da mitmachen. Leute aus der Regierung, den Behörden. Mitglieder der Armee, auch vom KGB. Es ist wie bei der Mafia. Da kann man entweder nur mitmachen, oder man ist arm. Dann aber muß man wenigstens eine Oma haben. Eine im unverstrahlten Gebiet.«

Gerüchte kursieren, die Regierung habe angeordnet, »schmutziges«, also verstrahltes, und sauberes Getreide zu mischen. Unter die angeordneten Grenzwerte der Verseuchung kommen die Nahrungsmittel auf diesem Wege zwar nicht, sie nähern sich nur ein wenig. Es gibt Menschen, die behaupten, wirklich saubere Lebensmittel gäbe es nur für Mitglieder des Apparats. Das aber läßt sich nicht beweisen. Es ist sogar unwahrscheinlich. Der Apparat ist zu groß. Wahrscheinlich werden nur Spitzenfunktionäre sauber ernährt. Es gibt nämlich zuwenig Analysegeräte. Wer sollte die vielen Proben testen? Die Gerüchte aber halten sich.

In Weißrußland mit dem Auto zu fahren ist eine komplizierte Sache. Es gibt kaum Benzin. Der Sprit an den wenigen öffentlichen Tankstellen ist gepanscht. Mit Wasser. Deshalb blieben auch unsere Lastwagen bei den Hilfstransporten reihenweise liegen. Die Filter froren ein, die Motoren stotterten, in den Tanks wurde das Wasser zu Eis. Ein erhebliches Hindernis. Daraus

Einfahrt zur Todeszone (FF).

hatten wir gelernt. Auf dem Dach des Geländewagens stapelten sich deshalb Kanister. Einhundertsechzig Liter. Eine fahrende Bombe. Das aber vergißt man mit der Müdigkeit der Nachtfahrten.

Sie hatten uns aus der Stadt herausgelassen, die Posten am Stadtrand. Sie sollten nichts finden. Bei uns war nämlich Alexander Ruchlja, der Strahlenchemiker der Universität Minsk. Professor Petrajew, der knorrige, alte Mann, der, der für alle Messungen in Weißrußland zuständig ist, hatte uns die Genehmigung erteilt. In den Visa war Chojniki als Reiseziel eingetragen. Formal konnten sie uns nicht festhalten. Außerdem waren wir für größere Aktionen auch viel zu uninteressant.

Ruchlja und Petrajew – ein seltsames Team. Irgendwann, mitten in der Nacht, als wir alle nicht schlafen konnten, saßen wir zusammen. Petrajew erzählte von sich selbst. Er trank unseren Whiskey, wir tranken seinen Wodka. Draußen war es kalt. Durch die vielen Ritzen pfiff der eiskalte Wind Weißrußlands. Wir saßen in Jacken und Mänteln im Hotelzimmer. In der Ecke surrte das Ladegerät für die Akkus der Fernsehkamera. Auf der Fensterbank der Topf mit dem Tauchsieder. Kaffee für den nächsten Tag. Auf dem Tisch Lebensmittel aus Deutschland. Saubere Lebensmittel. Wir schleppten alles mit uns herum. Aus Angst vor den winzigen radioaktiven Partikeln, vor der Verseuchung.

Petrajew erzählt. Früher war er Matrose. Auf einem Seeschiff. Überall auf der Welt sei er gewesen. Sei herumgefahren, habe sich »die Hörner abgestoßen«. Wenn man ihn lächeln sieht, glaubt man ihm, daß es eine wilde Zeit gewesen war. Seit dieser Zeit hat er einen Freund. Der Name: Sobotowitsch. Die Geschichte dieser beiden Männer wird auch künftig verbunden bleiben.

Irgendwann durfte er dann studieren. Chemie, Spezialgebiet Radiochemie. Sein Freund studierte das gleiche. Er machte die Ochsentour durch die Instanzen. Er ist Kommunist. Ist von der Idee überzeugt. Er wird Professor für Radiochemie in Minsk. Sein Freund Sobotowitsch wird Professor für Radiochemie in Kiew. Sie bleiben in Verbindung. Sie glauben an die Staatsform ihres Landes; sie sind überzeugte Kommunisten.

Dann kam Tschernobyl. Beide werden beauftragt, die Messungen zu organisieren. Beide hören die Lügen der Politiker. Beide wissen besser, was draußen im Lande vor sich geht. Beide bekommen einen Maulkorb. Sie verlieren den Glauben, gehen in den inneren, später in den aktiven Widerstand. Sie reden über Meßwerte, über Gefahren, über Falschmeldungen. Aber sie stehen nicht im Rampenlicht der Politik. Ihre Arbeit ist für den Staat wichtig. Aufmerksamkeit wird ihnen nicht zuteil. Wir hören ihnen zu. Sie werden Kommunisten bleiben. Vielleicht aber, so sagen sie, war das Land, die Regierung, nie der großen Idee verpflichtet gewesen. Nur dem eigenen Machterhalt. Politisch haben sie resigniert. Als Radiochemiker haben sie ihren Widerstand gerade erst begonnen.

Alexander Ruchlja. Ein fleißiger, talentierter, unbequemer Student. Er wird nicht Mitglied der Partei, wird Assistent von Petrajew. Steht in der zweiten Reihe. Weiter konnte er nicht kommen. Damals. Dann kam Tschernobyl. Die Mitarbeiter werden hinausgejagt in die Strahlungszonen. Sie sollen Meßwerte sammeln. Sie bekommen große Verseuchungsdosen ab. Sie arbeiten für ihr Land. Er wird Spezialist für verseuchte Gebiete. Er war überall schon einmal gewesen. Er riskiert seine Gesundheit. Für ein sehr kleines Gehalt. Irgendwann engagiert er sich in der Belarussischen Ökologischen Union, den »Grünen« Weißrußlands. Er wird Mitbegründer der weißrussischen Sektion von »Leben nach Tschernobyl«. Er wird Partner von Norbert Schreiber in Deutschland. Er wird eine der größten, eine der wichtigsten deutsch-weißrussischen Aktionen mit tragen: NADESHDA, »Hoffnung«, ein Erholungsheim für die Kinder von Tschernobyl. Zusammen mit seinem Chef, dem überzeugten Kommunisten und Interessenvertreter der Opfer von Tschernobyl, Ewgenij Petrajew. Zwei Fachleute, die das gleiche wünschen, deren Wege aber unterschiedlich verlaufen.

Später wird Ruchlja den Beruf wechseln. Er soll stellvertretender Außenminister werden. Spezialgebiet: Tschernobyl. Dann, als die Regierungsmehrheit wechselt, kommissarischer Botschafter seiner Republik in Bonn. Tschernobyl aber, den GAU, die Katastrophe, wird er nicht vergessen. Noch heute sind wir mit ihm in Kontakt. Es hat sich eine besondere Verbindung zu ihm entwikkelt, fast eine Freundschaft. Vielleicht sogar das. Alexander ist ein verschlossener Mensch.

Noch in der Nacht unserer Ankunft in Minsk brechen wir auf. Es ist ein Uhr früh. Ewgenij Petrajew und Dr. Alexander Ruchlja wollen uns begleiten. Sie sind die Spezialisten.

Die Fahrt geht über dunkle Straßen. Es gibt keine Straßenmar-

Als die Menschen endlich evakuiert wurden, mußte es schnell gehen. Auch die Liquidatoren hatten Angst (BF).

kierungen, und es fällt schwer, den Verlauf der Straße zu ergründen. Wir sind hundemüde, der Blick geht angestrengt nach vorn.

Irgendwann, den Überblick haben wir schon lange verloren, hält die kleine Kolonne an. Alexander klettert müde aus dem Auto. Wie der Ort heißt, kann niemand sagen. Wir haben das Schild nicht gesehen und hätten es nicht lesen können. Alexander hat eine amerikanische Fliegerkarte. Die kann man in den USA in jedem Airport kaufen. Sie sind besser als die weißrussischen Pläne. Wir suchen den Weg in die verseuchten Gebiete nördlich von Mogiljov. Das ist eine große Stadt. Vielleicht einhundert Kilometer vom Reaktor entfernt. In ihrer Nähe, nördlich davon, ging nach der Katastrophe der radioaktive Regen nieder. Abgeregnet von Flugzeugen. Aus Angst vor der Verseuchung der Hauptstadt der UdSSR, Moskau.

Irgendwann geht die Sonne auf und taucht die schöne russische Landschaft in ein warmes, gelbes Licht. Den Straßenrand säumen Strommasten. Sie reichen wie schiefe Kreuze bis zum Horizont. Die Drähte hängen herunter, schwingen im Wind. In den verlassenen Gebieten wird kein Strom mehr benötigt.

Irgendwann, es ist hell, sind wir in der Nähe von Mogiljov. Alexander legt das Strahlenmeßgerät zum ersten Mal auf die

In der Todeszone (FF).

verseuchte Erde. Kurz hinter einem Ortsschild. »Hier geht es los«, sagt er. Der Zeiger schlägt aus. Eindringliches Piepen zeigt den Verstrahlungsgrad von über eintausend Mikrosievert. Die natürliche Strahlung beträgt 0,5 Mikrosievert. Der Wert hier: 2000mal höher. Entfernung zum Reaktor: 200 Kilometer.

Das Land ist gefährlich. Auf Dauer wird diese Vergiftung niemand überstehen können. Vor uns aber liegt ein Dorf. Es ist noch bewohnt. Wir sehen die Menschen auf der Straße stehen. Sie haben uns bemerkt. Fremde sind selten in dieser Gegend. Eigentlich wäre nun Eile angesagt. Aber: Radioaktivität läßt sich nicht schmecken, nicht fühlen, nicht riechen. Sie ist unsichtbar. Man kann sie nur messen. Dazu aber braucht man ein Gerät. Die aber sind selten in Weißrußland, der Ukraine und Rußland. Die Menschen im Dorf haben keins.

Ein kleiner Hund streicht durch ein Gartentor. Wir haben sie nicht um Erlaubnis gefragt. Wir sind einfach in ihren Garten gegangen, haben die Bank weggenommen, haben gemessen. Auf einem winzigen Stückchen Land liegt kein Schnee. Der Boden ist gefroren.

Die Messung: 1200 Mikrosievert.

Normalwert mal 2400.

Im Vorgarten die Menschen. Inzwischen hat es sich herumgesprochen, daß Fremde da sind. Der Ortsvorsteher kommt. Ein verzweifelter Mann mittleren Alters. Wie hoch die Werte sind, weiß er nicht. Sie hätten aber schon lange umgesiedelt werden sollen, aber es hat nicht geklappt. Sie wurden immer wieder vertröstet. Auf später.

Nebenan steht eine Frau mit ihrer vielleicht zwölfjährigen Tochter. Das Kind ist blaß. Sie streichelt den Hund. Natürlich würden sie gehen, sagt die Frau, aber sie seien noch nicht dran. Später vielleicht.

Irgendwann – wann mag das gewesen sein? – beobachteten die Leute des Dorfes, daß die Vögel nicht mehr sangen. Irgendwann bekamen Hunde und Schweine verkrüppelte Junge. Irgendwann war es still im Dorf.

Wir stehen auf dem Bauernhof und messen. Damit können die Menschen nichts anfangen. Nur selten haben sie so ein Gerät gesehen. Sie ängstigt das Piepgeräusch. Es klingt hektisch. Es ist laut. Es hört nicht auf. Der Zeiger nähert sich dem oberen Meßwert. Mehr kann das Gerät nicht bestimmen.

Acht Jahre danach. Die Häuser verfallen (FF).

Über dem Land liegt Schnee. Es sieht friedlich aus. Eine Idylle. Ein Trugschluß.

Noch immer sind Menschen hier. Längst müßten sie ausgesiedelt sein. Aber es fehlt an Ersatzwohnungen, Arbeitsplätzen, oft auch einfach nur am Willen, etwas zu tun. Auch der Strahlenwissenschaftler Alexander Ruchlja weiß keine Antwort. Sein Gesicht ist hart geworden. Er meint: »Das verstehe ich nicht. Aber ich meine, das ist ein Verbrechen unserer Regierung am Volk!«

Er nimmt sein Strahlenmeßgerät und läuft über die Straße des verlassenen Ortes davon. Er ist einsam mit seinem Wissen über die Folgen. Viele Jahre hat man den Menschen hier die Gefahren verschwiegen. Sie haben die Felder bestellt, die Früchte der verstrahlten Erde gegessen. Sie waren unwissend, ahnten nichts von der Gefahr, ihrer ständigen Begleitung.

Der Dorfvorsteher sieht müde aus. Unsere Anwesenheit hat ihn traurig gemacht. Unsere Nachrichten stürzen ihn in Verzweiflung. Er weiß nicht, was kommen wird. Niemand kann es wissen. Wir stehen daneben und wissen nichts zu sagen. Helfen können wir nicht. Der Berichterstatter für Fremde wird zum Überbringer schlechter Nachrichten für Betroffene. Das ist ursprünglich nicht unsere Aufgabe gewesen, das hätten andere tun müssen. Sie haben es versäumt, sie wollten es nicht, sie haben sich gedrückt. Aus Feigheit. Aus Berechnung.

Hierhin darf niemand zurückkehren (FF).

Bis heute muten die getroffenen Maßnahmen aberwitzig an. Manche Dörfer wurden evakuiert und wenige Kilometer weiter wieder aufgebaut. Oft in Sichtweite der alten Häuser. Dort ist die Erde dann unwesentlich geringer verseucht, und häufig liegt die Verstrahlung über den inzwischen vielfach geänderten zulässigen Grenzwerten. 15 Curie sind es jetzt. Aber es kommt nur darauf an, was der Staat sich leisten kann. So werden die neu gebauten Dörfer vielleicht in Zukunft erneut umgesiedelt werden. Die Odyssee hat gerade erst begonnen. Vielleicht. Man muß sie sich nur leisten können.

Für den Strahlenwissenschaftler Alexander Ruchlja gibt es keine Erklärung für das Verhalten der Verantwortlichen. Er bleibt stehen und schaut zornig auf die verlassenen Häuser. »Ich verstehe das Ganze nicht.« Er wiederholt das oft. »Ich kann auch nicht verstehen, warum wir alle, mehr als drei Jahre danach, nichts von der großen Gefahr erfahren haben. Warum hat unsere Regierung geschwiegen? Warum hat niemand ein Wort gesagt? Warum wurde das Ganze wie ein Geheimnis behandelt? Ich finde, es war ein Verbrechen unserer Regierung gegen das eigene Volk.«

Verbrechen. Ein Wort nur? Sind die Opfer nur Zahlen?

Menschenleben haben bisher niemanden interessiert. Sie waren hier schon immer ohne besonderen Wert.

Durch die »Säuberungsaktionen« des stalinistischen Regimes

Mit der wachsenden Strahlung ging das Leben (FF).

sind Millionen Menschen ums Leben gekommen. In den Gulags des Staates.

Die Hölle von Semipalatinsk, dem Atomversuchsgebiet, hat Hunderttausenden Leben und Gesundheit gekostet.

Die Arktis wurde mit radioaktivem Müll vergiftet. Bewohner, Flora, Fauna waren ohne Interesse. Zahlen wurden nie ermittelt.

In der »Totzker Übung« wurden Abertausende von Soldaten als Versuchskaninchen eines atomaren Angriffs »verbraucht«. Zahlen wurden nicht veröffentlicht.

Tscheljabinsk: Die Explosion eines Tanks wirft das 27fache der Verseuchung Tschernobyls in die Luft. Der Unfall wird geheimgehalten. Die Anzahl der Toten und Kranken, die Größe des verseuchten Gebietes sind unbekannt.

Nowaja Semlja, Atomversuchsgebiet und »Schrottplatz« für ausgediente Schiffsreaktoren. Über Menschenleben wurde nie gesprochen.

Das sind nur Beispiele, ist keine vollständige Aufzählung. Zufällig nur. Denn die »Wahrheit« ist gar nicht bekannt. Sie hatte niemanden zu interessieren. Nirgendwo.

Mit den Informationen kam auch der Zorn, der Zorn der Menschen, die sich belogen und verlassen fühlen. Was aber nützt Zorn allein?

Wir sind in einem kleinen Ort in der Nähe von Tschernikow.

Das Dorf Malinowka, Ruchlja mißt den Verseuchungsgrad. Das Gebiet bleibt unbewohnbar (FF).

Das Strahlengerät tickt, zeigt einen hohen Verseuchungsgrad. Um uns stehen die Einwohner, die noch nicht umgesiedelt werden konnten. Es gibt keine Wohnungen für sie, kein Geld, es fehlt das Interesse.

Alexander Ruchlja zeigt ihnen auf der Skala des Strahlenmeßgerätes die hohe Belastung des Bodens. Alle starren auf die Skala, einer meint zornig: »Da haben sie uns immer gesagt, die Strahlung hier sei harmlos!« Und dann noch: »Wir sitzen hier wie die Tiere in einem Loch, wir wissen nichts, und niemand hilft uns.«

Auch 1991 werden die Leute noch belogen. Immer wieder messen wir die Strahlung, und immer wieder ist sie viel höher als erlaubt. Die Menschen, die hier noch wohnen, haben ihre Nahrungsmittel und die Dinge des täglichen Lebens messen lassen. Immer wieder hat man sie belogen. Man hat ihnen vorgegaukelt, alles sei halb so schlimm. Sie wurden verlassen. Von der Regierung, von Wissenschaftlern. Jedes Ticken des Strahlenmeßgerätes ist ein Beweis dieser menschenverachtenden Lüge.

Alexander Ruchlja sagt: »Für uns, die Menschen, hat man nichts getan. Wir haben demonstriert. Wir waren am 1. Mai auf der Straße. Ich bin mit meinem Kind dort gewesen. Obwohl Radionukleide in der Luft waren, wir haben das alles eingeatmet. Es war schrecklich. Wir hätten gar nicht auf der Straße sein dürfen, hätten vielmehr dringend eine Prophylaxe mit Jod machen müssen. Ich, meine Familie, alle Menschen in Weißrußland, wir haben doch nichts gewußt.« Wie gesagt: Alexander Ruchlja ist Radiochemiker. Ein Fachmann also. Auch er wurde betrogen.

Er dreht sich um und legt sein Strahlenmeßgerät auf die Erde. Sofort beginnt wieder das aufdringliche, das furchterregende Tikken. Das gleiche Ticken, das wir später immer wieder in den Intensivstationen der Kinderkliniken, bei den sterbenden Kindern von Tschernobyl hören werden. Dort allerdings zeigt es Gefahr während der Behandlung an ... Hier dokumentiert das Ticken den hohen Verstrahlungsgrad der verseuchten Erde.

Der Strahlenwissenschaftler schüttelt den Kopf: »Im Sommer haben wir hier noch mehr gemessen. Jetzt schirmt der Schnee die Strahlung ab.«

Wir laden mitgebrachte Pakete aus. Die Menschen hier haben schon von der Hilfe aus dem fernen Deutschland gehört. »Wenn ihr nicht mehr kommt, werden wir bald ganz vergessen sein.« Die Hilfe ist für sie nicht nur materielle Zuwendung, sondern auch psychologische Unterstützung. Aufmerksamkeit. Die aber ist selten geworden in diesem Land.

Von den 140 Häusern des Dorfes wurde inzwischen etwa die Hälfte verlassen. In den restlichen Häusern leben, trotz des hohen Verstrahlungsgrades, noch etwa 40 Erwachsene und 80 Kinder. Neben der Gefahr durch die Strahlung leiden die Bewohner auch unter dem »normalen« Mangel. Der aber herrscht überall.

Sie bauen Kartoffeln und Gemüse an, ernten die Früchte der Bäume, halten Vieh. Davon leben sie. Andere Versorgungsmöglichkeiten haben sie nicht.

Als wir den Ort verlassen, sagt einer zum Abschied: »Vergessen Sie uns nicht, wenn Sie in 15 Jahren noch leben und gesund sind. Denkt an uns, wenn ihr noch lebt!«

Ein paar Kilometer weiter: Malinowka. Ein unbedeutendes Nest. Hier lebt niemand mehr. Das Gebiet wurde evakuiert. Für Bewohner und Landwirtschaft gesperrt. Die Straße jedoch ist geöffnet. Der Umweg wäre zu weit. So fahren die Autos – Personenwagen, Lkw und Busse – mit Vollgas durch die paar evakuierten Dörfer. Schnell durch das »schmutzige« Gebiet. Nicht rechts und nicht links schauen, möglichst auch nicht an die Gefahr denken.

Das Gebiet ist menschenleer. Die dünne Schneeschicht läßt das

Land friedlich aussehen. Der weiße Teppich deckt die verkommenen Felder, die verwilderten Gärten ab. Es ist still. Kein Kindergeschrei. Kein Hundegebell. Keine Vögel. Selbst der Wind scheint zu schlafen. Irgendwo piepst das Meßgerät des Wissenschaftlers. Zeichen für radioaktive Verstrahlung.

Die Häuser sind zum großen Teil verschlossen. Ihre Bewohner haben Fenster und Türen mit Brettern vernagelt. Zaunpforten wurden mit Draht zusammengebunden. So, als kämen alle nach einem Jahr wieder zurück. Die Hoffnung trügt. Das Gebiet wird unbewohnbar bleiben, für lange Zeit. In 500 Jahren, sagt Petrajew, könne man mal wiederkommen und messen. Und dann, aber erst dann, könne man weitersehen. Petrajew ist bissig geworden und sarkastisch. Die Notwehr eines alten Mannes. Helfen kann er nicht, nur registrieren.

Der Regen, der eines Tages grün und gelb auf Malinowka fiel, hat die gewachsene Dorfgemeinschaft zerstört. Doch es scheint, als seien die Menschen erst gestern gegangen. In den Häusern liegt noch das Kochgeschirr, an den Fenstern hängen Gardinen. Dann jagt eine Katze durch das Haus, versucht die Besucher anzufallen. Sie springt dem Fernsehkameramann an die Jacke. Die Tiere mußten von den Bewohnern zurückgelassen werden. Nun ist die Katze menschenscheu oder verrückt.

Hinter dem Fenster sitzt eine nackte Puppe. So, als würde sie auf jemanden warten, würde Ausschau halten nach einem Kind. Das aber wird nicht kommen.

Einer wird sagen:

»Das Leben ist weg!«

Am Ende des Dorfes verlassen wir hektisch das Auto. Aus dem Schornstein eines Hauses kommt Rauch. Eine alte Frau wohnt hier, 85 Jahre alt. Sie war evakuiert worden, ist dann zurückgekehrt. Für sie sei die Vergiftung egal, sagt sie und bietet uns Tee an.

Den Tee haben wir dankend abgelehnt. Im Innern ihres Häuschens scheinbare Normalität. Das Wasser kocht im Ofen, auf der Fensterbank noch Reste des Frühstücks. Sie erzählt uns gern aus ihrem Leben hier. Sie ist einsam.

So sind die Journalisten aus Deutschland willkommene Gäste. Katzen streifen um unsere Beine. Auch sie lieben Gesellschaft. Streicheln wollen wir sie nicht. Zu groß ist die Angst vor schmutzigem Staub, der sich bei uns einnisten könnte. Läge draußen nicht

Die alte Frau wollte ihr Haus nicht verlassen. Sie kam zurück. Hier will sie sterben (EG).

Schnee, wäre der Boden nicht beinhart gefroren, uns würde Angst befallen.

Später, ja später wird sich das ändern. Später, als wir Zeit hatten nachzudenken. Für den Moment aber bleibt der Schrecken erträglich. Er existiert ohnehin nur in unserem Verstand. Wir »wissen« nur, daß Leben hier lebensbedrohend ist.

Sie erzählt: »Eines Tages sind sie zu mir gekommen und haben gesagt, daß ich wegmüßte. Der Staat hat mir und den anderen Geld gegeben, und dann sind wir alle umgezogen. Das neue Haus liegt etwa sechs Kilometer von hier, ein scheußliches, neues Betonhaus!«

Die alte Frau konnte sich nicht an das neue Haus gewöhnen, hatte immer Heimweh. Nun kehrt sie, sooft es geht, hierher zurück. »Mit meinem Herzen bin ich immer hier in meinem alten Haus!«

Unter den Bohlen des Wohnzimmers hat sie Kartoffeln gelagert. Kartoffeln aus verstrahlter Erde. Vor einiger Zeit hat sie ein Schwein geschlachtet und hier aufbewahrt. Der Mangel an Nahrung überdeckt die Angst vor den verseuchten Lebensmitteln. Die alte Frau hört nicht auf zu erzählen. Die Worte sprudeln aus ihr hervor. Sie hat lange nicht mehr mit Menschen gesprochen. Jetzt will sie alles erzählen, was sie bewegt.

»Wenn ich hierherkomme, dann füttere ich die Katzen und Hunde, die von den Menschen zurückgelassen wurden. Man kann sie doch nicht verhungern lassen.«

Sie hilft, obwohl sie selbst nur wenig zu essen hat. Viele Jahre hatte sie hier gelebt, ohne eine Ahnung davon zu haben, welche Gefahren von diesem Ort ausgehen. Woher sollte sie es auch wissen?

Klein und zerbrechlich steht die alte Frau vor ihrem Haus und winkt den unerwarteten Besuchern nach. Über ihr Gesicht geht ein stilles, wissendes Lächeln. »Kommen Sie eines Tages wieder.«

In Sichtweite von Malinowka liegt das neu erbaute Dorf. Alle Häuser sehen gleich aus, wie aus einem Baukasten. Sie haben nichts von der gemütlichen Vertrautheit des alten Dorfes. Immer wieder geht der Blick der Bewohner hinüber in ihr altes Dorf.

Frauen mit Kindern kommen aus den Häusern: »Es war sehr schwer, das alte Haus zu verlassen. Dort sind wir geboren worden, dort haben wir unser ganzes Leben lang gewohnt. In die neue Wohnung zu ziehen ist uns sehr schwergefallen. Es waren Leute da, die sagten, viele unserer Menschen seien verstrahlt worden und seien deshalb krank geworden. Das macht sehr zornig. Natürlich haben wir Angst vor der Verstrahlung. Aber was sollen wir tun, wir müssen doch irgendwo leben!«

Auf einem kleinen Pferdekarren kommt ein Mann. Auf der winzigen Ladefläche liegt ein Hund auf einem Heuballen. Irgendwie haben sie doch ihre Tiere mitgebracht. Der Mann ist betrunken. Wodka sei gut gegen Strahlung, sagt er. Wodka aber haben wir nicht dabei.

Immer mehr Menschen kommen aus den Häusern. Einer sagt: »Wir wissen, daß auch hier das Gebiet radioaktiv belastet ist. Wir wissen, daß wir eines Tages auch von hier wieder umgesiedelt werden, vielleicht sogar weit weg. Wie schon viele andere vor uns. Aber wir wollen doch unsere alte Heimat nicht verlassen!«

Es sind 250 Kilometer bis zum Reaktor, hier aber ist es so giftig wie neben dem Sarkophag. Alexander Ruchlja, der Strahlenchemiker, hat über eintausend Curie pro Quadratkilometer gemessen. 1994 wird ebendieser Mann stellvertretender Außenminister Weißrußlands sein und die Sorgen über die Folgen der Katastrophe noch immer mit sich herumtragen. Verlieren wird er sie auch für den Rest seines Lebens nicht.

Frank Franke (links) im Interview mit Alexander Ruchlja. (Mitte). Ruchlja wird später in die Politik gehen. Den Schrecken von Tschernobyl aber kann er nicht vergessen (NS).

Im Gebiet um Gomel ging der radioaktive Regen kurz nach der »Havarie« nieder. Niemand hat von den Gefahren gesprochen. Erst viel später wurde das Gebiet evakuiert. Nur ein paar Regionen, lange nicht alle. Im Nachbardorf waren auch 1000 Curie gemessen worden. Dieses Dorf aber ist noch bewohnt, betreibt weiterhin Landwirtschaft, lebt von den vergifteten Feldern, verkauft die Produkte weiter. Es geht das Gerücht um, die radioaktiven Wolken seien hier künstlich abgeregnet worden. Durch Impfung, wie Fachleute das nennen. Die Technik ist bekannt und wurde später mit großem Stolz vorgeführt. Bei der Katastrophe hat eine Abregnung allerdings niemand zugegeben. Die Strahlenkarte aber zeigt eine klare Grenze Richtung Nordosten. Ein gerader Strich auf dem Papier. Dahinter ist das Land angeblich sauber. 800 Kilometer weiter östlich liegt Moskau. Damals noch die Zentrale der sowjetischen Großmacht.

Wir drehen in einem verlassenen Dorf. Wieder einmal. Wir versuchen, die Wände der kleinen, buntbemalten Holzhäuser nicht zu berühren. Zu groß ist unsere Angst vor »Hot Spots«, jenen winzig kleinen Teilchen aus der Brennkammer Tschernobyls. Sie wurden in Speisen gefunden und in den Lungen Verstorbener. Man kann sie essen, einatmen, sie lagern sich auf der Haut ab.

Kleiner als ein Sandkorn. Sie in sich zu haben bedeutet Siechtum und langsamen Tod. Der macht keinen Unterschied zwischen Weißrussen und Ausländern.

Radioaktivität kann man nicht sehen, nicht schmecken, nicht fühlen. Nur messen. Der Tod ist bis auf wenige Ausnahmen schleichend, nicht plötzlich. Als sich die Explosion ereignete, kamen 28 Menschen um, unmittelbar, in kurzer Zeit. Erschlagen von Trümmern, verbrannt in der Warte und bei Kontrollgängen. Andere, Tausende folgten ihnen, nur diese 28 aber wurden zur Kenntnis genommen, erkannt. Nur sie. Der Zusammenhang ihres Todes konnte beim besten Willen nicht verschleiert werden. Mehr Tote wollte sich weder die Regierung noch die Internationale Atomenergiebehörde in Wien eingestehen. Eine bemerkenswerte Allianz. Das Eingeständnis eines Irrtums scheint nicht des Menschen Sache zu sein. Besonders dann nicht, wenn es um viel Geld geht.

Als wir die alte Frau verlassen, haben wir Pakete mit Lebensmitteln dort gelassen, sauberen Lebensmitteln. Sie selbst wird sie wohl nicht essen, sie wird sie an ihre Enkel weitergeben. Die bräuchten sie dringender, meinte sie bei unserem Weggehen. Die alte Frau wird heute nicht mehr leben. Die Leute werden sagen: »Sie war alt, sie hat ihr Leben gelebt!«

Im Zweiten Weltkrieg, so hatte sie erzählt, hätten auch deutsche Soldaten bei ihr gelebt, es seien gute Menschen gewesen. Als wir sie verlassen, spürten wir Beklommenheit im Hals.

15. 4. 1991

Sich widersprechende Informationen über die Zahl der Opfer werden bekannt. Wladimir Tschernousenko, Katastropheneinsatzleiter, sprach in einem Zeitungsinterview von Tausenden von Bergleuten und Soldaten, die nach dem Einsatz im Unglücksgebiet an Strahlenschäden gestorben seien. Die Katastrophe habe 7000 bis 10000 Menschenleben gefordert. Offiziell ist weiterhin von 31 Toten die Rede. Der Vizepräsident der Sowjetischen Akademie der Wissenschaften, Professor Leonid Iljin, hat die Angaben Wladimir Tschernousenkos dementiert, es habe nur 28 Strahlenopfer gegeben, drei weitere Menschen seien verbrannt oder von Trümmern erschlagen worden. Von 145 weiteren verstrahlten und seit 1986 stationär behandelten Personen sei ein Pilot gestorben.

17. 4. 1991

Allein 1991 kosten den sowjetischen Staat die Spätfolgen des Reaktorunglücks von Tschernobyl knapp zehn Milliarden Mark. In den ersten vier Jahren nach der Atomkatastrophe waren knapp neun Milliarden Mark aufgewendet worden. Etwa 1 000 Menschen leben noch in der 30-Kilometer-Zone, 88 000 sind umgesiedelt worden.

Wir sind unterwegs. Auf dem Weg näher heran an das Zentrum des Schreckens. Wir folgen dem Pfad, der auf der handgezeichneten Verseuchungskarte immer dichtere Flecken hoher Belastung aufweist. Das Land aber sieht völlig normal aus. Im Herbst sind hier die Äcker bearbeitet worden. Immer wieder sehen wir landwirtschaftliche Fahrzeuge. Rechts und links der Straße immer wieder landwirtschaftliche Produktionsgenossenschaften. Große Betriebe.

Entfernung zum Reaktor: 81 Kilometer.

Belastung: höher als 15 Curie pro Quadratkilometer.

Je näher wir an Chojniki herankommen, um so mehr Friedhöfe sehen wir. Viele der Gräber sind noch frisch. Tragen noch die Überreste von Kränzen und Gestecken. Auf einigen liegt noch nicht einmal Schnee. In die schmalen Holzkreuze sind Daten eingebrannt. Alt werden die Menschen in diesem Landstrich nicht mehr.

In Chojniki lebten ehemals 47 000 Menschen, inzwischen ist ein Drittel der Bevölkerung geflohen.

Entfernung zum Reaktor: 62,5 Kilometer.

Belastung des Bodens: 40 Curie pro Quadratkilometer.

Im Gebietskrankenhaus fehlen 25 Ärzte und 50 Pfleger. Die Lebensmittelversorgung ist schlecht: Trotz der Verseuchung werden hier immer noch Nahrungsmittel produziert und an Konsumenten geliefert. Die Lebensmittel sind hochgradig belastet.

23. 4. 1991

Politischer Generalstreik in Weißrußland. Die Regierung soll zu einer radikalen Änderung der Tschernobyl-Politik gezwungen werden. Daneben wird der Rückzug der Partei aus den Betrieben und Staatsorganen gefordert.

Kinder, die bei der Katastrophe jünger als vier Jahre alt waren, haben nun verstärkt Probleme mit der Schilddrüse. Die Schilddrüsendosis betrug bis zu 500 Rem in den am stärksten belasteten Gebieten. In der Region Gomel gibt es überproportional viele

In der Todeszone Zeichen der Hoffnung (FF).

Schilddrüsenkarzinome. Schilddrüsenknoten, Vergrößerungen und Entzündungen treten häufiger auf als Krebs. Ähnliche Ergebnisse wie nach den Atomwaffenversuchen auf den Marshall-Inseln.

Später besuchen wir den Direktor der Grundschule von Chojniki. Diese Kinder werden die ersten Gäste im Kinderheim NADESHDA bei Minsk sein.

Hier erleben wir die große russische Gastfreundschaft und den Überlebens- und Durchhaltewillen der Menschen in der Nähe des Reaktors. Hier treffen wir auch Marina Karpowitsch, eine Umsiedlerin. Sie ist zu Besuch:

»Ich komme aus der Stadt Tschetschersk, die im Gebiet Gomel liegt. Gomel ist die Hauptstadt des Kreises, eine Millionenstadt. Dort habe ich als Lehrerin an einer Mittelschule gearbeitet. Obwohl wir in einem radioaktiv verseuchten Ort lebten, hatten wir im ersten Jahr noch keine Vorstellung von den wirklichen Ausmaßen der Katastrophe. Wir hatten keine Informationen. Erst später sagten sie uns, wir dürften kein Obst und keine Beeren aus dem Garten essen. Insbesondere litten unsere Kinder an der Radioaktivität. Mein älterer Sohn, damals war er sieben, war oft krank, hatte häufig starkes Nasenbluten. Niemand konnte uns helfen. Zwar kamen Ärztebrigaden aus anderen Städten für eine kurze Zeit zu uns, aber das war auch schon alles. Wir haben nicht einmal die Ergebnisse der Untersuchungen gesehen. Man schenkte uns keine besondere Aufmerksamkeit. Aber sie fingen dann an, uns das sogenannte Grabgeld zu geben, eine Sonderzulage fürs Gehalt, eine Art Geldkompensation. 1989 wurde dann die Verordnung erlassen, die die Umsiedlung regelte. Zuerst wurden kinderreiche Familien umgesiedelt, dann Familien mit Kindern, die sich unter ärztlicher Überwachung befanden wie meine beiden Kinder. Aber die Wohnungen, die wir dann verlassen haben, blieben nicht frei, es zogen andere nach, die in benachbarten Dörfern gewohnt hatten, in denen die Radioaktivität noch höher war als in Tschetschersk. Der Verseuchungsgrad lag bei uns um 15 Curie pro Quadratkilometer. Heute leben auch dort noch Menschen. Viele sind aus den südlichen Republiken zugezogen, in denen Krieg herrscht. Sie sagen: Es ist besser, in der Radioaktivität zu leben, als im Kugelhagel zu sterben.«

Wir stehen auf der Straße und drehen unseren Film. An uns hasten Menschen vorbei, nehmen uns nur am Rande zur Kenntnis.

Fernsehreporter Peter Vinzens und Kameramann Georg Funtsch in der Sperrzone. Dreharbeiten für den HR-Film »Winter '91« (FF).

Fremde gehören zwar hier zur großen Seltenheit, aber man kümmert sich in den verseuchten Städten nicht um anderer Leute Dinge. Es könnte unangenehm enden. Trotzdem fallen wir natürlich der Milizstreife auf. Höflich warten sie, bis die Einstellung beendet ist, verlangen dann aber den Paß. Wir sind die ersten Fremden hier. Das erste westliche Fernsehteam. Und die Miliz merkt es erst jetzt.

Der Offizier versteht uns nicht, und wir verstehen den Offizier nicht. Er bekommt Paß und Visum, dann steigen wir einfach in unseren Wagen ein und winken ihm, uns zu folgen. Dies wiederum nehmen die Menschen mit großem Interesse zur Kenntnis. Schließlich geht man hier mit der Miliz so nicht um.

Vor dem Rathaus, gegenüber der Statue Lenins, sind wir mit den Wissenschaftlern und dem Bürgermeister verabredet. Der wußte vorher auch noch nichts von uns. Aber das Gebiet untersteht den Wissenschaftlern, und die zeigen nun den Behörden, daß sie diese neue Macht auch nutzen. Mit einem zornigen Nicken wird die Frage des Offiziers von Professor Konoplja beantwortet. Ein Befehl. Konoplja trägt das Abzeichen der Akademie der Wissenschaften der UdSSR wie einen Orden. Was er sagt, wird hier gemacht. Vorausgesetzt, seine Vorstellungen kollidieren nicht mit denen der Regierung.

Der Schlagbaum zur 50-Kilometer-Sperrzone. Eintritt nur mit Sondergenehmigung. Bewacht von Militär. Die Wissenschaftler nennen sie »Strahlenpark« (FF).

Interview mit dem Bürgermeister von Chojniki: Er steht neben der Verseuchungskarte. Sie reicht bis an die Grenze heran. Gut fünfzig Kilometer entfernt. Auf der Karte – dicht an dicht – orange und rote Flecken. Die höchsten Verseuchungsstufen. Auch im Stadtgebiet von Chojniki. Der innere Kreis gestreift. Die Sperrzone. Die Menschen hier nennen sie Todeszone. Das Kraftwerk selbst liegt außerhalb, jenseits in der Ukraine. Dort ist die Karte weiß. Nur ein kleines Radioaktivitätszeichen vermerkt den Standort des Sarkophags.

Er wohne seit über vierzig Jahren hier, sagt er, er wolle bleiben. Jetzt aber werde die Stadt von vielen Menschen verlassen. Rund die Hälfte sei schon gegangen. Die Menschen hätten Angst. Hauptsächlich Eltern mit kleinen Kindern. Er aber wolle bleiben. Nicht nur wegen seines Berufes als Bürgermeister. Auch aus persönlichen Gründen. Bei einem Besuch 1995 werden wir ihn nicht wiedersehen. Sie hätten ihn begraben, sagen uns die Beamten im Rathaus.

Draußen steht Lenin in der fahlen Morgensonne. Um ihn herum tauender Schnee, Berge von angehäuftem Schneematsch. Gegen Mittag werden die Temperaturen wieder fallen, werden wir sicher sein vor aufgewirbeltem Dreck, vor Staubteilchen. Der Platz ist verlassen. Hier sind nur das Rathaus und die Gemeinschaftshalle. Geschäfte sind in einer anderen Straße. Hier sind nur Prunk und Protz einer niedergehenden Zeit. Gegenüber ein haushohes Schild: »Wir kämpfen für die Zukunft.« Ob das Schild von den Bürgern Chojnikis noch gesehen wird, darf bezweifelt werden.

Entfernung zum Reaktor: 56,7 Kilometer.

Belastung des Bodens: mehr als 40 Curie pro Quadratkilometer.

Es ist ein kurzer Weg. Nur ein paar Kilometer. An uns fahren landwirtschaftliche Fahrzeuge vorbei. Hier werden noch Produkte angebaut. Lebensmittel für die Region. Davon leben die Menschen. Sie essen die Kartoffeln, das Gemüse, verzehren das Fleisch.

Kaum haben wir die letzten Häuser passiert, sehen wir einen kleinen, blauen Container. Der Eingang zur Todeszone, zum gesperrten Bereich. Wissenschaftler nennen ihn »Strahlenpark«. Er ist menschenleer. Keine Bewohner, kein Militär. Leer. Nur die Grenze wird bewacht.

Entfernung zum Reaktor: 51,6 Kilometer.

Aus dem Container der Grenzwache ragt ein langes Kaminrohr. Hier wohnen zwei Soldaten und ein paar Hunde. Sie bewachen die Grenze. Ein angenehmer Job, denn es kommt kaum jemand vorbei. So sind die Uniformen unordentlich, die Hunde freundlich und neugierig.

Die beiden Posten blicken erstaunt auf die Sondergenehmigung zur Einfahrt in das gesperrte Gebiet, in die »Zona«. Der Antrag, den Schlagbaum passieren zu dürfen, wird selten gestellt, wurde westlichen Medienvertretern nie genehmigt. Nur Wissenschaftler kommen hier gelegentlich vorbei. Leider viel zu selten kämen westliche Wissenschaftler, meint Professor Petrajew. Ein geeigneteres Gebiet zur Erforschung der Folgen der tödlichen Strahlung sei kaum zu finden.

Und weiter sagt er: »Schon kurz nach der Katastrophe im Jahr 1986 wurde dieser Schlagbaum errichtet. Umgesiedelt wurden die Menschen allerdings erst im September 1986. Vorher versuchte man, die Gegend und das Dorf zu dekontaminieren. Man hat zum Beispiel die Häuser abgewaschen, aber alle Bemühungen waren vergebens.«

Der Schlagbaum schließt sich hinter uns, und wir sind mit uns allein. Für die Soldaten müssen wir eine merkwürdige Truppe gewesen sein, hier freiwillig hineinzufahren. Aber sie sagten

Einfahrt zum »Strahlenpark«. Ohne Genehmigung ist der Zutritt verboten (FF).

natürlich nichts. Dafür waren auch zu viele wichtige Leute dabei. Ihre Gesichter aber gaben zu verstehen: Ihr seid verrückt. Gut, daß wir nicht mitfahren müssen.

Die Straße ist wider Erwarten gut. Eine glatte Schneefläche zwischen dem dicht herantretenden Wald. Keine Schlaglöcher, keine Einbrüche. Als sei sie erst im vergangenen Sommer fertiggestellt. Wir fahren schnell. Trotz der Schneedecke. Es sind noch gut fünfzig Kilometer bis zu unserem Ziel. Luftlinie. Die Straße macht weite Bögen. Wir wollen auf den Damm des Pripjat. Gegenüber vom Sarkophag. Heran bis auf eine Distanz von einem Kilometer.

Direkt hinter der Grenze neue Häuser. Rohbauten. Hierher sollten die Menschen aus der »Zone« ausgesiedelt werden. Der Plan wurde aber bald wieder aufgegeben. Die Verseuchung war zu groß. Eine Fehlplanung. Heute übernachten hier manchmal Petrajews Leute. Die von den Meßtrupps. Für sie ist es einfacher, die »Grenze« nicht zu überschreiten, denn jedesmal wollen die Soldaten ihre Papiere sehen. Das stört natürlich. Deshalb übernachten sie hier. Das vereinfacht vieles. Eines der Häuser ist deshalb nicht mehr im Zustand eines Rohbaus. Es ist bewohnbar.

Wieder einmal haben wir angehalten. Wieder einmal hat Alexander Ruchlja sein Meßgerät ausgepackt. Wir sind an einer

Abzweigung zu einem landwirtschaftlichen Betrieb. Einem großen Betrieb. Vielleicht zwei Kilometer entfernt stehen Hallen und Häuser. Sie fangen nun an zu zerfallen. Dächer verrotten. Der Wasserturm ist schon umgestürzt.

Auch die Zäune neben der Straße sind verrostet. Der Stacheldraht liegt unter dem Schnee. Nur die Holzpfosten ragen noch aus der Erde. Neben der Straße ein kleiner Fleck ohne Schnee. Verdorrtes Gras. Erfroren. Alexander Ruchlja nimmt das Meßgerät nicht aus der Plastiktüte heraus. Auch er hat Angst vor radioaktiven Partikeln. Wenn er das Gebiet verläßt, wird er die Tüte wegwerfen. Sondermüll.

Die Digitalanzeige zeigt 910 Mikrosievert.

Das ist natürliche Strahlung mal 1 800.

Entfernung zum Reaktor: 44,3 Kilometer.

Professor Petrajew beschreibt die unsichtbaren Bedrohungen: »Hier in der Nähe des Reaktors werden Menschen vor allem durch die heißen Teilchen gefährdet, die »Hot Spots«. Außerdem durch Caesium und besonders viel Plutonium. In Zukunft kommt noch Americium 241 dazu; das entsteht beim Zerfall des Plutoniums.«

23. 4. 1991

Nach offiziellen Schätzungen sind bei dem Reaktorunglück 509 Millionen Curie freigesetzt worden. Die Halbwertszeit des hochgiftigen Plutoniums beträgt 24 360 Jahre. Nach 348 Generationen wird erst die Hälfte des radioaktiven Stoffs zerfallen sein.

Über dem menschenleeren Gebiet lastet bedrückende Stille, Ruhe, die Beklemmungen erzeugt. Alles scheint in der Bewegung erstarrt. Wer hier eindringt, scheint kein Ziel mehr zu haben.

Plötzlich jagt eine Herde ungewöhnlich großer Wildschweine über die Straße, bleibt stehen, schaut auf die ungewohnten Besucher. Die Tiere haben keine Scheu. Sie kennen keine Menschen. Irgendwann einmal werden Wissenschaftler untersuchen, welche Veränderungen sich in ihrem strahlengeschädigten Organismus ergeben haben. »Strahlenpark«.

Entfernung zum Reaktor: 42,3 Kilometer.

Von Horizont zu Horizont ein langer Zaun. Gut drei Meter hoch. Die 30-Kilometer-Zone. Die Straße führt durch ein kleines Tor. Immer geradeaus. Daneben ein einsames Wachhäuschen. Ein einzelner Mann konnte darin stehen. Wollte er sich setzen, mußte

Der Zaun der 30-Kilometer-Zone. Das Land innerhalb ist aber genauso verseucht wie außerhalb. Deshalb wurde die Grenze bald aufgegeben (FF).

er hinaus, ins verstrahlte Land. Als dieser Zaun gebaut wurde, war der erste, der, der die »20-Kilometer-Zone« umschließen sollte, noch gar nicht fertig. Schnell war festgestellt worden, daß der Verseuchungsgrad innerhalb des 20-Kilometer-Radius genauso groß war wie außerhalb. Deshalb wurde die Sperrzone auf 30 Kilometer erweitert. Aber auch dieser Zaun wurde nie fertig. Die Zone war inzwischen erneut erweitert worden.

Ein paar Kilometer weiter ein neuer Zaun. Der erste, der gebaut wurde. Fertig wurde er nie. Mit dem Bau der Sperre wurde 14 Tage nach der Katastrophe begonnen. Mit 20 Kilometern glaubte man damals auszukommen. Noch war die Katastrophe eine »Havarie«. Noch durften selbst die Wissenden nichts sagen über das Ausmaß.

Zäune werden zum Mahnmal von Ignoranz und Selbstüberschätzung der ersten Stunden. Zur Besichtigung sind diese Monumente nicht freigegeben. Nur wenige dürfen in das Gebiet.

Hier, in der weiten Ebene, fragen wir uns, wie wohl Legenden entstehen. Wird es eines Tages die Legende von Tschernobyl geben? In Tausenden von Jahren, wenn lange vergessen ist, was passiert war. Wenn nur eine bestimmte Kaste das Wissen weitergibt, es als Herrschaftswissen benutzt, die wahren Gründe für den

Die Häuser von Borschowka sind verlassen. Immer noch aber können wir uns vorstellen, wie es hier einmal gewesen war. Das Land wird unbewohnbar bleiben. Für lange Zeit (EG).

Strahlentod möglicherweise aber selbst nicht mehr kennt? Dann dürfen immer noch nur Eingeweihte die Zone betreten. Andere, die aus Unwissenheit länger verweilen, werden krank werden, sterben. Die Strahlung wird noch lange andauern.

Menschen sind nicht darauf eingerichtet, in Jahrtausenden zu denken.

Hinter einer Straßenbiegung ein verlassenes Dorf. In der Mitte des Ortes, an einer Straßenkreuzung, ein umgeknicktes Stoppschild. Es ist sinnlos geworden. Nur noch wenige Autos werden hier vorbeikommen. Keines wird wegen des Schildes anhalten.

Der Ortseingang von Borschowka.

Meßwert: 980 Mikrosievert pro Stunde.

Natürliche Strahlung mal 2000.

Entfernung zum Reaktor: 13,9 Kilometer.

Was ist hier am 26. April 1986 geschehen?

»In der Nacht des Reaktorunglücks ist hier überhaupt nichts geschehen.« Petrajew, der Verantwortliche für die Messungen, war dabei. »Die Leute haben in den ersten Tagen ohne jede Vorstellung über das Ausmaß der Katastrophe gelebt. Einer meiner Freunde, ein Wissenschaftler, hat seine Datscha nur 16 Kilometer vom Reaktor entfernt. Er hatte etwa vier Wochen vor der Explosion den Unfall, wie er sich dann tatsächlich ereignet hat, in einer wissenschaftlichen Arbeit beschrieben. Natürlich wußten wir auch damals schon von den drohenden Gefahren. Aber sein Artikel durfte nicht veröffentlicht werden. Als die Katastrophe dann geschah, saß er im Garten seiner Datscha und sah das Feuer. Aber natürlich kannte auch er nicht das tatsächliche Ausmaß des verheerenden Geschehens, ahnte nichts von den Gefahren, in denen er sich nun selbst befand.«

Auch in den nächsten Tagen wurden die Menschen nicht über die großen Gefahren informiert. Es dauerte bis in den Mai, dann erst wurde damit begonnen, die Bewohner umzusiedeln. Eines Tages kamen Lastwagen, und die Menschen mußten sofort mitkommen. Sie durften nichts mitnehmen, noch nicht einmal ihre Pässe. Zurück blieb alles, was sie besaßen, auch ihre Gemeinschaft, ihre Zukunft.

Als man sich zur Evakuierung entschlossen hatte, brach Panik aus.

»Im Frühjahr kam, nach Tagen der Untätigkeit, die Evakuierung sehr plötzlich«, sagt uns Ruchlja. »Niemand sollte etwas mitnehmen. Leider hat das nicht funktioniert. Die Menschen haben doch Möbel, Geräte und andere persönliche Habseligkeiten verladen. Später hat man dann besser darauf geachtet.«

Borschowka wurde 14 Tage nach der Katastrophe evakuiert. Morgens kamen die Lastwagen der Armee. Von der Straße wurden die Leute geholt, aus den Häusern heraus, von den Feldern weg. Mitnehmen durften sie nichts.

So liegen Spaten und Töpfe neben der Straße. Kleider hängen verschossen über Zäunen. Türen und Fenster sind nicht vernagelt. Es fehlte die Zeit. Die jungen Soldaten waren nervös. Ohne Aufschub mußte der Befehl befolgt werden. Keine Zeitverschwendung. Zu lange war das Problem schon ignoriert worden. Zu hektisch wurde bereits am Zaun der 20-Kilometer-Zone gearbeitet. Sein Zweck allerdings war zu diesem Zeitpunkt schon überholt. Die Verseuchung innerhalb des eingegrenzten Gebietes unterschied sich nicht von der des äußeren Gebietes.

Seitdem ist das Dorf verlassen. Wir könnten uns vorstellen, hier einmal Urlaub gemacht zu haben, vor der Explosion natürlich. Hier wird zwar nie etwas los gewesen sein, aber es war eine Idylle, Abgeschiedenheit, die Ruhe einer bei uns nicht mehr zu findenden ländlichen Einsamkeit. Der Garten hinter dem Haus, der Brunnen

Borschowka: Die Häuser sind geplündert. Die Erinnerung an bessere Tage aber blieb zurück (EG).

neben der Straße, das Schwätzchen mit dem Nachbarn als Höhepunkt des Tages und anschließend vielleicht ein Fläschchen Wodka. Nur, um der Melancholie der Ebene, der Birkenwälder und der Fichtenhaine zu entgehen. Am Wochenende sind sie dann vielleicht an den Pripjat gelaufen, um zu angeln. Das große Kraftwerk auf der anderen Seite wird niemanden gestört haben. Lenin war schließlich der Namenspatron, sauber war es auch, denn nur selten stiegen Rauchwolken aus dem weißrot gestrichenen Kamin. In der großen Stadt Pripjat konnte man einkaufen, aber an Lebensmitteln hatte man ja ohnehin mehr als die Stadtbewohner. Man hatte das Glück, ein Stückchen Land zu besitzen hinter dem Haus. Am Wochenende kamen Bekannte und Arbeitskollegen aus der Stadt. Eine Fähre brachte sie über den Fluß, und der Bus transportierte sie bis vor das Gemeinschaftshaus. Da konnte man sitzen, glücklich sein, mit der Familie leben und Freunde empfangen. Seit April 1986 ist diese Welt Vergangenheit.

Die Tür zur Schule ist halb geöffnet, Wind und Regen pfeifen herein. Das Dach ist undicht geworden, das aber hat keine Bedeutung mehr. Die Schränke sind durchwühlt worden auf der Suche nach Verkaufbarem. Plünderer waren hier. Im Physiksaal liegen die Lehrmittel auf dem Boden. Die Scheiben der Schränke sind eingeschlagen, Türen erbrochen. Im Klassenzimmer, in einer gläsernen Vitrine, stehen sauber aufgebaut noch die Zeichnungen der Kinder. Landschaft mit Sonne, fröhliche Bilder. Kinder gehen zur Schule. Erwachsene am Brunnen, bei der Feldarbeit. Alle versehen mit dem Namen des Kindes und der Nummer der Klasse. Auf dem Brett darüber Bastelarbeiten aus Pappe. Die Scheibe der Vitrine ist unberührt. Arbeiten ohne Wert für Plünderer. Das Wichtige haben sie nicht gestohlen. Die Erinnerung, das Leben von Kindern, reduziert auf wenige liebevoll angefertigte Gegenstände.

Im Haus nebenan hängen die Fotografien glücklicherer Tage noch an der Wand. Eine Familienfeier, ein Gruppenbild gutgekleideter Menschen, eine Hochzeit. Die Schränke sind durchwühlt, auch hier waren Plünderer. Besteck liegt verstreut auf der Erde, Schubladen sind herausgerissen, Schränke stehen offen. Seitdem die Plünderer durch den Zaun zurückgeschlichen waren, wird auf den Märkten vergifteter Hausrat angeboten. Kontrolliert wird das nicht. Es existieren zu wenig Meßgeräte.

Mit der Katastrophe von Tschernobyl ging nicht nur der Glaube an die sogenannte fortschrittliche Technik verloren. Mit der Katastrophe endete eine Zeitepoche. Niemand ist vor etwas sicher. Vertrauen in die Zukunft ist Illusion. Die Evakuierten von Braginka haben nicht nur ihre Wohnung verloren, sie haben auch ihre Zeit verloren, ihre Tradition, ihre Geschichte, ihre Vergangenheit. Heimat ist nicht allein ein Ort, es ist auch eine Zeit, sind Umstände. Den Bewohnern blieb nichts außer einer ungewissen Zukunft.

In der Halle der Schule ein zerbrochener Globus. Uns zugekehrt der Teil der Sowjetunion mit Kiew, dem Kiewsee und den nunmehr verseuchten Gebieten. Der Rest der Welt ist weggebrochen. Die Trümmer der hohlen Kugel fliegen auf dem Fußboden herum. Irgendwer hat die Welt in Borschowka kaputtgemacht.

Entfernung zum Reaktor: 13,6 Kilometer.

April 1991

Westliche Hilfsorganisationen berichten, daß die Menschen in den radioaktiv verseuchten Regionen noch nicht über die Auswertung der Bodenproben informiert worden seien. Getreideanbau und Viehzucht sind zwar offiziell verboten, werden jedoch inoffiziell weiterbetrieben. Der Ausdruck »radioaktiv verseucht« ist inzwischen durch »schmutzig« ersetzt worden. Im Gomeler Gebiet hätten 92 Prozent der

Erwachsenen organisch bedingte Gesundheitsschäden und 96 Prozent der Kinder. Bei Erwachsenen kommt es zu Erkrankungen des Herz- und Kreislaufsystems sowie der Hirngefäße. Immer mehr Menschen leiden unter Depressionen.

Allein im Jahr 1992 wurden 200 Fälle von Plünderungen der Wohnräume verlassener Häuser bekannt. Andrej Glazovoj, ukrainischer Journalist und Mitglied der »Grünen Bewegung« in der Ukraine, nennt in einem Beitrag über Atomschmuggel die attraktivsten Gegenstände für den strahlenden Flohmarkt:

»Und so sind heute aus den meisten Häusern die Möbel, sämtliche elektrischen Geräte, Badewannen, Kloschüsseln entfernt, die Kacheln von den Wänden gehauen. Türen und Fensterrahmen sind herausgenommen worden. Auch die Autos, die man eigentlich nie mehr besteigen dürfte, wurden geplündert. Man kann sich natürlich gut vorstellen, was für einen reißenden Absatz bei der heutigen defizitären Situation diese Dinge finden. Die Plünderer sind gut organisiert. Ihre Hehler sind in der ganzen GUS aktiv. So werden die in Pripjat geplünderten Waren in Kiew, Odessa, Kischinew oder St. Petersburg an den Mann bzw. die Frau gebracht.«

Statt radioaktiv verstrahlte Dächer von Häusern in verseuchten Zonen abzureißen, wurden neue darübergestülpt, ohne die alten, die verstrahlten, geregelt zu entsorgen.

Auf der Straße eine Soldatenmütze ohne Rangabzeichen. Die Mütze eines Liquidators wohl. So, als hätte sie eben irgendeiner hingelegt. Die letzten Soldaten aber waren vor langer Zeit hier gewesen. Neben der Mütze ein runder Fleck, ohne Schnee. Ein Tier muß nachgesehen haben, ob etwas Eßbares darunter verborgen gewesen sein könnte. Reifen- oder Fußspuren im Schnee gibt es nicht. Wir sind seit langer Zeit die ersten, die wieder hineindurften in die »Zone«.

Wir erheben in diesem Buch nicht den Anspruch auf Vollständigkeit, auf die Beachtung allen Für und Widers. Wir haben Emotionen, Empfindungen, wir erlauben uns, darüber zu reden, im Text, in Bildern, in Eindrücken eben. Wer glaubt, den Schrekken Tschernobyls begriffen zu haben, hat nichts verstanden. Ein Besserwisser oder ein Zyniker.

Mit dem Unbegreiflichen müsse man leben oder daran zugrunde gehen, sagte später eine Ärztin. Alternativen seien Schein, oder man lüge sich selbst in die Tasche. Vielleicht aber könne man das Ganze nur nicht ertragen. Wo wir dabei stehen, wissen wir nicht. Möglicherweise werden wir es nie erfahren. Betroffenheit macht blind und öffnet die Seele. Blinde aber entwickeln mehr Sinne als Sehende, erfahren Dinge über sich und andere, die diesen verschlossen bleiben. So werden wir Blinde bleiben unter Nichtsehenden. Vielleicht erfahren wir mit anderen Sinnen mehr. Irgendwie muß man sich selbst trösten, wenn man andere trösten will.

Wir sind in eines der Häuser hineingegangen. Die Gardinen wehen hinter den zerborstenen Scheiben. Die Besteckschubladen in der Küche sind aufgerissen, Geschirr ist überall verteilt. »Plünderer«, sagt Alexander Ruchlja. Im Umkreis von Tschernobyl tauchen immer wieder geplünderte Sachen aus den Häusern hier auf. Sehr preisgünstig und hoch verstrahlt. Resignation ist in sein Gesicht geschrieben.

Ein paar Kilometer hinter dem Dorf. Ein Denkmal. Die Trauerstätte für die Gefallenen des Großen Vaterländischen Krieges gegen die Deutschen, die Opfer des 2. Weltkriegs. Namen sind eingeritzt unten am Sockel. Mahnmale für die Opfer der Katastrophe werden die Republiken nicht bauen.

Meßwert: 1000 Mikrosievert pro Stunde.

Die Meßgrenze des Geräts ist erreicht.

Natürliche Strahlung mal 2000.

Entfernung zum Reaktor: 10,7 Kilometer.

Ein paar hundert Meter weiter ein schönes altes Dorf. So wie hier muß es bereits unter dem Zaren ausgesehen haben. Die Häuser, die Ställe, die Scheunen aus Holz. Da, wo die Menschen einmal gewohnt haben, sind die Balken mit Farben verziert. Noch immer zeigen sie den Schatten einer kleinen, vergangenen Pracht.

Der Ort heißt Massenei.

Entfernung zum Reaktor: 8,8 Kilometer.

Der Meßumfang des Geigerzählers ist überschritten.

In einem Fenster liegt Kinderspielzeug. Davor ein demontiertes Motorrad. Drinnen stehen Tische und Bänke. Die Schränke sind geplündert. Auf dem großen Ofen liegt trockenes Holz.

Den Wissenschaftlern wird die Strahlung unheimlich. Die Dreharbeiten dauern ihnen zu lange.

Das gelbliche Licht der Nachmittagssonne scheint über die Landschaft. Der Weg, auf dem früher landwirtschaftliche Fahr-

Die Häuser im »Strahlenpark« stürzen ein. Niemand wird sich um dieses Land mehr kümmern können. Mindestens 500 Jahre lang (FF).

zeuge fuhren, ist inzwischen dicht bewachsen. Im Dunst über dem Fluß Pripjat ist der Sarkophag kaum zu erkennen. Ist es diese dünne Haube, die Schutz sein soll, oder sind es Hochhäuser der Stadt Pripjat? Am Fuß des Damms ein verbrannter Wald.

Entfernung zum Reaktor: ein Kilometer.

Der Meßwert: nicht mehr bestimmbar. Er liegt zu hoch.

»Es ist ein Fichtenwald. Seine Bäume sind in einer einzigen Nacht durch die hohe Strahlenbelastung gestorben«, sagt Petrajew grimmig. »Die Bäume starben wie die Menschen! Die erste Wolke, die vom Reaktor ausging, brachte eine große Verseuchung mit sich. Heute, fünf Jahre danach, strahlt die Erde hier noch immer mit etwa 4 bis 5 Milliröntgen pro Stunde. Das ist um das 500- bis 1 000fache niedriger als gleich nach der Katastrophe. Aber noch immer ist die Strahlung 400fach höher, als die ohnehin hohen russischen Grenzwerte zulassen.«

Noch etwas näher am Reaktor gibt es einen zweiten Wald. 1987, also ein Jahr nach der Katastrophe, wurde dort noch immer ein Röntgen pro Stunde gemessen. »Auch dieser Wald ist gestorben. Natürlich müßten die gestorbenen Wälder mit Erde begraben werden. Die Folgen eines Waldbrandes wären katastrophal. Durch den Rauch würde die Radioaktivität erneut weitergetragen.«

Der Dunst hat sich etwas gelichtet, die Konturen des Sarko-

Ein Kilometer vom Reaktor entfernt: Der Wald starb in einer Nacht. Professor Petrajew: Die Bäume starben wie Menschen (FF).

phags sind nun schwach zu erkennen. Unter großen Schwierigkeiten und mit schlechten technischen Hilfsmitteln wurde er gebaut. Mit ihm sollte die tödliche Strahlung des Reaktors abgeschirmt werden.

In Sichtweite des Reaktors, am Rande des verbrannten Waldes, unterhält der Strahlenbiologe Dr. Igor Kasakov ein Freiluftlabor. Mit Hilfe von Tierversuchen wollen die Wissenschaftler die Auswirkungen der hohen Strahlendosis auf Tiere untersuchen. Noch immer leben Tiere hier in der gesperrten Zone. Verlassene Hunde und Katzen streunen durch die verfallenden Häuser, Rehe und Wildschweine durchstreifen das hochverstrahlte Gebiet.

Wir stehen noch immer auf der kleinen Böschung. Nur der Fluß Pripjat liegt zwischen uns und dem Kraftwerk von Tschernobyl mit seinem zerstörten Reaktorblock Nummer vier. Wir starren über den Fluß, keiner sagt etwas. Es scheint, als hörten wir jetzt alle die Stille. Sie lastet über dem Land. Unüberhörbar.

Wir denken an die vielen Menschen, deren Schicksal von diesem Ort aus eine schlimme Wendung genommen hat. An die Krankenschwestern, die jungen Soldaten. Wochenlang haben sie versucht, den Schaden zu begrenzen. Ohne Kenntnis, wie groß die Gefahr für sie selbst war. Wir stehen und schweigen. Es ist still.

Die Tschernobyl-Region ist auf 1000 Jahre und mehr verseucht. Sie ist unbewohnbar. In weiten Teilen der Republiken Weißrußland, Rußland und der Ukraine waren etwa eineinhalb Millionen Menschen einer Strahlung von 1,6 Millionen Becquerel pro Quadratmeter ausgesetzt. Auf einem Gebiet von fast 30000 Quadratkilometern.

70 Prozent der gesamten radioaktiven Niederschläge gingen in Weißrußland nieder. 40000 Quadratkilometer des fruchtbaren Landes sind radioaktiv verseucht. 10000 Quadratkilometer sind mit mehr als 15 Curie verstrahlt.

In diesen Gebieten wohnen immer noch mehr als eine Million Menschen. Über 100000 Menschen müßten sofort ausgesiedelt werden. Würde man die Menschen in belasteten Regionen, mit 7 bis 40 Curie pro Quadratkilometer in einer zweiten Phase aussiedeln, dann wären es weitere 500000. Diese Zahlen gelten nur für die Republik Belarus. Dort leben 12000 Menschen noch immer in der Zone, in der 40 Curie und mehr gemessen worden sind.

Weite Gebiete der Republik Rußland sind auf über 55000 Quadratkilometern verseucht. Das betrifft eine Bevölkerung von über 2,3 Millionen Einwohnern und etwa 800000 Kindern.

In der Ukraine sind 1,4 Millionen Menschen und 250000 Kinder betroffen. Die aber erfuhren erst spät von der Gefahr. Die Warnung der Bevölkerung war in den Katastrophenplänen nicht vorgesehen.

Die Arbeiter in Tschernobyl konnten aufatmen, als ihnen verkündet wurde, sie könnten umsiedeln ins 40 Kilometer entfernte Slawutitsch. Die neue Stadt war extra für die Arbeiter des Atomreaktors gebaut worden. Denn aufgeben wollten Behörden und Regierung dieses »schöne«, teure Kraftwerk nicht. Dafür wurde eine neue Stadt in die Landschaft hineingeklotzt. Es war den Menschen gesagt worden, das Land sei nicht verseucht. Eine schlichte Lüge. Unerfüllbar. Denn in weitem Umkreis gibt es kein unverseuchtes Land mehr.

April 1991

Verwaltungsgebäude des Kernkraftwerks Tschernobyl: Dort begegnen wir dem kaufmännischen Direktor des »Lenin«-Atomkraftwerkes. Seinen Namen konnten wir, trotz intensiver Nachfrage, nicht erfahren. Fragen waren ursprünglich nicht zugelassen. Der Direktor will das Atomkraftwerk erhalten. Er vertritt den »heimlichen« Wunsch seiner ukrainischen Regierung. Die kann aus diploma-

tischen Gründen natürlich nicht so offen reden wie der Direktor des Kraftwerkes. Er gab folgendes Statement ab:

Direktor:

»Das sozialpsychologische Problem des Atomkraftwerks Tschernobyl existiert, und es wird immer schärfer. Das Problem hat sich in einigen Etappen entwickelt. Das Personal aus dem Jahre 1986 haben wir jetzt nicht mehr in diesem Atomkraftwerk. Der emotionale Zustand der Leute hatte sich nach dem Unfall stark verschlechtert. Dann aber hat sich der emotionale Zustand wieder gebessert.

Die Stimmung der Leute wurde dadurch verbessert, daß die Presse und alle anderen Leute sehr aufmerksam gegenüber den Arbeitern waren. Die Leute haben in diesem Atomkraftwerk nicht aus Angst, sondern aus Gewissensgründen gearbeitet.

Und dann kam die Periode, in der man versucht hat, die Verantwortlichen für die Havarie zu finden. Da gab es große Schwierigkeiten für die Leute aus dem Kollektiv des Atomkraftwerkes. Die Akzeptanz der Presse und der Medien war minimal.

Die Öffentlichkeit hatte eine negative Einstellung zum Atomkraftwerk und den Arbeitern. In dieser Zeit haben die Menschen hier 14 Tage auf dem Kraftwerksgelände gearbeitet, dann durften sie 14 Tage nach Hause, dann waren sie wieder da. Nach kurzer Zeit hat man diese Methode jedoch abgelehnt, und wir haben eine neue Stadt gebaut. Dahin sind die Leute umgezogen. In dieser Zeit kamen zu uns viele neue Leute. Nun haben wir zu praktisch 90 % neue Leute.

Die Grundlage dazu war die negative Meinung der Öffentlichkeit gegenüber dem Kollektiv. Die Leute hatten viel Kraft verloren bei den Bemühungen, die Havarie zu bewältigen. Die Aufgabe, 90 % des Personals im noch funktionierenden Teil des Kraftwerkes zu erneuern, wurde dann gelöst.

Danach hat die Adaptionsperiode begonnen. Die Leute mußten sich zuerst adaptieren. Zu dieser Zeit wurde die Aufmerksamkeit der Öffentlichkeit für die Probleme des Atomkraftwerkes aktiviert. Deshalb ist es uns leicht gelungen, neue Leute dazuzubringen.

Wir hatten uns damals vorgestellt, auch eine Zukunft zu haben, und 4000 Leute sind zu uns gekommen, um ihre eigene Zukunft mit der unseren zu verbinden. Mit der Entwicklung der Pere-

4 Blöcke gehörten ursprünglich zum Kraftwerk. Drei von ihnen sind, trotz vieler Abschaltungen und Störungen, noch immer am Netz. Das Überfliegen des Sarkophags ist verboten. Die Strahlung nach oben ist zu groß. Sie wirkt tödlich (FF).

stroika hat sich die Meinung der Leute über die Atomkraftwerke allerdings wieder stark verschlechtert. Es gibt eine Welle gegen die Atomenergie.

Dann wurde die Frage nach der Stillegung des Atomkraftwerkes gestellt. Diese Lösung wurde bereits vom Obersten Sowjet der Ukraine beschlossen, es gibt aber noch keine endgültige Lösung von der Unionsregierung der Sowjetunion.

Jetzt sind wir sehr unsicher. Wir wissen nicht, wie es weitergehen wird. Wir haben viel Mühe, die Hoffnung der Leute zu erhalten. Außerdem hat sich die Einstellung der Leute auch gegenüber kleinen Strahlungsbelastungen geändert. Die öffentliche Meinung ist, daß es gefährlich ist, in der Stadt Slawutitsch zu leben. Das gibt große Spannungen. Nicht nur im Kollektiv des Atomkraftwerkes, sondern auch in den Familien der Arbeiter, mit den Mitgliedern der Familien.

Außerdem haben wir hier keine komfortablen Bedingungen, um in dem Atomkraftwerk zu arbeiten, und das bringt uns Schwierigkeiten. Die Stadt Slawutitsch ist etwa 50 Kilometer vom Atomkraftwerk entfernt. Die Leute müssen jeden Tag hin- und zurückfahren. Und die Frage der Kleidung hier im Atomkraftwerk macht allen Leuten zusätzliche Mühe. Ich kann nur sagen: Jeder Mensch, der bei uns arbeitet, muß im Laufe des Tages acht mal die Kleidung wechseln. Das alles zusammen ergibt ein großes psychologisches Problem für das gesamte Personal.

Ich spreche jetzt nicht darüber, daß das Personal unter Bedingungen einer großen Belastung arbeitet, was unvergleichbar ist mit den anderen Atomkraftwerken; deswegen stehen wir auch auf dem ersten Platz bei den Löhnen. Wir sehen unsere Aufgabe in der Verbesserung des sozialen Optimismus unserer Leute, unserer Kinder, unserer Familien.

Das betrifft besonders die Jugendlichen, die neue Generation, die bald kommt. Sie wachsen auf unter sozialen Spannungen. Und wenn ich sagen darf, welche Hilfe wir brauchen, dann kann ich eindeutig sagen, eine psychologische Unterstützung unserer Leute!

Die besondere Aufmerksamkeit der Leute aus Westeuropa macht einen positiven Eindruck auf unsere Kinder. Der Kontakt mit westlichen Leuten gibt unseren Leuten einen anderen Standpunkt, eine andere Sicht auf einige Sachen.

Was die Versorgung mit Lebensmitteln betrifft, so ist die Stadt

Im Block 3 neben dem zerstörten Reaktor. Frank Franke in der Steuerzentrale (HR).

Slawutitsch sehr gut dran, und wir wollen uns nicht beklagen. Es hat keinen Sinn, die übliche humanitäre Hilfe zu leisten. Auch Lebensmittelpakete zum Beispiel. Abgesehen davon sind wir natürlich immer dankbar, wenn wir auch solche Hilfe bekommen, obwohl wir sie nicht brauchen.

Außerdem haben wir auch viele technische und finanzielle Probleme beim Betrieb des Atomkraftwerkes. Das Hauptproblem ist natürlich die Zukunft unserer Station. Es gibt noch keine Entscheidung, ob dieses Atomkraftwerk weiterarbeiten oder stillgelegt wird.

Meiner Meinung nach sollte die Frage nach der Stillegung nicht zugelassen werden. Wir kämpfen dagegen auf allen Ebenen.

Leider muß ich sagen, daß unsere Wissenschaftler diese Probleme nicht tief genug erkennen. Sie unterstützen uns nicht, und sie wirken auch nicht gut auf die öffentliche Meinung in dieser Hinsicht ein. Wir stehen unter dem Druck dieser Leute, und die verstehen nicht, wohin das führen wird.

Wir möchten als Bürger unseres Landes auch weiterhin den Standpunkt vertreten: Das Atomkraftwerk soll auch weiterhin arbeiten. Es soll nicht stillgelegt werden.

Zum Schluß eines der wichtigsten Probleme. Dies ist das Problem der Stadt Slawutitsch und der Entwicklung dieser Stadt:

Slawutitsch ist orientiert auf die Arbeit unseres Atomkraftwerkes. Das macht sie sehr abhängig von diesem Atomkraftwerk, und es könnten die verschiedensten Fehler passieren.

Es ist eine gut geplante Stadt. Es ist eine Schlafstadt. Wir möchten, daß diese Stadt eine Basis für die Zusammenarbeit mit ausländischen Unternehmen sein kann, damit wir neue Arbeitsplätze für die Leute, die hier wohnen, schaffen können.

Wenn Sie uns dabei helfen könnten, wäre das ein großer Beitrag von Ihrer Seite.

Slawutitsch hat viele qualifizierte Leute, und wenn das Kraftwerk stillgelegt wird, dann werden diese Leute arbeitslos. Sie müssen dann was anderes machen. Dazu kann man sagen: Slawutitsch hat bisher 700 Millionen Rubel gekostet, und in der nächsten Zeit wird es bis zu einer Milliarde kosten. Es wäre natürlich schlecht, wenn dieses Geld verloren wäre. Das war wahrscheinlich unser Hauptproblem.«

Vinzens: »Was gibt es für Pläne für die verseuchten Gebiete seitens des Atomkraftwerks? Was hat das Werk vor, welche Denkmodelle existieren?«

Direktor: »Ich kann sagen: In erster Linie haben wir Mangel an Baumaterialien. Man könnte darüber nachdenken, ob es möglich wäre, gemeinsame Betriebe zu gründen. Dazu kommen noch neue wissenschaftliche Technologien, saubere Technologien, die unseren Leuten zum Beispiel in der Erzeugung von Mikroelektronik Arbeitsplätze bieten könnten. Es könnten auch Produktionsstätten sein, wo Kleider genäht werden.

Außerdem machen wir jetzt im Atomkraftwerk Strahlenlegierungen aus Silizium. Diese Materialien sind für die Mikroelektronik sehr wichtig. Auf dieser Basis kann man da viele gemeinsame Punkte finden.«

Vinzens: »Was für einen Gewinn könnten westliche Vertragspartner haben?«

Direktor: »Meiner Meinung nach sind die Möglichkeiten, in der Sowjetunion Gewinne zu machen, sehr gut.«

Vinzens: »Warum?«

Direktor: »Die Leute bei uns arbeiten ziemlich fleißig, und die Arbeitskraft ist sehr billig bei uns. Außerdem kann unser Gebiet von der Regierung bestimmte Privilegien bekommen. Es könnte eine sogenannte freie kommerzielle Zone werden. Das wirft bestimmt Gewinne ab. Hier wohnen viele Leute in diesem Gebiet,

Der Turbinenraum (FF).

die Hilfe brauchen, die müssen sozusagen rentabel sein. Sie müssen sich selbst unterhalten. Als Beitrag des Westens sehe ich einen Beitrag in unsere Technologien und unsere Menschen. Das könnte uns erlauben, aufgrund neuer Technologien auf ein neues Niveau zu kommen, dann würden wir keine Hilfe mehr brauchen, nicht mehr diese einseitige humanitäre Hilfe. Wir könnten uns gegenseitig helfen. Später vielleicht. Wenn wir zum Beispiel bei Ihnen etwas borgen, dann müssen wir diese Schulden zurückzahlen.«

25. 4. 1991

Der BUND und der Frankfurter Verein »Leben nach Tschernobyl e. V.« haben die Bundesregierung zu verstärkter humanitärer und medizinischer Hilfe für die Opfer der Atomkatastrophe aufgefordert. Etwa eine Million Menschen müßten sofort umgesiedelt werden, die Kosten dafür beliefen sich auf 30 Milliarden Mark.

26. 4. 1991

Das staatliche Register spricht von 576000 verstrahlten Personen, darunter allein 226000 Helfer während der Beseitigung der Unglücksfolgen. Insgesamt waren jedoch mehr als eine halbe Million an der vermeintlichen Beseitigung der Explosionsfolgen beteiligt. 110000 Menschen leben in Orten, in denen sie grundsätzlich nicht leben dürften.

Slawutitsch, Ukraine, April 1991.

Entfernung zum Reaktor: 50 Kilometer.

Zur Belastung bekommen wir keine Angaben.

Wir nähern uns erneut dem Zentrum des Schreckens. Diesmal aus der Ukraine, wir kommen aus Kiew.

Mit den Wissenschaftlern ist das Fernsehteam gekommen. Das Ziel ist der Reaktor. Wir folgen den Spuren des Schreckens. Letzte Schritte einer Annäherung. Der Ort gehört dem Kraftwerk, dem militärisch-industriellen Komplex. Er ist die »Ersatzstadt« für Tschernobyl. Hier wohnen die Arbeiter.

In nur wenigen Monaten wurden die Mauern der Häuser in Slawutitsch hochgezogen, wurde eine Bahnlinie zum Atomkraftwerk »Lenin« nahe Tschernobyl gebaut. Die Fläche des Stadtgebietes wurde mit zwei Metern unverseuchter Erde bedeckt. Es mußte ein Ersatz her für die nun unbewohnbare Gemeinde, deren Name ein Synonym für die Katastrophe schlechthin wurde. Tschernobyl.

In den Wald dürfen die Bewohner nicht. Der ist auch weiterhin verseucht. Spielen auf den Straßen ist verboten. Die Belastung ist zu hoch. Der Kindergarten hat keinen Spielplatz, die Schule keinen Hof. Die Kinder sollen nicht hinaus. Es ist zu gefährlich.

In das Feld hinein klotzten Baukolonnen aus der ganzen Sowjetrepublik kleine und große Häuser, Schulen, Einkaufszentren, Gemeinschaftshäuser. Als erstes bauten sie ein Krankenhaus. Aus Containern. Noch heute sind die Kästen Bestandteil der Klinik.

Große Erdarbeiten waren nötig. Denn das Land war nicht sauber. Die Stadt liegt nur 50 Kilometer vom Sarkophag entfernt. Weiter weg aber wollte man nicht gehen. Eine größere Entfernung hätte die Kosten zu sehr erhöht. Die Fahrzeiten für die Arbeiter wären zu lang geworden. Die Stadt wurde Slawutitsch genannt. Auf Landkarten ist sie noch nicht zu finden.

Vor einem kleinen Einfamilienhaus hält der Wagen. Vorher mußten wir einen Posten des Militärs passieren. Ohne den Pressechef des Atomkraftwerkes wären wir nie hereingekommen. Der aber hatte den Soldaten befohlen, uns hereinzulassen.

Das Haus, das uns als Nachtquartier dienen sollte, gehörte natürlich auch dem Kraftwerk. Wenige Wochen zuvor hatte Gorbatschow hier übernachtet. Der Reporter bekommt seinen Schlafraum angeboten. Er nimmt ihn natürlich an. Ein kleiner, bescheidener Raum im ersten Stock, schräge Wände. Ein kleines Fenster. In der Wandverkleidung eine Klappe.

Natürlich haben wir die Klappe geöffnet. Die Akkulampe zeigte uns aber nichts Bedeutsames. Ein paar abgeschnittene Telefonkabel, Staub und abgeschälte Isolierungen. Hier war Technik installiert und wieder abgebaut worden. Ein Anschluß für kurze Zeit.

In der Küche treffen wir uns wieder. Der Pressechef, das Team, die Wissenschaftler. Wir haben Whiskey dabei, Petrajew Wodka und der umsichtige Sobotowitsch Brot und Wurst. Das Abendessen ist karg und feucht.

Als Gorbatschow hier war, so kommt im Laufe des Abends heraus, sah es anders aus. Alles wurde mitgebracht. Lebensmittel, Schnaps, Wasser. Nichts wurde angenommen. Zu groß war die Angst vor der Verseuchung. Kein Risiko sollte für die Staatsführung eingegangen werden. Woher die Bevölkerung von Slawutitsch die Ernährung bekam, war uninteressant. Zu gefährlich für die Führung aber war sie allemal. Gorbatschow wußte um die Gefahr. Für sich persönlich wollte er sie nicht eingehen.

15. 5. 1991

Die Weltgesundheitsorganisation startet mit 200 Millionen Dollar gemeinsam mit der UdSSR ein Forschungsprojekt zur Untersuchung der Folgen der Reaktorkatastrophe von Tschernobyl. Untersucht wird der Einfluß der nuklearen Strahlung auf Blut- und Schilddrüsenerkrankungen sowie die Wirkung auf ungeborenes Leben.

21. 5. 1991

Die IAEA legt einen 1000 Seiten starken Bericht einer internationalen Studienkommission vor. In dem Bericht heißt es, daß es signifikante, aber *nicht* mit Radioaktivität in Verbindung zu bringende Gesundheitsstörungen gegeben hat. »Die Bevölkerung in den betroffenen Regionen ist stark verunsichert und hat an Vertrauen verloren.« Der Unfall habe zu Streß und Unruhe geführt.

Am nächsten Morgen standen auf Gorbatschows Tagesplan »beruhigende Worte«. Kein Satz über die Gefahr, keine Warnung. Durchhalteparolen und Lügen. Der Staatschef wußte es besser, über Gefahren aber hatte er nie gesprochen. Denn er wußte: Die Wahrheit über Tschernobyl hätte den Zusammenbruch der ukrainischen, der GUS-Energiewirtschaft bedeutet. Geld siegte über die Interessen der Opfer.

Jahre später treffen wir im Verlauf des Tschernobyl-Tribunals, eines fiktiven Prozesses von Opfern gegen die Verantwortlichen, Menschen, die uns von einem Besuch Michail Gorbatschows wenige Wochen zuvor erzählen.

»Uns erklärte er, daß keinerlei Gefahr bestehe, daß die Nahrung nicht verseucht sei. Aber er hatte alle Nahrungsmittel und Getränke aus Moskau mitgebracht, während er im Gästehaus der ukrainischen Regierung übernachtete.«

Immer wieder stellen wir bei unseren Besuchen fest: Tschernobyl-Opfer klagen Gorbatschow an. Bei unserem ersten Hilfskonvoi für die Kinder von Tschernobyl hatten wir Gorbatschow-Plakate an den Fahrzeugen angebracht. Ganz im Sinne der Gorbi-Euphorie jener Tage. Wenige Tage zuvor war die Mauer gefallen.

Schon kurz hinter der sowjetischen Grenze haben wir sie wieder entfernt. Steine waren gegen die Plakate geschleudert worden. Die Katastrophe von Tschernobyl war der Anfang des politischen Endes von Michail Gorbatschow.

Der Chefarzt des Krankenhauses Slawutitsch sitzt hinter seinem Schreibtisch. Auch seine Gesundheit ist angegriffen. Wie fast alle Ärzte in der Sowjetunion trägt er einen verschmutzten weißen Kittel und eine für uns seltsame Mütze. Sie hätten zu wenig Medikamente, sagt er resigniert. Ein Satz, den wir von jedem Arzt hören werden. Die Kinder würden krank. Man würde sie nach Kiew schicken. Auf solche Fälle seien sie nicht spezialisiert. Auch Arbeiter aus dem Kraftwerk kämen. Auch die würde man nach Kiew schicken.

Das Krankenhaus ist lediglich eine Sortierstation, die einfache von komplizierten Fällen trennt. Die einfachen bekommen ein paar Tabletten und werden nach Hause geschickt. Und dann wartet man, bis sie wiederkommen und komplizierte Fälle geworden sind. Dann schickt man die Menschen nach Kiew.

Draußen auf dem Flur Mütter mit Kindern. Die Bilder gleichen denen anderer Städte im weiten Kreis um den Unglücksreaktor.

In einem Zimmer liegen drei Arbeiter aus dem Werk. Ein Bauarbeiter, ein Reaktorfahrer und ein Feuerwehrmann. Es geht ihnen schlecht. Noch aber können sich die Ärzte nicht entschließen, sie als strahlenkrank anzuerkennen. Die Statistik soll nicht zu negativ werden. Die Regierung hat dies verboten. So werden ihnen die wenigen Vergünstigungen vorenthalten bleiben.

20 Kilometer vor Tschernobyl, der Stadt. 32 Kilometer bis zum Reaktor.

Ohne Genehmigung des »Lenin«-Atomkraftwerkes Tschernobyl kommt hier niemand hinein. Militär bewacht die Grenze. Arbeiter haben einen besonderen Ausweis. Es sind weit mehr als 4000 Menschen (FF).

Wenige Kilometer hinter Slawutitsch. In der Republik Ukraine. Wieder eine Grenze, ein Schlagbaum. Der Übergang wird von Militär bewacht. Hier aber ist die Gegend nicht leer. Hier sind viele Menschen. Schließlich ist das Kraftwerk noch am Netz. Braucht Soldaten, Arbeiter, Techniker, Verwaltungsangestellte. Männer und Frauen. Nur Kinder fehlen. Wir sind am Eingang zur »gesperrten« Zone. Die Autos, mit denen wir kamen, müssen zurückbleiben. In der Zone sind die Autos mit der Aufschrift »Zona« versehen. Sie dürfen nicht hinaus. Der vergiftete Dreck soll nicht hinausgetragen werden.

Hilfloser Versuch, des Problems Herr zu werden. Denn außerhalb des Zauns ist das Land genauso verseucht wie innerhalb. Außerdem treibt der Wind den Staub über Straßen und Felder. Stacheldrahtverhaue können ihn nicht zurückhalten.

Eigentlich sollte es mit dem Hubschrauber weitergehen. Der steht auch auf der Wiese gegenüber der Feuerwache bereit. Aber da ist ein Offizier des KGB. Für uns ist er nicht zu sprechen, aber er vermißt einen Stempel auf unserem Papier. Den des KGB. Der Flug verzögert sich. Wir werden weggeschickt. Die Wissenschaftler müssen mit ihm ins KGB-Büro nach Tschernobyl. Unsere Anwesenheit dort ist indes verboten.

Inzwischen: Sightseeing in einer verstrahlten Stadt. Es geht an häßlichen Plattenbauten vorbei. Sie sind bewohnt. Auf den Balkonen flattert die Wäsche. Ab und zu huschen Menschen von Haus zu Haus. Tschernobyl könnte eine ganz normale ukrainische Stadt sein, wenn nur die Straßen nicht so leer wären.

Ein paar Häuserecken weiter stehen viele Menschen an einer Bushaltestelle. Auf welche Verbindung sie warten, bleibt unklar. Der Fahrer weiß es nicht, und von den Wartenden will es uns niemand sagen. Man spricht nicht mit Fremden in Tschernobyl. Lokale und Läden finden wir keine. Die verbliebene Bevölkerung wird im Werk versorgt. Hier gibt es niemanden mehr, der nicht für den Reaktor arbeitet. Früher wohnten hier 30000 Menschen. Alle, die nicht im Atomkraftwerk arbeiteten, wurden umgesiedelt. Hinausgebracht aus der »Zone«. 4000 sollen übriggeblieben sein. Damit das teure Kraftwerk eine Bedienungsmannschaft hat. Die Belastung im Stadtgebiet erreicht einen Wert von 40 Curie pro Quadratkilometer. Langfristig bedeutet dies den Tod der Bewohner. Deshalb bleiben die Menschen 14 Tage in der Stadt. Dann werden sie weggeschickt. Hinaus aus der »Zone«. 14 Tage später

Tschernobyl-Innenstadt (PV).

kommen sie wieder zurück. Unterdessen werden die kleinen Häuser abgerissen. Damit niemand mehr zurückkommen kann.

Fahrzeuge kommen uns entgegen. Die Feuerwehrstation ist besetzt. Als die Männer die Kamera sehen, werden die Tore vor den Lastwagen zugezogen. Öffentliche Auseinandersetzungen, Pressekontakte sind unerwünscht.

Tschernobyl muß ein schöner Ort gewesen sein. Weiter unten am Fluß finden sich viele für diese Gegend typische Holzhäuser. Doch die Hütten verkommen. Farbe blättert ab, die Zäune verfallen. Dazwischen viele freie Flächen. Vor kurzem planiert, grobe Schneisen in der Stadt. Damit die Kontamination unter die Erde käme, sagen unsere Begleiter. Zutreffender dürfte sein, damit niemand zurückkommen kann. Tschernobyl wird von der Landkarte verschwinden. Aber es wird noch lange dauern.

Am Ortsrand die Kirche. Als sei sie erst gestern verlassen worden. Irgendwer hat einen Strauß Blumen vor die Tür gestellt. Der Pfarrer aber wird nicht mehr wiederkehren. Wer mit dem Werk nichts zu tun hat, darf die Stadt nicht mehr betreten.

Um die Kirche herum der Friedhof der Stadt. Das jüngste Grab, das wir finden, ist vom Juni 1986. Danach war die Stadt auch für Tote gesperrt.

Die Arbeiter sind zu lange von zu Hause weg, um noch ein »normales« Familienleben führen zu können. So entstehen unter den

Tschernobyl, der Hafen. Hier liegt die »tote Flotte«. Entfernen läßt sich der Schrott nicht. Er ist zu verstrahlt (FF).

verbliebenen Bewohnern der Stadt neue Beziehungen. Hier wird gelebt, geliebt, werden Kinder gezeugt. Die Krankheitsrate allerdings ist hoch. Über Zahlen aber spricht niemand in Tschernobyl.

Unten am Hafen die »tote Flotte«. Auf ihr wurden bis zu 80 Curie gemessen. Das heißt: Bayern zur schlimmsten Zeit, am schlimmsten Ort mal 40. Die Schiffe lagen auch zum Zeitpunkt der Katastrophe hier. Sie werden dort bleiben, sie sind verstrahlt. Jetzt rosten sie, versenken strahlenden Rost im Wasser des Hafens. Wegräumen läßt sich der Schrott nicht, er ist verstrahlt. Niemand weiß, wohin man ihn bringen könnte. Nun wird er das Wasser vergiften.

Die Gebäude des Hafens verfallen. Niemand arbeitet dort. Zum Abriß macht sich niemand die Mühe. Warum auch? Tschernobyl ist eine sterbende Stadt.

Wir sind zurück am Ortsrand. Der Hubschrauber hat gewartet. Der Stempel ist da.

Unmittelbar nach der Explosion haben Kollegen des sowjetischen Fernsehens die Folgen der Katastrophe und die Aufräumungsversuche gedreht. Sie waren dicht am Reaktor. Sie waren auf das Dach geklettert, in die zerborstenen Keller. Sie waren im Tunnel und im strahlenden Reaktorblock. Heute sind sie tot. Journalisten, Regisseure, Kameraleute, Techniker, Hubschrauberpiloten. Ihnen verdanken wir die ersten Bilddokumente über den »größten anzunehmenden Unfall« in der Geschichte der Atomtechnik. Statistisch sollte er nie eintreten können. Den Preis, den sie für ihre Arbeit bezahlt haben, war hoch.

Wir heben ab.

Entfernung zum Reaktor: 10 Kilometer.

Belastung: 40 Curie pro Quadratkilometer, 300 Mikrosievert pro Stunde.

Im Tiefflug, wir sehen die Häuser der Stadt unter uns. Zwischen Plattenbauten und alten Holzhäusern viele Bäume. Laubbäume. Jetzt im Winter sind sie kahl. Wir wissen nicht, ob sie die Katastrophe überlebt haben. Deutlich aber die Schneisen in der Stadt. Alte Wohnviertel werden plattgewalzt.

Der Hafen unter uns. Brackiges Wasser, viele Schiffe. Rost.

Hinter dem Hafen die Brücke über den Dnjepr. Sie ist neu. Errichtet von den Liquidatoren. Die alte war zu klein gewesen für die große Aufgabe. Deshalb wurde eine neue errichtet. Mitten hinein in den strahlenden Dreck.

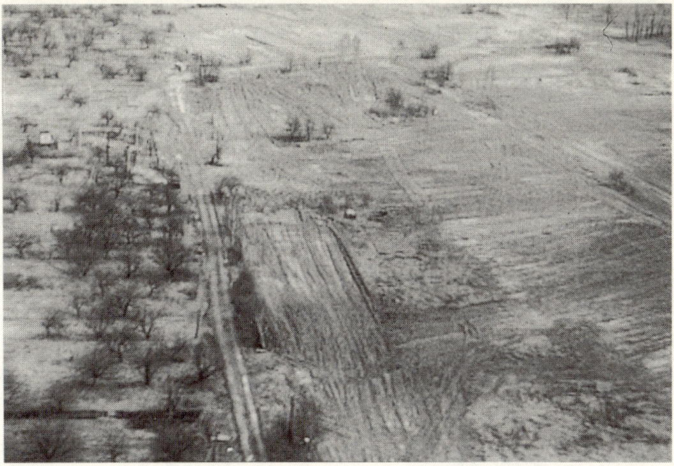

Eingeebnete Dörfer, 3 km bis zum Kraftwerk. Niemand soll zurückkommen können (PV).

Der Weg geht über den See. Unten mündet ein kleiner Wasserlauf. Der Fluß Braginka. Vier Kilometer bis zum Reaktor. Im Bodenschlamm liegen 10000 Curie Strontium. Der Wert ist ein millionenmal höher als der ohnehin großzügige russische Grenzwert.

Das Land muß einmal sehr schön gewesen sein. Laub- und Nadelwälder. Kleine Wege, die zu Dörfern und Wochenendhäusern führten. Eine Idylle. Heute sind dazwischen allerdings breite Schneisen. Auf ihnen wächst nichts mehr. Wege führen hinein und heraus. Neben ihnen die Reste kleiner Felder. Das müssen die privaten Gärten der Dorfbewohner gewesen sein. Das Dorf aber hat keine Spuren hinterlassen. Nur Narben in der Erde. Das Verlassen der geteerten Straße ist verboten. Lebensgefahr.

Die Blätter des Laubwaldes fielen bereits in der ersten Nacht. Im Sommer darauf war das Holz vertrocknet. Es brannte ab. Noch einmal wurden verstrahlte Partikel über das Land verstreut, noch einmal wurden die Menschen auch außerhalb der Sperrzonen vergiftet. Die Nadelhölzer hatten überlebt. Speichern nun die Radioaktivität.

Meßwert: 500 Curie.

Entfernung zum Reaktor: drei Kilometer.

Aber da sind noch andere Narben im Land. Große Flächen, aufgewühlt, abgetragen, Halden. Rollbahnen führen dorthin. Wege,

Der abgestellte Schrott der Liquidation zwischen dem Kraftwerk und der Stadt Tschernobyl (PV).

die weiterführen, gibt es nicht. Es sind die »Gräber«. Tausende von Liquidatoren brachten mit Tausenden von Maschinen hochstrahlendes Material zu den ausgehobenen Gruben. Schrott, Beton, Teile aus dem Reaktor, Festes und Flüssiges. Einfach in Löcher gekippt. In Gruben »beerdigt«, so sagt man uns, verscharrt.

Langsam holt sich die Natur ihr Recht wieder zurück. Karten über die »Gräber« wurden nur grob skizziert. In ein paar Jahren wird man die Löcher nicht mehr wiederfinden. Die Gefahr bleibt geheim. Auf lange Zeit. Zu einer vernünftigen Lagerung kann es nicht mehr kommen. Die Chance ist vertan.

Daneben weite Flächen mit schwerem Gerät. Lastwagen, Bagger, Hubschrauber, Baugerät. Sie wurden einfach in der Landschaft abgestellt. Verlassen. Sie sind verstrahlt. Radioaktiver Sondermüll. Unbrauchbar für immer. Jetzt verrosten sie. Niemand kümmert sich darum. Manchmal vielleicht bringt man ein weiteres Fahrzeug. Bisweilen, so sagten uns Leute in Kiew, wird auch Gerät abgeholt. Immer dann, wenn etwas dringend benötigt wird, wenn Mangel herrscht. Dann taucht so ein Gerät auf dem privaten Markt auf. Das Zeichen »Zona« ist dann nachlässig überpinselt. Eine besondere Form der »Dekontaminierung«.

Anflug auf die Stadt Pripjat. Früher 40000 Einwohner, heute null. Die Evakuierung war erst nach einer Woche beendet. Meß-

Pripjat. Einwohnerzahl: null. Entfernung zum Reaktor: 1 km. Das Riesenrad wird sich nie mehr drehen (FF).

wert: 500 bis 1 000 Curie. Entfernung zum Reaktor: ein Kilometer. Auf den neuen Karten gibt es diese Stadt schon nicht mehr.

26. 5. 1991

Heftige Reaktionen der Öffentlichkeit auf die IAEA-Studie, in der behauptet worden war, es gebe keinen erkennbaren Anstieg an Leukämie oder anderen Krebsarten. Greenpeace und internationale Hilfsorganisationen protestieren gegen die Verharmlosungspolitik der IAEA in Wien, die der Atomlobby zuzurechnen sei. In die Studie seien weder die 600 000 Arbeiter der Räumarbeiten noch die 116 000 evakuierten Menschen einbezogen worden. Von den Arbeitern seien bereits 1 089 Menschen gestorben, davon viele im Alter von 40 Jahren und darunter.

Hinter den letzten Häusern ein paar Schrottplätze, verlassene Werkhallen, Unordnung.

Entfernung: null. Der Sarkophag. Unter großen menschlichen Opfern wurden die Seitenwände mit Beton verstärkt. Auf seine zerstörte Oberseite kam eine Haube aus sechs Millimeter dickem Blech. Dieses zerbrechliche Dach soll die strahlenden Trümmer im Inneren bändigen, soll Schutz sein. Radioaktive Strahlung läßt den Beton bröckeln. Die Sicherheit der Schutzmaßnahmen schwindet. Währenddessen hält sich die Temperatur im Inneren mit 200 Grad Celsius stabil. Noch aber brennt der Reaktor. Nebenan arbeiten 4000 Menschen in den Blöcken 1 bis 3. Sie sind vom gleichen Reaktortyp: RBMK 1000.

Der Pilot hält Abstand zum Sarkophag. Direkt darüberfliegen dürfe er nicht mehr, sagt er. Der ausgebrannte Reaktor strahle nach oben ab. Das sei zuviel für den Menschen. Es sei gefährlich. Er muß es wissen. Viele seiner Kameraden sind nach ihren Flügen gestorben. Sie waren lange Zeit unmittelbar über dem offenen Loch der Explosion. Sie halfen den Liquidatoren. Die waren zu Fuß auf dem Dach. Ohne Schutz der Strahlung ausgesetzt.

Er dreht ab. Geht im Tiefflug über die Transformatorenstation, zurück nach Tschernobyl-Stadt. Landen ist hier draußen verboten.

So kommen wir mit dem »Zona«-Auto an. Vor dem Verwaltungsgebäude verspritzt ein Sprengwagen Wasser. Das macht einen guten Eindruck, vermittelt das Gefühl der Sauberkeit und nützt nichts. Die Verschleierung des Problems hält an. Vielleicht aber ist dies lediglich Gewohnheit. Befehl ist Befehl. Über Sinn und Zweck von Entscheidungen der Direktoren darf nicht nachgedacht werden.

Sowjetische Wissenschaftler, so hatten wir sie bisher kennengelernt, berichten gern und lang, erklären umschweifig und flechten Geschichten ein. Sie kommen oft vom Thema ab, machen Umwege, um dann irgendwann wieder vom Interviewer auf die gerade Straße zurückgebracht werden zu müssen. In Tschernobyl lernen wir um.

Draußen vor dem Betonzaun ein Interview mit Professor Petrajew, dem Strahlenchemiker.

Vinzens:

»Der Sarkophag ist löchrig. Was kann gemacht werden?«

Petrajew:

»Es gibt zwei Möglichkeiten. Die erste: Der vorhandene Sarkophag wird mit Beton gefüllt. Aber wie der Beton in dem heißen Inneren reagiert, ist unklar, und der Untergrund hält den Druck nicht aus.

Die zweite Möglichkeit: Über den alten Sarkophag wird ein zweiter gebaut. Aber auch diesen Druck hält der Untergrund nicht aus, und ob der neue Sarkophag länger hält als der alte, ist zweifelhaft.«

Ende des Interviews. Petrajew drängt. Hier draußen, in Stein-

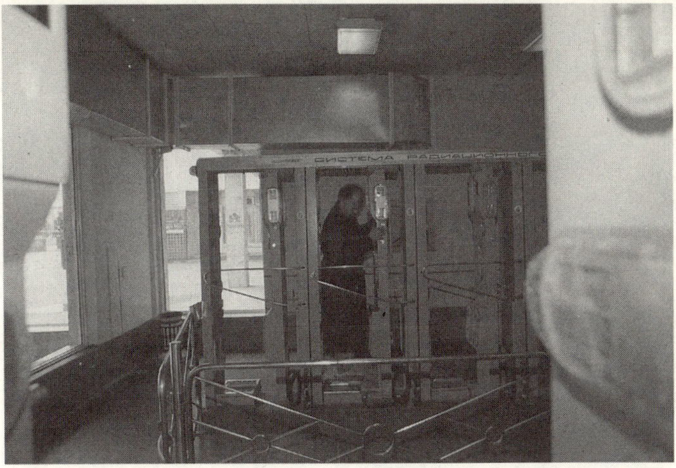

Die Personenmeßgeräte am Ausgang des Reaktors zeigen keine Belastung an. Irgendwer fragt, ob denn der Stecker eingestöpselt sei (FF).

wurfweite des Sarkophags, sei die Strahlung am stärksten. Wir sollen hier weg. Es sei gefährlich für unsere Gesundheit.

Währenddessen gehen hinter uns die Arbeiter gelassen zur Schicht. Sie winken herüber. Über ihnen die Silhouette des Sarkophags. Direkt hinter dem Zaun Kräne, die den Mantel errichteten. Heute sind sie hochstrahlender Sondermüll. Da, wo sie stehen, werden sie zusammenbrechen, verrosten. Ein Endlager.

Wenig später eine weitere Warnung: Nicht die geteerte Straße verlassen! Draußen, eben einen Meter weiter, wurde die Erde nicht aufgeschüttet, strahlt der Dreck wie am ersten Tag. Die Wiese zu betreten birgt ein unkalkulierbares Risiko.

»Peter, dawai, dawaii!« »Schnell, schnell!« Die Dreharbeiten an diesem Ort dauern Petrajew zu lange.

Hinter dem Eingang des Verwaltungsgebäudes, Einrichtungen wie aus einem uralten Zukunftsfilm. Strahlenmeßgeräte. Auf dem Boden sind die Umrisse von Füßen aufgezeichnet. An den Seitenwänden die von Händen. Man muß daraufsteigen, die Hände anlegen und warten, ob das Licht Rot anzeigt. Aber nichts passiert. Die Toleranzgrenze ist nicht überschritten. Irgendwer fragt, ob überhaupt der Stecker in der Dose sei.

Innen scheinbare Normalität. Gänge und Räume sollen nach der Katastrophe dekontaminiert worden sein. Wände und Böden wurden mit einer Kunststoffschicht überzogen. Über Lüftungskanäle und Kabelschächte möchte allerdings niemand reden. Da ist alles so geblieben, wie es war.

Der Reaktorteil des »Lenin«-Kraftwerkes Tschernobyl besteht aus zwei großen Gebäuden, verbunden durch einen langen Längsbau mit Verbindungswegen und Kesselanlagen. Jeweils zwei Reaktoren des Typs RBMK 1000 sind in einem Gebäude untergebracht. Als Block 4 in die Luft flog, hatte deshalb die Bedienungsmannschaft große Probleme, Block 3 kontrolliert herunterzufahren und zu sichern. Schließlich hat die Explosion im gleichen Haus stattgefunden. Außerdem wurden Verbindungswege, Kabelstränge, Kühlanlagen teilweise für beide Blöcke genutzt. Zwischen den Reaktoren gibt es nur einen schmalen Trennungsbereich. Hier verlaufen Kabel- und Rohrwege für beide Reaktoren. Im Grunde war es eine Meisterleistung, direkt neben dem Katastrophenreaktor – während des Brandes, unter erheblicher Strahlung – Block 3 davor zu bewahren, ebenfalls in die Luft zu fliegen. Gefährdet waren auch die Blöcke 1 und 2. Auch dorthin bestanden Schaltverbindungen und Kühlleitungen. Die Katastrophe von Tschernobyl, so groß sie auch war, ist nur ein kleines Abbild dessen, was hätte passieren können. Darüber redet hier natürlich niemand. Längst war bekannt: Der Reaktor ist eine Fehlkonstruktion. Bereits in der Planungsphase wurden eklatante Fehler gemacht. Nie wurde eine Betriebsgenehmigung für den RBMK 1000 erteilt.

Aber: Der RBMK 1000 ist geeignet, Plutonium für Atombomben herzustellen, außerdem liefert er Strom. Davon aber hat die Ukraine zu wenig, es fehlt an Kohle, Öl und Wasserkraft. Deshalb muß die schrottreife Fehlkonstruktion weiterarbeiten. Politiker der Ukraine wollen nicht, daß in Kiew die Lichter ausgehen. Zum Ankauf von Energie fehlt das Geld. Jetzt soll das Ausland helfen, der Atombombenlieferant RBMK 1000 wird zum politischen Druckmittel.

Zwischen Block 2 und Block 3 hat der Verbindungsgang rechts Fenster. Hoch über uns ragt der Sarkophag, der auch Teile von Block 3 umschließt. Auch hier rostet die zerbrechliche Blechhaube. Unten liegen große Betonklötze auf der Erde. Ein Versuch, die Bauarbeiter vor der Strahlung zu schützen. Wie man heute weiß und damals messen konnte: ein untauglicher Versuch.

Hier drinnen macht sich die Gefahr nicht klar. Zu normal sieht die Anlage aus, zu sauber die Gänge, zu gelassen die Menschen. Nur der Sarkophag wirkt drohend. Den aber können wir aus dem Inneren nicht mehr sehen.

In der ehemaligen Brennkammer des Schrottreaktors befinden sich noch 180 Tonnen Uran, 400 Kilo Plutonium 239, 170 Kilo Plutonium 240 und 70 Prozent des Caesiums. Innerhalb des Sarkophags herrscht nach Schätzungen von Experten eine Strahlung von 740 Billiarden Becquerel.

In einer Zone von 30 bis 70 Metern um den Sarkophag sind es 22 Billiarden Becquerel durch Caesium 137, 40 Billiarden Becquerel durch Strontium 90 und 30 Billionen Becquerel durch Plutonium.

Trotz der hohen Belastung arbeiten in unmittelbarer Nachbarschaft immer noch 4000 Menschen in den verbliebenen Kraftwerksblöcken.

Der hochgeschleuderte Reaktordeckel schwebt noch immer über der radioaktiv verseuchten »Szenerie« im Inneren des Reaktorblocks Nr. 4. Stürzt er vom maroden, bröckelnden Beton in die Tiefe, kann der gesamte Sarkophag zum Einsturz gebracht werden. Die Außenwandteile sind an den Reaktorblock stellenweise nur angelehnt. Im Reaktorinneren haben die Brennstäbe Sand aufgesaugt. Man nennt dieses Teil im Englischen »foot of an elephant«, »Elefantenfuß«. Die Brennelemente haben sich mit dem Zement vermischt und sehen nun aus wie Glas, Bimsstein oder Keramik. Wie ein »Elefantenfuß«.

In einem der oberen Stockwerke fließt ein Lavastrom durch die Zimmertüren, durch verschiedene Gänge und Räume. Noch immer strahlen im Inneren des Reaktors tonnenschwere Teile mit bis zu 10000 Röntgen pro Minute. Das ist eine sofort tötende Dosis. Der geschmolzene Reaktorkern ist zwei Meter tief in den Betonboden abgesunken. Der wiederum ist um vier Meter nach unten gerutscht.

Das atomare Feuer lodert noch immer.

Die radioaktive Strahlung mit 8000 Rem pro Stunde läßt die Betonwände bröckeln. Die vorgefertigten Betonplatten lassen Regenwasser durch. Die 600000 Tonnen schwere Technikruine hat sich in den sumpfigen Untergrund abgesenkt. Der Bau kann einstürzen, der stählerne Schornstein auf das Blechdach fallen, eine radioaktive Wolke würde erneut aufsteigen.

In einer neueren Studie des amerikanischen Atomwissenschaftlers und Ingenieurs Alexander Sich, der den Reaktor 18 Monate lang untersucht hat, wird bestätigt: Der ukrainische Reaktor Nr. 4 in Tschernobyl setzte während und nach der Explosion vier- bis fünfmal mehr Radioaktivität frei, als bisher angenommen wurde. Es seien zwischen 185 und 250 Millionen Curie entwichen. Der Reaktor habe noch etwa zehn Tage unter der Erde gebrannt. Der Kern sei dabei völlig geschmolzen. Alexander Sich ist amerikanischer Atomphysiker und Mitarbeiter am Massachusetts Institute of Technology (MIT). Er hat in seiner Studie den Nachweis geführt, daß sich tatsächlich der Super-GAU, die Kernschmelze, im Reaktor von Tschernobyl abgespielt hat.

Kernschmelze entsteht durch plötzlich einsetzenden Kühlwasserverlust. Dieser kann durch zwei technische Störungen herbeigeführt werden:

Es bersten Rohre im Primärkreislauf, oder das elektrische System fällt aus. Es steht somit für die Notversorgung nicht mehr zur Verfügung. Damit kommt es zu unkontrollierten Kettenreaktionen und zum Hitzestau. Der schließlich führt zur Explosion.

Die radioaktive Masse sei bei der Kernschmelze in Block 4 aber nicht durch den Boden des Kernkraftwerkes gedrungen. Die Hubschrauber hätten deshalb ihr Ziel verfehlt, denn der Brand sei nach zehn Tagen von selbst erloschen.

Die sowjetischen Behörden hatten nur 50 Millionen Curie an radioaktivem Ausstoß angegeben. Ihre Glaubwürdigkeit ist seither nicht sehr hoch.

Durch den Reaktor pfeift der Wind. Radioaktive Partikel werden aus dem Sarkophag geblasen. Filtersysteme sollten dies verhindern. Sie wurden nie funktionsfähig gebaut. Der Regen löst möglicherweise Kettenreaktionen im Sarkophag aus. Die Blechverkleidung hat Ritzen, Spalten und Löcher. 2000 Quadratmeter des Daches sollen defekt sein. Das kärgliche »Fundament« des damals gebauten Sarkophags hat sich bereits um vier Millimeter verschoben. Die komplexen Rohrsysteme zur Kühlung des Reaktors können nicht überwacht werden. Risse und Fehler können nicht mehr erkannt werden. Die Hauptdampfleitungen verlaufen unmittelbar über dem Kontrollraum. Eine sogenannte Notstandswarte, von der aus im Ernstfall die Abschaltung gesteuert werden könnte, fehlt völlig. Auch der Brandschutz ist nicht gewährleistet. Das bemängelte sogar die IAEA, die Wiener Atomenergiebehörde, die Lobby der Atomindustrie.

Die Deckenkonstruktion hat Zwischenräume bis zu 25 Zentimetern. Sie schließt das Innere nicht hermetisch ab.

Der Physiker Wladimir Schilakow, der am Bau des Sarkophags beteiligt war: »Vom Innenraum des Sarkophags kann man die Sterne sehen.«

Die Halbwertszeiten der dort meßbaren radioaktiven Strahlung betragen 40000 bis 60000 Jahre. Radioaktive Substanzen zerfallen in einer bestimmten Zeit um die Hälfte. Nach der ersten Halbwertszeit ist nur noch die Hälfte des ursprünglich vorhandenen Stoffes da. Dann nur noch ein Viertel. Halbwertszeiten sind bei radioaktiven Stoffen sehr unterschiedlich. Sie können je nach Stoff zwischen Sekunden und Jahrtausenden dauern. Bei Plutonium beträgt die Halbwertszeit 24000 Jahre. Das heißt: Erst in 24000 Jahren ist Plutonium um die Hälfte zerfallen.

Der Verbindungsgang ist lang. Immer wieder kommen uns weißgekleidete Arbeiter entgegen. Ein knapper Gruß, dann geht es weiter. Ein paar wundern sich über die Fernsehkamera. Schließlich wurde westlichen Journalisten zum ersten Mal gestattet, im Reaktor zu drehen. Das ist neu, verwunderlich für die Leute, gefragt wird aber nicht. Früher war es streng verboten, mit »Westlern« zu reden. Das hat sich im Bewußtsein festgesetzt.

Außerdem wissen natürlich die Leute hier drin am besten, was passiert ist. Die Bedienungsmannschaft gehört zur Elite sowjetischer Arbeiter. Hochqualifiziert, motiviert, gut bezahlt. Zumindest fühlen sie sich so. Jetzt aber haben sie den Eindruck, versagt zu haben. Versuchen nun, dieses Manko mit Patriotismus wettzumachen. Ein lebensgefährliches Unterfangen. Sich aber der Gefahr bewußt zu werden und dennoch dazubleiben bedeutet für sie Krankheit und Siechtum. Nicht allein wegen der Strahlung, sondern auch wegen der Angst. Die Angst vor der Gefahr kann verletzen und töten.

Zugeben, daß sie betrogen wurden, daß sie an der untauglichen Anlage scheitern mußten, daß hier einer der größten vom Menschen verursachten Unfälle geschehen ist, das können sie nicht. Sie müßten aufgeben, weggehen, in ihrem Bewußtsein »die Aufgabe« verraten. Die Identifikation mit ihrem Beruf ist groß. Wir müssen lernen, ihre Betrachtungsweise zu erfahren. Verstehen können wir sie nicht.

Wir halten vor einer verschlossenen Tür. Der Pressesprecher

Der Sarkophag rostet. Das Blechdach ist löchrig, der Beton bröckelt unter der starken radioaktiven Strahlung. Der Boden sackt ab (FF).

des Kraftwerkes klingelt, wartet, hebt den Telefonhörer neben der Tür ab. Da öffnet sich der Zugang zur Warte von Block 3.

Musik schallt uns entgegen. Wie in einem schlecht inszenierten Film. Die Kennungsmusik von Radio Moskau.

Die Warte des Blocks 3. Gleich nebenan liegen die strahlenden Trümmer, im gleichen Haus, unter dem gleichen Dach. Wenige Meter entfernt nur starben die ersten. Erschlagen, verbrannt, zu Tode verstrahlt. Männer gleich denen, die heute gelassen vor den Bedienpulten sitzen. Nur wenige waren sofort tot. Die meisten hatten ausgeharrt, hatten noch geglaubt, lediglich der Dampfabscheider sei explodiert. Noch stundenlang hatten sie versucht, den Reaktor zu retten. Erst als die ersten draußen auf der Wiese Graphitbrocken fanden, das Material aus dem Reaktorblock, begannen sie zu ahnen, daß es einen Reaktor-Block 4 überhaupt nicht mehr gab. Dann begann das Sterben.

Zuerst wurden sie braun wie nach einem starken Sonnenbrand. Dann wurde ihnen schlecht wie nach einer Vergiftung. Dann fiel ihnen die Haut in Fetzen vom Leib. Und dann erbrachen sie sich zu Tode. Sie starben einen qualvollen, jämmerlichen Tod. Sie verreckten. So sterben keine Helden, so sterben Opfer. Die der Fehlplanung, der Ignoranz, der Selbstüberschätzung. Die Verantwortlichen saßen weit weg und versuchen noch heute, ihre Schuld zu verstecken. Und die Internationale Atomenergiekommission in Wien half ihnen dabei. Tschernobyl wurde zum internationalen Verbrechen. Bestraft aber wurden nur ein paar subalterne Funktionsträger. Es war ein schöner Schauprozeß. Damit war für die internationale Atomlobby das Thema abgeschlossen.

20. 6. 1991

Der designierte Siemens-Chef Heinrich von Pierer hält die sowjetischen Kraftwerke für ein Sicherheitsrisiko.

Der Mann ist jung. Vielleicht 25 Jahre alt. Ob er zum Zeitpunkt der Katastrophe bereits hier arbeitete, ist nicht zu erfahren. Gespräche sind unerwünscht. Die Zeit ist knapp. Nur für uns. Die Männer fahren eine ganz normale Acht-Stunden-Schicht.

»Peter! Dawai!«

In der Leitwarte arbeiten nur vier Männer. Der leitende Ingenieur und drei Arbeiter. Sie sitzen vor ihren Bedienpulten, als wäre hier ein völlig ungefährlicher Arbeitsplatz.

An den Wänden große Anzeigetafeln. Links das große Leuchtbild, auf dem zu sehen ist, welche Brennstäbe eingefahren sind,

Die Warte von Block 3. Auch der Katastrophenblock hatte die gleiche Warte (FF).

welche Steuerstäbe wirken, daß die Notabschaltung in Bereitschaft ist. Viele, für unser Verständnis, altmodische Anzeigegeräte. Aber Modernität, Fortschritt, Sicherheit zeichnet sich nicht durch gestyltes Gerät aus. Daran müssen wir uns auch im Westen gewöhnen.

Die Männer schauen stumm auf die Instrumente. Fahrige Bewegungen, große Hebel gibt es nicht. Das System läuft normal. Erst als die Kamera ihnen ins Auge sieht, erfolgt eine kleine Reaktion. Ängstliche, kurze Blicke. Das aber wäre bei uns ähnlich. Fernsehaufnahmen schüchtern ein. Weil zudem nichts inszeniert wird, bleibt unklar, wie die Reaktion, die Aktion auszusehen hat.

»Peter, dawai!«

Die Zeitbomben werden weiterticken. Zumindest, wenn es nach den Vorstellungen ukrainischer Politiker geht. Zehn Jahre mindestens noch bleibe das Kraftwerk am Netz. Und falls es zum Bau neuer Kühlkanäle käme, vielleicht auch 30 Jahre. Das ist die Meinung des stellvertretenden ukrainischen Ministerpräsidenten Walerij Schmarow.

Da die Bedienungsmannschaften inzwischen nur noch schlecht, manchmal auch gar nicht bezahlt werden, wandern die überwiegend russischen Spezialisten ab. Jeder fünfte der Reaktorfachleute ist schon gegangen. Der Exodus wird erhebliche Konsequenzen für den sicheren Ablauf der Anlage haben, meint Luis Ledermann, Experte der IAEA, der Atomlobby.

Spätestens in fünf bis zehn Jahren, fürchten die Fachleute der Gesellschaft für Anlagen- und Reaktorsicherheit, kann es zu einem weiteren GAU kommen.

Eine der Lügen von Tschernobyl ist, daß der Sarkophag nach seinem Bau dicht war. Das liege an seiner schlechten Bauweise und den großen technischen Schwierigkeiten, die sein Bau mit sich brachte. Professor Efgenij Petrajew sagte es uns so ganz nebenbei, als wir durch die Gänge hasteten.

Inzwischen dringt Wasser in die brüchige Hülle ein und muß als hochradioaktive Brühe immer wieder abgepumpt werden.

Der Verbindungsgang endet an einer Mauer. Unverputzt, mit einer kleinen stählernen Einstiegsluke. Daneben ein schlichtes Blatt Papier, an die Wand geklebt. Die Schreibmaschinenschrift ist verblaßt. Nicht mehr erkennbar. Irgendwer hat mit Kugelschreiber ein Zeichen »Radioaktiv« darauf gemalt. Eigentlich überflüssig. Jeder hier weiß: Hinter dieser Luke beginnt Block 4. Ein Gewirr aus Schrott, Schutt und radioaktiven Brennelementen. Eine kleine Mauer nur, mit einem kleinen Loch, einer kleinen, stählernen Klappe. Fünf Meter zurück, rechts ab, ein bescheidener Durchbruch. Eine Stahltreppe, ein enger Gang. Dann wieder Normalität, scheinbare Sauberkeit. Röhren an der Decke, Kabelstränge an der Wand. Das Weiß der Wände gaukelt Sicherheit vor. Wir sind im schmalen Verbindungsgebäude zwischen den Kraftwerksblöcken Nr. 3 und Nr. 4. Dem sogenannten Block B. Hier liegen Rohrleitungen und elektrische Verbindungen für beide Blöcke. Ein Wunder, daß dieses Haus noch steht. Es ist der letzte Schritt der Annäherung.

Links, hinter einer zehn Meter dicken Betonmauer, liegt die ehemalige Brennkammer. Der Gang könnte auch der Flur eines westdeutschen Parkhauses sein.

16. 8. 1991
Im Tschernobyl-Reaktor ist radioaktiv verseuchtes Wasser in einigen geschlossenen Räumen aufgetreten, Menschen sollen nicht zu Schaden gekommen sein.

7. 9. 1991
Michail Gorbatschow hat 175000 Mark für die Opfer des Atomunglücks von Tschernobyl gespendet, meldet die Nachrichtenagentur TASS.

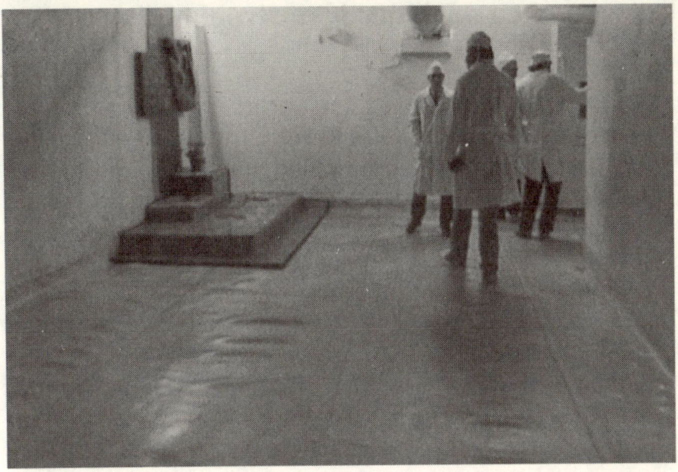

Der Grabstein im Zwischenblock A für eines der ersten Opfer. Hinter der Betonmauer liegt die ehemalige Brennkammer (PV).

Die Bücher Gorbatschows über Glasnost und Perestroika verkauften sich damals gut.

Wir sind angekommen. In der Ecke des Ganges, an einer Biegung, bei einem nunmehr zugemauerten Tor zur Brennkammer des Blocks Nr. 4, eine Reliefplatte, ein Kreuz. Eine eingegrabene Männersilhouette hebt abwehrend die Hände gegen drohende Gefahren.

Hier starb am 26. April 1986 um 1 Uhr 26 Varlerij Illjitsch. Der erste Tote der Katastrophe von Tschernobyl. Er wurde vom herausfliegenden Tor erschlagen. Offizielle Statistiken über die Anzahl der Opfer gibt es nicht. Man spricht von über 100 000. Täglich werden es mehr.

Begegnungen nach der Katastrophe

12. 10. 1991
Feuer im zweiten Block des Kernkraftwerkes Tschernobyl, das nach wenigen Stunden gelöscht werden konnte. Der radioaktive Ausfall liege in den normalen Grenzen, meldet INTERFAX. Es war das schwerste Unglück seit der Katastrophe von 1986. In Kiew kam es zu panischen Reaktionen der Bevölkerung. Die IAEA war offiziell vom Brand nicht unterrichtet worden. Die Bedienungsmannschaft mußte eine Notabschaltung des Blocks vornehmen, ein Kabel war in Brand geraten, Wasserstoff war in den Maschinenraum eingedrungen, das Dach hatte Feuer gefangen, ein Dachträger war eingestürzt. 300 Feuerwehrleute und 60 Techniker waren im Einsatz.

Drei Wissenschaftler waren es, die wir zuerst kennenlernten. Sie mußten sich an der Beseitigung der Folgen aktiv beteiligen. Sie sollten die Schäden messen, sollten Politikern Rezepte für möglichst »billige« Lösungen liefern. Damit aber konnten sie nicht dienen. Deshalb wurden sie erst später politisch »interessant«. Sachzwänge machten sie zur Opposition. Später übernahmen sie auch politische Ämter. Da aber waren die Voraussetzungen auch anders.

März 1991
1991 lernten wir Professor Petrajew, den Strahlenchemiker aus Minsk, anläßlich unserer Hilfslieferungen nach Weißrußland kennen. Er ist verantwortlich für alle Messungen in seinem Land. Er selbst bezeichnet sich als Kommunist. Heute bezweifelt er allerdings, ob die Regierung der UdSSR je »kommunistisch« war.
Inzwischen hat er statistisch errechnet, daß auch für Kinder in den verstrahlten Gebieten Heilungschancen bestehen. Aus dieser Idee entstand NADESHDA.
Professor Petrajew ist oft mit uns gefahren. Während einer dieser Fahrten entstand dieses Interview:

Vinzens: »Welche Maßnahmen müssen Sie ergreifen, um mit dem Problem fertigzuwerden?«

Petrajew: »Gleich nach der Katastrophe, am 29. April 1986, wurde ich von dem Vizepräsidenten der Akademie der Wissen-

Verstrahlte Landschaft (FF).

schaften Weißrußlands gefragt, was man da machen kann. Mit Tschernobyl. Da habe ich gesagt, wir sollten eine Fabrik für Stacheldraht bauen. Wir müßten alles mit Stacheldraht umringen, das verseuchte Territorium, alle Leute umsiedeln und in der Nähe von Minsk und anderen sauberen Zonen Häuser bauen, um die Leute dort leben und medizinisch behandeln zu lassen.

Diese Maßnahmen sind natürlich nicht möglich, obwohl jetzt die Regierung die Umsiedlungsmaßnahmen für die Bevölkerung, Militär usw. einigermaßen erfüllt. Aber es gibt viele große Probleme mit dem Reaktor. Zwei Blöcke des Reaktors funktionieren im Moment, und es gibt viel verseuchten Boden, und wir müssen daran denken, welche Maßnahmen wir ergreifen können.

In erster Linie, denke ich, müssen wir die Frage dieses Reaktors lösen. Richtig wäre nach meiner Meinung, diese Reaktoren zu vernichten, d.h. abbauen zu lassen, stoppen zu lassen, nicht mehr funktionieren zu lassen. Ich glaube, in den nächsten Jahren wird das Programm erfüllt werden: Die Reaktoren werden gestoppt werden, sie werden auseinandergebaut werden, und auf diese Fläche, auf der der Reaktor jetzt steht, soll eine Grünanlage kommen.

Wenn wir über das verseuchte Territorium sprechen, dann kann ich sagen, man kann überhaupt nichts machen mit diesem Gebiet.

Es geht jetzt um Tausende Quadratkilometer in diesem Gebiet. Im Gegensatz zu den USA, wo von der Reaktorkatastrophe nur ein ganz kleines Gebiet verseucht war. Die haben dort schon viele Milliarden Dollar benötigt, um die Folgen zu beseitigen. Wir müssen jetzt ganz konkrete Lösungen finden, wo und was gemacht wird.

In erster Linie müssen wir alle Leute aus den Gebieten, in denen sie nicht leben dürfen, umsiedeln. Auch wenn das Hunderte und Tausende von Leuten betrifft, muß es gemacht werden. Wir sind nicht nur diesen Leuten verantwortlich, sondern auch zukünftigen Generationen. Wir haben jetzt in der Republik ein ziemlich sinnvolles Programm für die Beseitigung der Folgen der Katastrophe. Aber leider wird das Programm nicht im notwendigen Maß erfüllt.

Das Programm für das Jahr 1990 wurde weniger als zur Hälfte erfüllt.

Das Fehlen einer vernünftigen Lösung dieser Probleme zeitigt komplizierte und schwere Folgen. Die Leute und die Regierungen der einzelnen Regionen suchen einzelne Lösungen, und diese Teillösungen lösen nicht das komplexe Problem. Die Leute in den verseuchten Gebieten sind enttäuscht. Sie glauben der Regierung überhaupt nicht. Sie haben keine Informationen über die wahre Lage in diesen Gebieten, und sie wissen nicht, wie sich ihr Schicksal weiter entwickeln wird.

Ich kann noch unterstreichen, es gibt keine sogenannte bolschewistische Lösung, wo man mit Enthusiasmus das schnell lösen kann. Es gibt keine eindeutigen Lösungen für das Problem. Daran haben wir noch viele Jahre zu arbeiten.«

Vinzens: »Ist es verantwortbar, daß der Reaktor immer noch arbeitet?«

Petrajew: »Folgendes müßte natürlich gemacht werden, aber es ist ein großes Problem, das nicht leicht zu lösen ist. Zum Beispiel müßten die noch funktionierenden Reaktorblöcke gestoppt werden. Wenn wir aber keine Energie mehr bekommen, dann haben wir große Verluste. Aber wir haben auch für die Leute, die dort arbeiten, keine Sicherheit. Auch nach dem Stopp des Reaktors sollen die Leute dort arbeiten. Anders geht es ja nicht.

Der Reaktor wird sicher sein für die Leute und ungefährlich, wenn die aktive Zone auseinandergenommen wird. Jetzt ist es wahrscheinlich nicht zweckmäßig, diese Reaktorblöcke zu stoppen und nicht mehr auszunutzen, weil bereits bestimmte Maßnahmen zur Sicherheit dieses Reaktors getroffen wurden, und ich glaube, sie können funktionieren.«

Vinzens: »Warum ist der Block in die Luft geflogen? Waren es Bedienungsfehler oder Konstruktionsmängel?«

Petrajew: »Es war das erste und das zweite. Es war die Konstruktion und es war ein Bedienungsfehler. Nein, es war ein Verbrechen der Leute, die ihn bedient haben.

Die Ursache des Feuers liegt meines Erachtens darin: Als diese Reaktoren gebaut wurden, wurden sie dem Ministerium für mittleren Maschinenbau untergeordnet. Dort arbeiten Spezialisten, die davon was verstehen, die mit Atomreaktoren Erfahrungen haben. Später aber hat die Regierung eine falsche Entscheidung getroffen. Sie hat die Verantwortung für die Atomkraftwerke dem Ministerium für einfache Kraftwerke übergeben. Als ob ein Atomkraftwerk genauso einfach wie zum Beispiel ein Heizkraftwerk zu steuern wäre.

Dieser Versuch bestand darin: Bei jedem Atomkraftwerk, auch wenn das Werk gestoppt wird, keine elektrische Energie mehr produziert wird, muß – wie bereits gesagt – die aktive Zone von den Leuten bedient werden. Es müssen dann Dieselaggregate arbeiten, die die Kühlung der Reaktorzone gewährleisten und um die Bedienung möglich zu machen. Bis die Turbine gestoppt ist, erzeugt sie noch ziemlich viel Energie. Sie haben sich dann einen Versuch ausgedacht, bei dem es darum ging, wie man diese Energie nach Abschalten des Reaktors zur Kühlung einsetzen kann.

Nach dem Beginn des Experimentes passierte ein Fehler nach dem anderen. Es überlappten sich eine ganze Menge Fehler, dies führte zu der schwersten Havarie des Reaktors.

Zum konstruktiven Fehler des Reaktors gehört folgendes: Der Reaktor hat einen positiven Koeffizienten der Radioaktivität.

Der Reaktor explodierte deswegen, weil die Prozesse nicht mehr kontrollierbar und auch nicht regulierbar waren. Dann entstand eine Kettenreaktion, vergleichbar der Atombombe. Deswegen ist der Reaktor explodiert. Im Moment der Explosion steigerte sich die Leistung des Reaktors um das 100fache. Die Grundleistung beträgt 3 Millionen kW. In einigen Sekunden erhöhte sich die Leistung des Reaktors auf 300 Millionen kW. Das war wegen des Dampfes. Metall und Wasser, das sich damals im Reaktor befand, verdampften. Das führte zur Explosion.

Einfahrt in die Todeszone (FF).

Dort waren Graphit und Zirkonium. Das Zirkonium reagierte im Verlauf der Explosion mit Wasserstoff, das vergrößerte noch die Leistung und die Prozesse, die abliefen. Und dann brannte der Graphit. Graphit brennt bei Temperaturen über 1 500 Grad Celsius. Die Temperatur hat sich dann auf über 3 000 Grad Celsius erhöht.

So ist die Kette: Dampf führte zur Explosion, zur vollen Zerstörung des Reaktors, weitere Erhöhung der Temperatur, Verbindung von Zirkonium mit Wasserstoff, Verbrennung des Graphits, Erhöhung der Temperatur über 3 000 Grad, und als die Temperatur 3 000 Grad Celsius überschritt, schmolz alles. Das Verbrennen des Graphits dauerte sehr lange. Man konnte diesen Brand nicht löschen. Das Herauswerfen der Radioaktivität war wie bei einem Vulkan und dauerte zehn Tage.«

Vinzens: »Es gibt noch andere Atomkraftwerke vom Typ RBMK 1000. Was wurde an den Sicherheitseinrichtungen aufgrund von Tschernobyl geändert?«

Petrajew: »Natürlich werden die Konsequenzen daraus gezogen. Sie sind bereits gezogen worden. Reaktoren ähnlichen Typs wie der Tschernobyl-Reaktor werden jetzt sicherer gemacht, und die Konstruktion wird nicht mehr weiterentwickelt. Überhaupt steht die Entwicklung neuer Reaktoren in der Sowjetunion in Frage. Keiner der politisch Verantwortlichen will die Verantwortung für den Neubau von Reaktoren auf sich nehmen.

Die Konsequenz der Tschernobyl-Katastrophe ist die, daß wir die noch funktionierenden Reaktoren stoppen und demontieren müßten. Zur Zeit sind bereits vier Reaktoren stillgelegt. Jetzt gibt es das Problem der Demontage dieser Reaktoren. Das kostet viel Geld, und wir müssen in Zukunft noch etwa zehn Reaktoren demontieren. Das ist das Problem: Wie kann man das schaffen, woher nimmt man das Geld für diese großen Arbeiten?

Eine besondere Frage ist zum Beispiel: Wenn wir einen Reaktor demontieren und an der Stelle des Reaktors eine Grünanlage anlegen, wohin sollen wir mit den Resten des Reaktors? Wo sollen sie hingebracht werden, wo gelagert?

Das Problem liegt nicht allein darin, daß es keine technischen Lösungen gibt. Es gibt schon einige Vorschläge von Wissenschaftlern, wie man das machen kann. Aber die Bevölkerung der Gebiete, in denen Endlager geplant sind, ist gegen die Lagerung in ihrer Gegend.

Die Erfahrungen, die wir nach der Katastrophe gemacht haben, sind für uns natürlich nützlich, und wir berücksichtigen das natürlich bei Reaktoren, bei der Atomindustrie. Aber ich kann sagen, daß in den nächsten Jahren die Frage des Baus neuer Atomkraftwerke anstehen wird.

Viel wert ist auch die Erfahrung, die wir gemacht haben, was man nach einer solchen Katastrophe tun soll, wie man die Folgen der Katastrophe beseitigen kann. Diese Erfahrungen sollten meines Erachtens nicht nur von uns, sondern auch von der internationalen Öffentlichkeit genutzt werden. Denn diese Katastrophe kann nicht nur in Rußland, sondern in jedem Land passieren. Ich kann viele Beispiele dafür nennen, was wir falsch gemacht haben, wo wir Fehler gemacht haben.

Zum Beispiel war es eine ganz falsche Lösung, die vor der Tschernobyl-Katastrophe sozusagen wissenschaftlich begründet war, daß man versuchte, den Reaktorbrand durch Einwerfen von inerten Stoffen zu löschen. Es wurde sehr viel Blei in den Reaktor geworfen. Das führte dazu, daß Blei verdampfte, und man muß nun bedenken, daß wir gleichzeitig mit der radioaktiven Verseuchung in dem Gebiet auch eine sehr starke Bleiverseuchung haben.

Die zweite falsche Lösung nach meiner Meinung: Die Versuche, die verseuchten Gebiete in Sektoren einzuteilen. Das verbrauchte viel Geld, Hunderte Millionen von Rubeln, das brachte keinen Erfolg. Das war sinnloser Verbrauch des Geldes.

Die dritte, ganz falsche Lösung ist folgende: Man dachte, daß die Reste des Atomkraftwerkes in unmittelbarer Nähe löslich seien, und man hat dafür gesorgt, daß es direkt am Reaktor keinen Regen gab. Man hat den Regen weit vor dem Reaktor vom Himmel geholt. Beim Reaktor selbst aber war es den ganzen Sommer über trocken. Das führte dazu, daß es in der Trockenheit des heißen Sommers viel Staub gab. Die Radioaktivität wurde durch den Wind mit dem Staub weggebracht.

Aus denselben Gründen wurden auch viele Stauanlagen an den Flüssen in Belarußland gebaut, um das Wasser nicht in die Ukraine gelangen zu lassen. Dafür hat man 140 Billionen Rubel gebraucht. Man kann aber nicht sagen, daß das ein gutes Ergebnis gebracht hat. Es hat nur Schaden gebracht für das Volk.

Von diesen Beispielen könnte ich viele nennen.

Diese Fehler wurden nur deswegen gemacht, weil wir mangelhafte Kenntnisse hatten. Jetzt aber haben wir bessere Kenntnisse. Unsere Regierung hat die Maßnahmen veranlaßt, ohne die Wissenschaftler ausreichend zu konsultieren. All diese Erfahrungen sollten nicht nur wir haben, sondern alle Länder, die Atomkraftwerke betreiben.

Ich befasse mich mit dem Problem seit dem ersten Tage der Katastrophe, und wenn ich zurückdenke an die Zeit, die vergangen ist, dann erschrecke ich darüber, wie viele Mißverständnisse es gab, wie viele Fehler gemacht wurden und wie viele jetzt noch gemacht werden. Trotz der eigenen Erfahrungen, die wir inzwischen haben.«

Vinzens: »Hat Tschernobyl die Politik den Menschen gegenüber verändert?«

Petrajew (lange Denkpause): »Es ist schwierig, diese Frage zu beantworten, denn schon im ersten Jahr nach der Katastrophe, und bis heute, macht sich die Regierung mit Worten Sorgen um das Volk. Doch gehandelt wurde wenig.

Unser Präsident Gorbatschow besuchte erst am Ende des fünften Jahres die verseuchten Gebiete und hat jetzt erst gesehen, wie die Leute dort leben. Bisher wußte er das nicht.

Er sagte in Belarußland, als er die verseuchten Gebiete besuchte, daß er erst jetzt sieht, daß das Problem so groß ist, daß Belarußland das Problem nicht lösen kann. In dieses Problem müsse sich Moskau, das Zentrum, einmischen. Entschuldigen Sie bitte, ich achte Gorbatschow, aber warum hat er fünf Jahre ge-

Verlassene Häuser und Landschaft bei Tschernobyl (FF).

braucht, um zu verstehen, daß wir ohne Moskau das Problem nicht lösen können.

Es ist auch folgendes: Viele Leute, die damals bei uns und in Moskau an der Spitze standen, sind immer noch in denselben Posten oder sogar jetzt in höheren Posten. Sie sind bisher noch nicht zur Verantwortung gezogen worden. Es gibt eine Kommission. Der Präsident der Sowjetunion tut so, als wolle er diese Leute zur Verantwortung ziehen. Aber ich bin überzeugt, das dauert zehn Jahre, und dann wird es nicht gemacht. Denn an diesem Problem sind nicht nur einzelne Leute schuld, sondern das ganze System.«

Vinzens: »Ist die Zukunft Weißrußlands abhängig davon, wie sich die Situation in den verseuchten Gebieten entwickelt?«

Petrajew: »Diese Frage interessiert nicht nur bei diesem Interview. Auch bei verschiedenen wissenschaftlichen Beratungen haben wir diese Frage besprochen. Was kann man tun für die Zukunft? Meine Meinung ist, und es gab auch eine solche Empfehlung, man sollte auf dem verseuchten Boden nur Wald pflanzen.

In 80 bis 100 Jahren wird auf diesen Flächen dann bereits ein größerer Wald sein. Wir können so wenigstens irgendwas für unsere Nachkommen tun. Wir haben bisher immer so getan, als wollten wir den Nachkommen alles wegnehmen, alles nur für uns haben. Jetzt können wir irgendwas für die Zukunft unserer Nachkommen tun.

Ich meine natürlich nicht, daß wir auf den ganzen 40000 Quadratkilometern diesen Wald pflanzen sollten. Wenn ein Gebiet einen Verseuchungsgrad von unter fünf Curie pro Quadratkilometer hat und entsprechenden Boden, sollten wir ihn jetzt irgendwie nutzen und später in die Landwirtschaft miteinbeziehen. Aber auf den anderen Böden muß man Wald pflanzen. Dann hat die nächste Generation die Möglichkeit, diesen Wald zu nutzen.

Das entspricht auch unseren wissenschaftlichen Erkenntnissen. Wir haben festgestellt, daß der vertikale Abstieg der Radionuklide in die Tiefe der Erde sehr langsam ist. Durch den natürlichen Absinkvorgang sollten wir nicht erwarten, daß in der nächsten Zukunft der Boden sauberer wird.

Auch wenn man mit neuen landwirtschaftlichen Technologien auf verseuchten Böden saubere Lebensmittel produzieren könnte, darf man das trotzdem nicht machen, weil die Leute nicht in diesem Gebiet wohnen dürfen. Wegen der äußeren Strahlung.«

Vinzens: »Die Sicherheit Ihres Labors ist mangelhaft?«

Petrajew: »Es ist nicht nur ein Zeichen dafür, daß es uns an Geld mangelt, es ist auch ein Zeichen dafür, daß wir keine Zeit haben. Wir haben sofort nach der Katastrophe angefangen zu arbeiten. Wir haben dieses Laboratorium schnell geschaffen, und wir haben so viel zu tun, daß wir überhaupt keine Zeit haben, irgend etwas Neues zu bauen. Außerdem fehlt uns das Geld, so etwas zu machen. Natürlich entspricht das nicht den internationalen Standards für Gebäude, in denen man mit radioaktiven Stoffen arbeitet.

Außerdem mangelt es auch an der Geräteausstattung des Labors. Wir haben nicht genügend moderne Geräte. Das erlaubt uns nicht, schnell genug und effektiv zu arbeiten. Manche Analysen müssen wir zeit- und arbeitsaufwendig erstellen, weil wir keine guten wissenschaftlichen Geräte haben. Wenn wir diese automatischen Geräte hätten, dann könnten wir auch sicherer arbeiten, die Sicherheit für die Mitarbeiter wäre besser.

Nach der Qualifikation der Leute, die in diesem Labor arbeiten, ist das Labor eines der besten in Belarußland.«

Vinzens: »Über die internationale Zusammenarbeit haben wir keine Informationen. Arbeiten Sie mit anderen Instituten zusammen?«

Petrajew: »Seit fast zwei Jahren sind die Angaben, die geheimgehalten wurden, zugänglich. Außerdem sammelte die Internationale Atomenergiekommission in den ersten Monaten unmittelbar am Reaktor Informationen. Seit fast 2 Jahren sind die Informationen für ausländische Wissenschaftler zugänglich. Abgesehen davon kann ich nicht sagen, ob irgendwelche Schritte in diese Richtung gemacht werden und ob irgendwelche Perspektiven existieren, was die Zusammenarbeit mit ausländischen Wissenschaftlern betrifft.

In erster Linie betrifft das Radioökologie und Radiobiologie. Was die Medizin betrifft, gibt es bereits progressive Schritte in der Zusammenarbeit mit dem Ausland. Jetzt wird ein strahlenmedizinisches Zentrum nicht weit von Obninsk gebaut. Die haben 200 Millionen Dollar bekommen. Dort werden natürlich interessante medizinische Untersuchungen in Zusammenarbeit mit dem Ausland gemacht.

Es ist natürlich schade, daß diese Zusammenarbeit in Richtung Biologie und Ökologie mit dem Ausland bis jetzt noch nicht entwickelt wurde, denn die Jahre vergehen schnell. Wir können jetzt nicht nachholen, was im Jahre 1986, 87 und weiter versäumt wurde. Je schneller wir diese Zusammenarbeit vorantreiben werden, desto besser für alle. Ich habe große Hoffnung, daß wir bei unserer Reise nach Deutschland mit Wissenschaftlern sprechen werden und irgendwelche Lösungen finden. Ich verbinde mit dieser Reise eine große Hoffnung, weil die Deutschen besonders gut mit uns stehen, uns bei dem Problem besonders gut helfen. Im Gegensatz zu anderen Ländern, die uns nur das Beileid ausdrükken, leisten die Deutschen große und konkrete Hilfe.

Bei dem, was ich geschildert habe, meinte ich, die Verseuchung gibt es nicht nur in Belarußland, sondern auch in der Ukraine und Rußland. Aber diese beiden Republiken haben bereits eigene Kontakte zu ausländischen Wissenschaftlern, wir in Belarußland bisher aber noch nicht. Es ist natürlich wichtig, mit uns Belarussen zusammenzuarbeiten, weil die Verseuchung in Belarußland 1. am größten ist – wir haben 70% der Radionukliden abbekommen –, und 2. haben wir ganz spezifische Besonderheiten der Verseuchung bei uns im Lande. Ich glaube, diese Arbeit wird besonders interessant sein. Nicht nur für uns, sondern auch für ausländische Wissenschaftler.«

Vinzens: »Wie geht die Wissenschaft mit den Leiden der Bevölkerung um?«

Petrajew: »Schon daß wir jetzt offen über diese Probleme sprechen, über das, was passiert ist, über die Not der Bevölkerung, ist bereits ein Verdienst der Wissenschaftler. Wir haben viel getan, um diese Daten offenzulegen. Obwohl ich natürlich sagen muß, daß wir noch mehr machen könnten.

Viele von unseren belarussischen Wissenschaftlern sind auch gesellschaftlich und politisch aktiv. Wir versuchen über die Medien, über Radio, Fernsehen, Zeitungen, die Bevölkerung über die Schwierigkeiten, die es jetzt gibt, zu informieren. Wir kritisieren die falschen Aktionen, die bisher gemacht wurden.

Wir wissen besser als andere, was weiter passieren wird. Viele unserer Wissenschaftler sind im Parlament und vertreten dort unsere Meinung. Wenn wir über die Programme sprechen, die jetzt schon funktionieren, da kann man sagen, daß vom wissenschaftlichen Niveau her die Programme dem entsprechen, was gefordert wird.

Es gibt jetzt folgende Gesetze und Programme: das Gesetz zum Schutz der Kinder in verseuchten Territorien, zum Schutz der Bevölkerung vor genetischen Folgen der Katastrophe, das Gesetz zum Schutz der sogenannten Liquidatoren. Diese wurden erlassen aufgrund der Erkenntnisse und der Vorschläge von Wissenschaftlern die Untersuchungen angestellt haben. Das ist das, was die Wissenschaftler gemacht haben. Die Wissenschaftler dürfen natürlich nicht nur ihr Beileid ausdrücken, sondern sie müssen auch was tun für die Bevölkerung.

Die Programme sind gut, und es gibt noch andere Programme, über die ich bereits gesprochen habe, für die Liquidierung der Folgen der Katastrophe. Das einzige, was uns fehlt, ist, daß diese Programme nicht effektiv erfüllt werden. Wenn sie erfüllt werden könnten, dann hätten wir eine bessere Lage als die, die wir jetzt haben.«

Vinzens: »Wann wird das volle Ausmaß der Katastrophe bekannt sein?«

Petrajew: »Wenn wir über die Verteilung der Radionuklide im Territorium sprechen, dann kann ich sagen, daß wir bisher etwa 90% dieser Erkenntnisse haben. In den nächsten 2-3 Jahren werden wir die genaue Kartierung der Radionuklide haben. Was aber die radiobiologische Einwirkung der Strahlung auf Menschen, Pflanzen und Tiere betrifft, so müssen wir wahrscheinlich noch Dutzende von Jahren arbeiten, 20 Jahre und mehr, denn das sind

Hoffnung auf Wiederkehr – aber die Verstrahlung wird Hunderte von Jahren andauern (FF).

sehr komplizierte Probleme. Wir müssen statistische Daten haben, um das alles zu begreifen.«

April 1991

Interview mit Professor Imlen Sobotowitsch, Leiter des Strahleninstituts der Universität Kiew. Er ist für alle Strahlenmessungen in der Ukraine zuständig. Er war einer der ersten Fachleute, die nach der Katastrophe in das verseuchte Gebiet gingen.

Vinzens: »Wie können Sie bei einem Gebiet, das über die Größe der Bundesrepublik hinausgeht, die Probleme lösen?«

Sobotowitsch: »Jahre nach der Katastrophe ist es viel leichter, die Probleme zu lösen, als das im Jahre 1987 der Fall war. Damals wußten wir nicht viel, und wir konnten uns das Ausmaß der Katastrophe nicht vorstellen. Nicht nur wir, auch unsere Regierung hatte damals noch keine richtige Vorstellung. Unsere staatliche Propaganda hatte versucht, die Ausmaße der Katastrophe zu bagatellisieren. Nicht nur die Wissenschaftler, sondern auch die Regierung.

Ich kann nur sagen, daß der technische Direktor des Werkes Ruchanow einen ganzen Tag und eine ganze Nacht nicht glauben konnte, daß das passiert war. Erst als wir aus dem Ausland die Nachrichten bekommen hatten, konnten wir uns das Ausmaß vorstellen. Das Wort Katastrophe wird bei uns erst seit eineinhalb

Jahren gebraucht. Vorher war das nur eine einfache Havarie. Die Maßnahmen, die wir damals ergriffen hatten, waren nur einmalige Maßnahmen, mehr taktischer Art. Maßnahmen, damit das Personal in der Zone arbeiten konnte. Wir sollten es von der Radioaktivität reinigen. Um die Öffentlichkeit zu beruhigen, sollten wir einen Sarkophag bauen. Eine Hülle um den Reaktor, damit keine Stoffe austreten konnten.

Man dachte, daß nur diese 30-Kilometer-Zone verseucht sei, und alle anderen Flächen seien Gebiete, auf denen man anbauen, arbeiten und leben könne. Über diese Flecke bei Kaluga Tura in Rußland wußte man nichts. Erst am Ende Sommer 1986 hat man festgestellt, daß dort auch eine verseuchte Region ist. Diese gelben Flecke dort sind ziemlich stark verseuchte Territorien. Die Leute sind erst vor 1½ Jahren weggezogen. Erst damals hat man festgestellt, daß dort eine hohe Verseuchung herrscht. Die Leute, die zur Risikogruppe gehören, zum Beispiel Schwangere und kleine Kinder, sollen aus diesen Gebieten evakuiert werden.«

Vinzens: »Waren die Entscheidungen der ersten Tage richtig?«

Sobotowitsch: »Ich habe schon gesagt, die ersten Entscheidungen waren mehr oder weniger taktische. Große wissenschaftliche Strategien, wie wir das bewältigen könnten, gab es bei uns nicht. Die gab es in der ganzen Welt nicht. Die Stoffe, die aus dem Reaktor herausgeworfen worden waren, waren für uns eigenartig. Sie waren in einem bestimmten physikalisch-chemischen Zustand, und dieser Zustand war den Wissenschaftlern unbekannt. Die Maßnahmen, die wir uns damals ausgedacht hatten, den Ukrainern zu helfen, muß man im Zusammenhang mit unseren Kenntnissen über die herausgeworfenen Stoffe sehen. Unsere Aufgabe war damals, festzustellen, welche Formen die Radionuklide unter bestimmten geochemischen Bedingungen haben, unter verschiedenen Landschaftsbedingungen.

Diese Erkenntnisse sollten als Grundlage für weitere Maßnahmen dienen. Ich meine damit medizinische, biologische Maßnahmen usw. Die Behandlung der Probleme auf dem ukrainischen Territorium oblag unserem Institut. Die Suche nach der Geologie und Physik der Mineralien. Damals, als diese Havarie passiert war, gab es nur drei Organisationen, die wußten, was da passiert war. Unser Institut, das Institut für Kernforschung und eine der Verwaltungen des Ministeriums für die Geologie der Ukraine.

Es ging damals darum, die Kontrolle an verschiedenen Stellen zu organisieren. An der Ausfahrt der Stadt zum Beispiel, wo das Wasser entnommen wurde, und anderen Stellen. Als wir versuchten, das zu organisieren, wurde klar, daß es nur drei Stellen gab, die die geeigneten Geräte dafür hatten. Z. B haben sie aus unserem Institut 40 Gamma-Radiometer bekommen. Die wurden für Märkte und für Wasserwerke abgegeben, um die Kontrolle zu organisieren.

Wir haben nur vier Geräte behalten, alle anderen haben wir abgegeben. Dieser Mangel an Geräten dauerte einige Monate, dann haben wir Geräte aus Moskau und auch aus anderen Ländern bekommen. Wir wußten, wie gesagt, nicht viel über diese verseuchten Gebiete. Sie waren sehr ungleichmäßig verseucht. Zum Beispiel konnte man in einem Garten landwirtschaftliche Produkte anbauen, in einem anderen, ganz in der Nähe, war der Boden stark verseucht und man durfte nichts machen. Man mußte die Kontrollen sehr intensiv vornehmen, praktisch in jedem Hof, in jedem Dorf.

Das hat man aber erst vor zwei Jahren verstanden. Erst seit einem Jahr wird das praktiziert. Vorher hat man die durchschnittliche Verseuchung vom Flugzeug aus gemessen. Das war so, als stelle man die Durchschnittstemperatur aller Patienten eines Krankenhauses fest.

Vor zwei Jahren haben wir festgestellt, daß für die Stadt Goresten mit 70 000 Einwohnern noch blaue Farbe eingezeichnet war, die Verstrahlung also normal schien. Erst später, als wir richtig gemessen hatten, mußten wir feststellen, daß es dort ziemlich stark verseucht ist.

Dasselbe gilt für Oberitsch. Es gab auch noch andere Ortschaften, bei denen es keine Klarheit gab. Nach unserer Einschätzung müssen in den nächsten Jahren etwa 200 000 Einwohner aus den verseuchten Gebieten umgesiedelt werden. Das gilt nur für die Ukraine. In den verseuchten Gebieten der Ukraine wohnen aber über 1 Million Menschen. Das ist natürlich nicht zu bewältigen. Die Aufgabe, alle Leute umzusiedeln, können wir nicht lösen. Und ich meine als Wissenschaftler, daß es nicht so schrecklich ist, wenn die Leute in wenig verseuchten Territorien wohnen, ich meine 1 – 5 Curie, wenn die Leute sauberes Essen bekommen und die medizinische Infrastruktur ausreichend ist. Ich muß aber sagen, daß in dem Gebiet Roven dasselbe gilt wie für das Gebiet

Belarußland. Dort liegt die Verseuchung bei 1 Curie. Die Milch von Kühen ist dort stark verseucht. 8 bis 10 Curie pro Liter. Diese Milch kann man nicht trinken. Das darf man nicht machen.

Es gibt aber auch andere Fälle: zum Beispiel die Ortschaft Oljetzki. Dort ist die Verseuchung viel stärker als im Gebiet Roven. Aber aufgrund der Form der Radionuklide ist dort die Milch viel sauberer als dort, wo nur 1 Cu/km^2 ist. Das war aber nur bis vor kurzem der Fall, jetzt haben wir festgestellt, daß die Radionukliden, die früher unlöslich waren, in eine lösliche Form übergehen. Somit können sie schnell in die Pflanzen eindringen.

Das war für Wissenschaftler unerwartet, ich habe darüber bereits vor drei Jahren gesprochen, aber man hat mir nicht geglaubt. Jetzt aber haben wir das nachgewiesen.

Deshalb wird die Situation in diesen Gebieten immer schlechter. Die Löslichkeit der Radionuklide wird immer größer. In zwei bis drei Jahren dürfte man überhaupt nichts mehr in diesem Gebiet machen.

Ich möchte noch etwas über den Dnjepr sagen. Der Dnjepr ist ein Fluß, in dem alle Abwässer aus Rußland zusammenkommen. Alles fließt in den Dnjepr, und mit dem Wasser wird alles nach Kiew gebracht. Die Selbstreinigung der Territorien wird ohnehin von allein passieren.

Die löslichen Formen von Strontium und anderen Nukliden werden mit dem Grundwasser, beim Tauen des Schnees zum Beispiel, oder mit dem Regenwasser in den Dnjepr gebracht. All diese Nuklide kommen in den Dnjepr, werden weitergeschleppt. Aus dem Fluß Dnjepr trinken 25 Millionen Ukrainer.

Dieses Problem können wir nicht bewältigen. Wir können möglicherweise einen Teil des Flusses schützen, zum Beispiel dort, wo der Pripjat in den Dnjepr mündet, aber andere Stellen kann man nicht schützen. Auf die eine oder andere Weise werden die Radionuklide ohnehin in den Dnjepr gebracht.

Im Süden der Ukraine wird das Wasser zudem für die Felder gebraucht, um sie zu bewässern. Deshalb kommen dort große Probleme in der Landwirtschaft auf uns zu. Man kann zwar annehmen, daß man das Wasser aus dem Dnjepr trinken kann, jedenfalls nach den Grenzwerten, die existieren, aber für landwirtschaftliche Zwecke darf dieses Wasser nicht benutzt werden. Dort sind die Grenzwerte viel strenger.

Das ist auch verständlich, denn bei Benutzung des Wassers aus dem Dnjepr für landwirtschaftliche Zwecke wird zum Beispiel Strontium im Boden angereichert, und das konzentriert sich dann in den Pflanzen. Wir werden voraussichtlich ⅓ der landwirtschaftlichen Produktion einstellen müssen.«

Vinzens: »Was würden Sie mit heutigem Kenntnisstand anders machen?«

Sobotowitsch: »Also, rund ⅔ der Radioaktivität würde ich nicht in die ganze Welt lassen. Ich würde vor allem den Reaktor nicht mehr mit Wasser löschen. Dadurch entstand nämlich ein »Sauerstoff-Wasserstoff-Brenner«, und die Radionuklide gingen mit der Temperatur 7 km in die Höhe. Ich würde auch nicht Bor, Blei, Sand und andere Dinge in den Reaktor hineinwerfen, die alles noch verschlimmert haben. Ich würde heute den Reaktor einfach am ersten Tag explodieren lassen, damit all der Graphit auseinandergebracht würde.

Die Hauptbelastung kam durch den Brand des Graphits, durch das Feuer. Das sollte man eigentlich vermeiden.

Wir konnten uns nicht vorstellen, daß Graphit brennen könnte, denn die Flammtemperatur liegt bei über 1 500 Grad. Damals aber, beim Zerfall der Radionuklide, gab es eine lokale Temperatur von über 3 000 Grad. Das hat gereicht, um den Graphit in Brand zu setzen und diese Flammen zu unterstützen. Jetzt verstehen wir das. Das kann ich von meinem heutigen Standpunkt aus sagen. Damals konnte niemand den Reaktor sprengen lassen, obwohl es diese Vorschläge damals gab.

Man hatte sich seinerzeit vorgestellt, daß das eine große Atombombe von ungefähr zehn Megatonnen sein könnte. Damals konnte das niemand riskieren, und ich kann sagen, daß ich das damals auch nicht riskieren konnte.

Man hat versucht, auf die übliche Weise, mit normalen Methoden, das Feuer zu löschen. Es wurden 136 Stauwehre in die Flüsse gebaut. Dadurch wurde die ökologische Situation stark verschlechtert in der Umgebung der Flüsse. Ich würde heute auch keinen Wall aus Erde mehr um den Reaktor bauen.

Aber all diese Maßnahmen, die damals durchgeführt wurden, wurden aufgrund der Erfahrungen mit der Havarie von Tscheljabinsk (29. Sept. 1957: Explosion eines 300 000 Liter fassenden Lagertanks in der Atomwaffenfabrik Tscheljabinsk-40. Es soll damals das 27fache der in Tschernobyl freigewordenen Radioaktivität verbreitet worden sein. Anm. d. Autors) vorgenommen.

Solche Maßnahmen gab es auch damals von den Wissenschaftlern, die mit dieser Katastrophe zu tun hatten.

Alle Radionuklide waren Ionen, nicht Atome, sondern in Ionenform. Diese Ionenform geht leicht in Wasser über und dann in Pflanzen und den menschlichen Organismus. Deshalb haben die Wissenschaftler damals diese Maßnahmen vorgeschlagen. In dieser Form, in der Ionenform, waren auch die globalen Niederschläge nach den Atomtests. Man hatte Angst, würde die ganze Radioaktivität in den Fluß Pripjat gehen, dann würde sie mit dem Wasser im Dnjepr Richtung Kiew fließen. Man hat dann gesagt, daß man nicht nur diesen kleinen Teil der Bevölkerung evakuieren müsse, sondern 35 Millionen Leute, die in der Ukraine wohnen. Man hat deshalb diese unglaublichen Dinge gebaut. Z. B. diese Staus und diese Wälle. Aus Angst.«

März 1991

Professor Konoplja fuhr mit uns von Minsk zu einer Tagung nach Deutschland im Auto mit. Wir haben die Gelegenheit ergriffen, ihn zu befragen. Konoplja ist Mitglied der Akademie der Wissenschaften Weißrußlands. Diese wissenschaftliche Institution hatte beratende Aufgaben bei der Bewältigung der Probleme nach der Explosion.

Die Akademie der Wissenschaften stand zwischen Regierung und Wissenschaftlern. Sie war stark von der Politik geprägt. Wie der Standpunkt der einzelnen Mitglieder, die berufen wurden, war, ist nicht mehr zu rekonstruieren. Als sicher kann aber gelten, daß die Akademie der Wissenschaften über die Katastrophe gut informiert war.

Konoplja war zum Zeitpunkt des Interviews Volksdeputierter im belarussischen Parlament. Er gehörte der »Belarussischen Ökologischen Union« an.

Vinzens: »Die Akademie der Wissenschaften hat jetzt neue Aufgaben nach der Katastrophe. Was macht sie?«

Konoplja: »Die Akademie der Wissenschaften Belarußlands ist eine selbständige wissenschaftliche Behörde. Sie hat 35 Institute in verschiedenen Richtungen. Zum Beispiel: Wir haben bestimmte fundamentale wissenschaftliche Aufgaben. Die werden von der Akademie wahrgenommen. Es gibt ein Gesetz der Regierung, daß die Akademie in ihren wissenschaftlichen Aufgaben selbständig ist, und keine Regierungs- oder Parteiorganisation darf sich in diese wissenschaftlichen Programme einmischen. Die

Finanzierung der wissenschaftlichen Forschungen in der Akademie der Wissenschaften wird von der Republik Belarus und der Regierung der Sowjetunion sichergestellt. Zuerst wird in der Akademie bestimmt, wie notwendig die einzelnen Aufgaben sind und welche Perspektiven sie haben. Dann wird von der Regierung die Frage über die notwendige Finanzierung dieser Aufgaben gestellt. Über einzelne besonders wichtige wissenschaftliche Probleme gibt es dann Beschlüsse des Parlaments der Republik.«

Vinzens: »Sie haben nun ein neues Problem nach Tschernobyl.«

Konoplja: »Seit dem Jahr 1986, gleich nach der Katastrophe, sah die Akademie der Wissenschaften alle Aufgaben im Rahmen der Tschernobyl-Probleme, in Richtung Landwirtschaft und Ökonomie. Es gibt ein Programm für die Tschernobyl-Probleme. Dieses Programm besteht aus verschiedenen Abteilungen. Sie sind für Radioökologie, Radiobiologie, Symmetrie usw. vorgesehen. In diesem Jahr sind noch einige Punkte hinzugekommen: Fragen der Ökonomie und der soziologischen Untersuchungen. Das Programm ist schon fertig. An diesem Programm nehmen etwa 40 verschiedene Institute der Republik teil. Das wissenschaftliche Programm ist Teil des staatlichen Programms zur Liquidierung der Folgen der Katastrophe im Tschernobyl-Kraftwerk, und es wurde vom Parlament der Republik bestätigt. Alle wissenschaftlichen Fragen werden im Koordinationsrat der Akademie der Wissenschaften gelöst. Dann werden Empfehlungen für die Regierung gegeben, um bestimmte Lösungen zu erzielen. Zum Beispiel die Schaffung von Lebensbedingungen der Menschen in den verseuchten Territorien. Es ist uns gelungen, eine eigene Konzeption auszuarbeiten, die annehmbar für unsere Bevölkerung ist. Diese Konzeption haben wir gut begründet. Es ist uns gelungen, auch vor der Unionsregierung diese Konzeption zu verteidigen. Jetzt ist diese Konzeption für die weitere Entwicklung der Maßnahmen zum Schutz der Bevölkerung in den verseuchten Territorien maßgebend. Als erste Konzeption gab es die sog. 35-Rem-Konzeption, die vom Ministerium für Gesundheit in Moskau vorgeschlagen wurde. Wir, d. h. die belarussischen Wissenschaftler, waren damit überhaupt nicht einverstanden. Wir haben gestritten und eine eigene Konzeption ausgearbeitet. Moskau hat versucht, seine Konzeption zu verteidigen, dazu haben sie auch einige medizinische Experten aus dem Ausland eingeladen,

Hier wohnten einst über 50 000 Menschen, jetzt ist die Stadt Pripjat verlassen (FF).

Die alte Frau ist die einzige Bewohnerin in einem verlassenen Dorf (EG).

zum Beispiel von der internationalen Kommission für Gesundheitswesen. Wir aber haben unsere Meinung verteidigt und unsere Konzeptionen durchgesetzt.«

Vinzens: »Wie sieht die jetzige Konzeption aus? Wie sieht die 35-Rem-Konzeption der Regierung aus?«

Konoplja: »Wenn man über die 35-Rem-Konzeption spricht, dann könnten wir uns in der Republik auf die »Zonen der strengen Kontrolle« beschränken. Dort liegt die Verseuchung des Bodens bei 15 Curie pro Quadratkilometer. Aber unsere Untersuchungen haben gezeigt, daß in Territorien, die einen niedrigeren Verseuchungsgrad als 15 Curie pro Quadratkilometer haben, auch eine merkliche Verschlechterung der Gesundheit der Menschen und die Unmöglichkeit des Erzeugens sauberer Lebensmittel existiert. Unsere Angaben zeigen, daß auch Territorien, die eine Verseuchung von zwei bis drei Curie pro Quadratkilometer haben, in der Landwirtschaft unsaubere Lebensmittel produzieren. Aufgrund der chemischen Formen, in denen diese Radionuklide existieren, und unabhängig von leichtem oder schwerem Boden, besteht eine Möglichkeit, daß die Radionuklide in die Pflanzen gelangen und über die Lebensmittelkette in den menschlichen Organismus. Ich könnte viele Beispiele nennen, die gegen die 35-Rem-Konzeption sprechen.

Zum Beispiel: Wir wissen nicht viel über die Einwirkung kleiner Dosen auf den menschlichen Organismus. Wir wissen nicht, wie kombinierte Effekte auf den Organismus einwirken, d.h. Strahleneinwirkung und andere Giftstoffe, die in der Atmosphäre und im Boden sind. In dieser Konzeption wird nicht berücksichtigt, was die Leute in den ersten Tagen nach der Katastrophe abbekommen haben. Das war eine große Strahlenbelastung. Deswegen: Unsere neue Konzeption schlägt vor, daß eine Person auf dem verseuchten Territorium nicht mehr als 0,1 Rem pro Jahr und im Lebensalter ungefähr 7 Rem erhalten darf im Gegensatz zur Konzeption aus Moskau mit 35 Rem.

Ein zweites Moment: In den Regionen, in denen die Leute schon 0,1 Rem/Jahr bekommen haben, heißt das nicht, daß wir keine weiteren Hilfsmaßnahmen für diese Leute durchführen sollen. Wir müssen auch weiter diesen Leuten helfen.«

Vinzens: »Können Sie den Menschen als Wissenschaftler tatsächlich helfen? Kann sich Weißrußland das leisten?«

Konoplja: »Wir haben keine andere Möglichkeit. Wir müssen diese Aufgabe lösen. Wir müssen diese Aufgabe selbst in den Griff bekommen. Die Gesundheit der Menschen ist in Gefahr. Das ist das teuerste, was es im Leben gibt. Ich kann sagen, daß die ökonomischen Möglichkeiten der Republik bei weitem nicht ausreichen, um diese Situation zu verbessern und die Frage zu lösen. Sie können sich selbst vorstellen: Mehr als ein Viertel der Republik ist verseucht. Jeder vierte Einwohner wohnt auf verseuchtem Territorium. Um das Problem in den nächsten Jahren zu lösen, braucht unsere Republik das Budget von rund zehn Jahren. Ich kann noch hinzufügen, unsere Ökonomen haben ausgerechnet, wie teuer die Maßnahmen sind, die wir nun für unsere Leute erbringen müssen. Sie haben gezeigt, daß die Umsiedlung billiger ist als die Versorgung der Menschen in dem verseuchten Territorium, die medizinische Behandlung usw. Das betrifft das Territorium mit einem Verseuchungsgrad von mehr als 10 bis 15 Curie pro Quadratkilometer.«

Vinzens: »Gibt es neue Technologien? Was leistet die Forschung?«

Konoplja: »Es gibt viele neue Technologien, neue Vorschläge, wie man diese verseuchten Territorien nutzen kann, welche landwirtschaftliche Produktion man auf den Flächen verwirklichen kann. Wir versuchen diese Erfahrungen aus aller Welt zu nutzen.

Mit dem Hilfstransport unterwegs in Weißrußland (FF).

Zum Beispiel versuchen wir, Mineralstoffe extra in den Boden einzubringen und bestimmte Methoden der Bearbeitung des Bodens zu nutzen. Aber leider haben diese Maßnahmen nicht geholfen, die Schäden einzudämmen. Deshalb muß ich sagen, daß es in Territorien mit einem Verseuchungsgrad von über 15 Curie überhaupt nicht zweckmäßig und möglich ist, irgendwelche landwirtschaftlichen Arbeiten vorzunehmen. Auch bei Territorien, in denen die Verseuchung niedriger ist, muß man umdenken und die landwirtschaftliche Produktion umgestalten. Was die Nutzung der verseuchten landwirtschaftlichen Grundstücke betrifft: Man sollte nicht nur darüber sprechen, wie man die landwirtschaftliche Produktion dort umsetzen kann, an Orten, wo die Leute wohnen. Sondern man muß darüber nachdenken, wie man nach der Umsiedlung der Leute dieses Land nutzen kann. Wir haben zu wenig Kapazitäten und Kräfte. Deswegen möchte ich die Möglichkeit des Interviews nutzen, um meine Kollegen in den verschiedenen Firmen Deutschlands aufzurufen: Wir können bei der Frage, wie wir diesen verseuchten Boden nutzen können, zusammenarbeiten. Ich glaube, wir können auch Profit erzielen, großen Profit. Es gibt schon einen Vertrag zwischen uns und zwei italienischen Firmen. In diesem Jahr fängt die Arbeit an.«

Vinzens: »Früher gab es strenge Geheimhaltung, gibt es jetzt internationale Zusammenarbeit?«

Konoplja: Meines Erachtens war das ein Fehler unserer Regierung. Wenn wir gleich am Anfang Verträge mit verschiedenen Ländern über eine Zusammenarbeit gehabt hätten, dann könnten wir bereits heute gute Erfolge haben. Ich unterstreiche noch einmal, das war ein sinnloser Schritt der Regierung und ein großer Fehler. Wenn man es objektiv von seiten der Regierung betrachten will, hatte es wahrscheinlich auch einige Gründe. Sie hatten sich das so vorgestellt, als ob es eine einfache Explosion einer Atombombe gewesen wäre. Ich meine, auch wenn diese Erfahrung sehr traurig ist, muß die Katastrophe von verschiedenen Ländern wissenschaftlich ausgenutzt werden. Das wird zur Zeit leider nicht gemacht. Die grausame Erfahrung des belarussischen Volkes hat gezeigt, daß Verluste für das Volk und die Wirtschaft eintreten können, auch wenn man keine Atomkraftwerke hat, keine Atom-U-Boote. Was wir auf die Frage, ob wir schon gute Erfahrungen haben, der internationalen Öffentlichkeit sagen können, muß ich sagen: Wir haben noch nicht die richtige Erfahrung, wie man die Katastrophe beseitigen kann. Diese Atomkraftwerkskatastrophe. Deswegen habe ich auch eine Idee, ich vertrete diese Idee überall: Es soll auf internationaler Basis mit unserem Institut nach Lösungen gesucht werden, die Folgen der Katastrophe zu beseitigen. Als Ergebnis würde ich einen Katalog von Maßnahmen zur Beseitigung der Folgen von Atomkatastrophen sehen.

Sprechen wir über die bereits bestehenden Verträge zwischen unserem Institut und dem Ausland, dann sprechen wir über Verträge mit Norwegen und dem Otto-Hug-Strahlen-Institut München. Zur Zeit möchten zusammenarbeiten: England, Dänemark und Finnland. Und während dieser Reise möchte ich auch bei Ihnen eine Kommission, eine Gruppe von interessierten Ländern, schaffen, die an der Beseitigung der Folgen der Tschernobyl-Katastrophe beteiligt sind. Wir sollten in dieser Richtung zusammenarbeiten. Ich bin nicht davon überzeugt, daß in diese Gruppe viele Länder eintreten sollten. Ich glaube, es würden fünf bis sechs Länder reichen, Länder, die stark an diesem Problem interessiert sind. Diese Zusammenarbeit in einer kleinen Gruppe wird einen besseren Effekt haben als die Zusammenarbeit auf großer staatlicher Ebene mit vielen beteiligten Staaten.«

Vinzens: »In dem verseuchten Gebiet sind Mitarbeiter von Ihnen, was machen die da?«

Konoplja: »Wir bestimmen die einzelnen Flecken der betroffenen Territorien, wir machen genaue Untersuchungen des Verseuchungsgrades. Wir untersuchen die Verseuchung der Luft, des Wassers, der biologischen Objekte, der Pflanzen, der Tiere. Wir untersuchen die horizontale Verbreitung und die vertikale Absenkung der Radionuklide und viele andere wissenschaftliche Probleme dort. Wir bekommen eine Einschätzung des Zustandes der Tiere und der Pflanzen, und wir machen dort Untersuchungen mit Labortieren und Pflanzen. Wir untersuchen zur Zeit etwa 100 Gattungen von Pflanzen. Wir haben Felder, auf denen wir Pflanzen, Gräser, Getreide, Bohnen und verschiedene andere Pflanzen untersuchen.

Wir sehen, wie stark die Nuklide in diesen Pflanzen sind und wie hoch die Verseuchung dort ist. Ich habe schon gesagt, daß wir ungefähr 100 Gattungen von Pflanzen untersucht haben, und die Ergebnisse, die wir bekommen haben, sind sehr wichtig. Nicht nur für landwirtschaftliche Arbeiten, die dort entwickelt werden, sondern auch für die Nutzung in der Landwirtschaft in den verseuchten Gebieten nach der Umsiedlung. Ich könnte Ihnen nun mehrere stark verseuchte Pflanzen nennen. Zum Beispiel Getreide kann mehr Radionuklide aufnehmen als verschiedene Gräser.

Aber auch Gräser nehmen verschiedene Anteile von Radionukliden auf. Mit diesen Ergebnissen kann man die Arbeiten in den landwirtschaftlichen Territorien planen. Zum Beispiel kann ich über das Verhalten verschiedener Radionuklide im Boden sagen: Früher wußte man überhaupt nichts darüber, wie die Caesiumsalze und Strontiumsalze sich im Boden verhalten. Man dachte, Strontium würde mehr in festen Verbindungen sein, Caesium dagegen mehr in löslichen Verbindungen. Sogenannte Austauschformen. Und jetzt sehen wir das Gegenteil:

Caesium ist mehr festgebunden, und Strontium, was sehr gefährlich ist, geht jetzt in lösliche Formen über, seine Emission wird stärker. Dadurch kann Strontium in den tierischen und menschlichen Organismus, z. B. durch Pflanzen gelangen. Was die Tiere betrifft, die wilden Tiere, so haben wir jetzt festgestellt, daß die Verseuchung dieser Tiere einen hohen Grad auf stabilem Niveau erreicht hat. Dieses Niveau wird für lange Jahre bleiben. Was die genetischen Aspekte der Tiere betrifft, d.h. den Nachwuchs der Tiere, gibt es bisher noch nicht viele Angaben. Es gibt Daten des Zoologischen Instituts über den Nachwuchs von Elchen. Sie haben gezeigt, daß die nächste Generation von Elchen wesentlich kränker ist als die vorhergehende Generation.

Wir führen diese Arbeiten seit 1986, seit der Katastrophe, durch. Wir untersuchen seitdem den Einfluß der Strahlung auf den Organismus von verschiedenen Tieren. Schon im Juni 1986 haben wir verschiedene Kontrollpunkte für unsere Untersuchungen ausgewählt und Labortiere mitgebracht. In den Gebieten Mogiljow und Gomel. In der ersten Zeit wurden diese Untersuchungen von verschiedenen Wissenschaftlern nicht wichtig genug genommen.

Aber ich bin überzeugt davon, daß diese Methoden der Untersuchungen uns die Möglichkeit geben werden, komplexe Einschätzungen der Strahlung auf den Organismus der Tiere zu erlangen.

Ich war natürlich sehr gespannt, wie gut die Ergebnisse würden. Aber schon nach dem ersten Jahr der Untersuchungen haben wir solche Ergebnisse bekommen, die auch ich erwartet habe. Wir haben praktisch eine Einschätzung bekommen, wie die Strahlung auf die verschiedenen Organe der Tiere einwirkt. Das betrifft Immunsysteme, endokrine Systeme, Herz und Gefäßsysteme.

Wir sind die einzigen Wissenschaftler, die die Möglichkeit genutzt haben, im ersten Jahr schon mit diesen Proben anzufangen. Man kann diese Untersuchungen jetzt schon nicht mehr wiederholen. Wenn man zum Beispiel das Immunsystem bei Tieren betrachtet, haben wir drei wichtige Ergebnisse erhalten:

1. Die Immunität gegen Infektionskrankheiten wird geschwächt.

2. Es entstehen autoimmune Prozesse, die schlechte Einwirkungen auf den Organismus haben.

3. Die Immunität gegen Geschwulstkrankheiten wird viel niedriger.

Die Experimente an den Tieren spiegeln sich nun auch bei Menschen wider. Die Immunsysteme leiden. Die Entzündungskrankheiten steigen an in den verseuchten Gebieten. Es ist wichtig zu unterstreichen, daß sich die medizinischen Veränderungen in den Organismen im Jahre 1986 und jetzt unterscheiden. Sie haben den sogenannten Phasencharakter. Zuerst haben sich alle Immunsysteme verhalten wie bei starkem Streß. Jetzt wird das Verhalten der Systeme anders. Deswegen waren unsere Forschungen damals so wichtig. Wir können diese Untersuchungen von 1986 nicht mehr wiederholen.

Manchmal aber simulieren wir die Bedingungen der ersten

Tage. Wir wissen, daß gleich nach der Katastrophe eine große Einwirkung von Jod 131 zu verzeichnen war – auf den Organismus und besonders auf die Schilddrüsen. Wir führen also in die Schilddrüsen von Tieren radioaktives Jod 131 ein. Dann werden diese Tiere in das verseuchte Territorium gebracht, und dort bleiben sie. Wir simulieren also praktisch ein Modell des Jahres 1986.

Wir machen auch andere Untersuchungen. Wir machen zum Beispiel Untersuchungen der Strahlung bei jungen, älteren und ganz alten Tieren. Dadurch bekommen wir ganz wichtige Ergebnisse, die uns erlauben, die weitere Situation zu prognostizieren. Wir überzeugen uns, ob die Dynamik, die wir bei den Tieren festgestellt haben, sich bei Menschen wiederholt ... Aber wir können bei Tieren natürlich viel mehr Informationen bekommen als bei Menschen. Bei diesen können wir nur peripherisches Blut untersuchen. Wenn man bei Menschen nur peripherisches Blut untersucht, dann bekommt man nicht immer genaue Angaben über das Immunsystem. Es kann zum Beispiel passieren, daß das peripherische Blut keine eindeutigen Veränderungen aufweist. In der Milz oder anderen Organen gibt es schon Veränderungen der Zellen. Deswegen sagen wir auch den praktischen Ärzten immer: Wenn Sie gute Ergebnisse bekommen nach der Blutuntersuchung, dann sprechen diese Erkenntnisse nicht unbedingt dafür, daß die Menschen nicht krank sind in ihrem Immunsystem. Diese Ergebnisse sind noch nicht vollständig.«

Vinzens: »Die Oberfläche der Erde, das Wasser, das Grundwasser ist verseucht. Inwieweit haben verseuchte Gebiete Einfluß auf bisher noch gesunde Gebiete?«

Konoplja: »Wir haben das untersucht, aber die Grundwasseremission ist zu gering. Auf gesunde Gebiete hat das keinen schlechten Einfluß.«

Vinzens: »Sie sind nicht nur Wissenschaftler, sondern auch Politiker. Was hat sich nach Tschernobyl politisch geändert?«

Konoplja: »Ich glaube, ein Verdienst unserer Wissenschaftler besteht darin, daß sie das Interesse der Regierung, ihre Aufmerksamkeit auf die Probleme Tschernobyls konzentriert haben. Und jetzt hat die Regierung mehr Aufmerksamkeit für dieses Problem als früher. Wir haben die staatlichen Programme für Tschernobyl entwickelt, neue Konzeptionen, über die ich schon gesprochen habe, und wir haben unsere Regierung überredet. Sie unterstützt uns nun in unserem Programm und unseren Konzeptionen. Unsere Regierung ist jetzt praktisch neu. Diejenigen, die im Jahre 1986 an der Spitze waren, sind jetzt weg. Die wollten die neue Konzeption nicht verstehen, und sie haben sie nicht verstanden, aber sie arbeiten jetzt nicht mehr. Auch der Oberste Sowjet von Belarußland hat einige Personen nicht zu hohen Posten zugelassen. Ministerposten zum Beispiel. Wegen ihres Verhältnisses zu verschiedenen Problemen Tschernobyls. Jetzt hatten wir eine Kommission im Obersten Sowjet. Die Kommission beschäftigt sich damit festzustellen, welche Verbrechen die ehemalige Regierung der Republik begangen hat hinsichtlich Tschernobyl. Wir möchten die Leute zur Verantwortung ziehen.«

Vinzens: »Wissenschaftler und Politiker. Wie vertragen sich die beiden Rollen miteinander?«

Konoplja: »Bei mir persönlich gibt es keine Diskrepanz zwischen der Meinung des Politikers und des Wissenschaftlers. Meinen wissenschaftlichen Standpunkt vertrete ich auch auf der politischen Ebene. Das hilft mir, auch in politischen Kreisen diese wissenschaftlichen Standpunkte zu verteidigen. Ich wurde vom Volk auch wegen meines wissenschaftlichen Standpunktes zum Volksdeputierten, zum Parlamentsmitglied gewählt. Ich bin jetzt in der Lage, einige politische und ökonomische Fragen zu lösen. Als ich zum Volksdeputierten gewählt wurde, hatte ich neun Konkurrenten. Von zehn Kandidaten wurde einer gewählt.«

Vinzens: »Sind Sie ein GRÜNER, ein ökologisch orientierter Politiker?«

Konoplja: »Ja, ich bin eigentlich ein ökologischer Politiker. Bei uns gibt es, ähnlich den GRÜNEN, die Belarussische Ökologische Union, und ich bin Mitglied des Vorstandes dieser Union. Sozusagen ein GRÜNER.«

Vinzens: »Sind Sie gegen den Bau von Atombomben und Atomreaktoren?«

Konoplja: »Ich bin natürlich gegen den Bau von Atomkraftwerken, gegen den Bau von Atombomben. Aber als Wissenschaftler verstehe ich ganz deutlich, daß wir mit den Atomkraftwerken ein großes Problem haben. Wir müssen jetzt stark an alternativen Energiequellen arbeiten. Gleichzeitig, bis diese Energien existieren, müssen wir an der Sicherheit dieser Kraftwerke arbeiten.«

Vinzens: »Worin besteht der Unterschied zwischen dem Schaden in Tschernobyl und einer Atombombe?«

Konoplja: »Es gibt viele Unterschiede zwischen der Explosion einer Atombombe und einer Kernkraftwerkskatastrophe. Der wichtigste Unterschied liegt darin: Bei einer Atomkraftwerksexplosion haben wir es mit langfristigen Einwirkungen von Strahlung auf den Menschen zu tun. Bei der Atombombe ist das nicht so. Natürlich gab es verschiedene vergleichbare Vorgänge bei der Beseitigung der Folgen der Tschernobyl-Katastrophe und der in Hiroschima, in Japan.«

Vinzens: »Hat Weißrußland noch eine Zukunft?«

Konoplja: »Ich bin Belarusse, ich liebe mein Volk, ich bin stolz auf mein Volk, und ich möchte die Hoffnung bewahren, daß wir doch eine Zukunft haben. Wir werden die Folgen der Katastrophe beseitigen können, wenn wir Hilfe bekommen. Allein können wir das nicht schaffen. Zu groß und zu schrecklich sind die Folgen der Katastrophe.«

Die vierte, die genetische Katastrophe

25. 1. 1992
Der ukrainische Kernphysiker Wladimir Tschernousenko berichtet in einem Interview mit dem SPIEGEL davon, die Öffentlichkeit sei dreifach in die Irre geführt worden. Erstens durch die Atommafia, die die Regierung nicht vollständig informiert habe, durch Gorbatschow, der mehr gewußt habe, als er öffentlich zugegeben hat, und schließlich die IAEA, die die Fakten leicht hätte nachrechnen können.
23. 2. 1992
Nach Angaben der Münchner Gesellschaft für Strahlen- und Umweltforschung gibt es keine exakten Angaben über die Strahlenbelastung der Bevölkerung von Weißrußland. Die Schilddrüsendosis durch Jod 131 werde in besonders belasteten Gebieten auf 500 Rem geschätzt.

Petrajew sitzt hinter seinem alten Schreibtisch in der Universität Minsk. Auf die Internationale Atomenergieagentur in Wien ist er nicht gut zu sprechen. Sie habe gelogen, meint er trocken, unwissenschaftlich gearbeitet.

Um zu wissenschaftlich verwertbaren Daten zu kommen, wurden in der IAEA-Studie zwei Gruppen von Menschen ausgewählt. Eine aus den verseuchten Gebieten und eine andere aus »sauberem« Gebiet. Dann wurde nach Krankheiten gefragt, untersucht, Statistiken erarbeitet. Mit der Gruppe aus dem »sauberen« Gebiet sollte festgestellt werden, wie viele Menschen unter normalen Umständen an welchen Krankheiten leiden, unabhängig von schädigender Strahlung. Diese sogenannte Kontrollgruppe sollte Auskunft darüber geben, was statistisch nicht auf die Katastrophe zurückzuführen sei. Erst der Vergleich zwischen beiden Gruppen ergibt ein wissenschaftlich verwertbares Ergebnis.

»Wir haben später festgestellt, daß auch die Kontrollgruppe aus verseuchten Gebieten kam. Damit war die ganze Untersuchung sinnlos«, sagt Petrajew. »Die IAEA aber hat diesen grundsätzlichen Untersuchungsfehler nicht zur Kenntnis genommen. Sie wollte weiterhin auf der Behauptung bestehen: Tschernobyl hat keine Auswirkungen gehabt. So kann man aber Menschen nicht helfen!«

Selbst Vertreter der Atomindustrie sprechen heute nicht mehr über die Untersuchung der IAEA. Ihre Unwissenschaftlichkeit hat sich herumgesprochen. Das Ergebnis war nicht eindeutig, denn die Menschen in beiden Gruppen waren durch die Verseuchung gleich krank. Unterschiede bestanden kaum. Deshalb der Schluß: Die Leute sind eben überall krank. Das Atomkraftwerk sollte keine Schuld treffen. Petrajew weiß es besser. Die Ärzte in den Kliniken auch.

31. 1. 1992

Der Münchner Strahlenbiologe Professor Edmund Lengfelder rechnet mit einem signifikanten Anstieg der Schilddrüsentumore. Seit 1986 seien an über 100 Kindern Schilddrüsenkarzinome festgestellt worden. In den sieben Jahren zuvor waren in Weißrußland nur sieben Fälle aufgetreten.

Bei entsprechender Betreuung bestünden jedoch Heilungschancen. Mit dem Höhepunkt der Erkrankungswelle rechnet Lengfelder laut dpa im Jahr 2005. Bei anderen Krebsarten müsse mit einer längeren Inkubationszeit gerechnet werden, die eigentliche Krebswelle stehe also noch bevor.

1. 3. 1992

Professor Ewgenij Petrajew vom Institut für Strahlenchemie in Minsk berichtet von einer Untersuchung an Lungen von Menschen aus radioaktiv verseuchten Zonen. In 70 Prozent der über 200 Proben fand er sogenannte heiße Teilchen, hochradioaktive Partikel, die Lungenkrebs auslösen. Sie bestehen vorwiegend aus Caesium, Ruthenium und Cerium-Isotopen. Je Quadratmeter Boden wurden in der Tschernobyl-Region 100 bis 100 000 Teilchen gezählt. Sie werden immer wieder bei Ackerarbeiten aufgewirbelt und eingeatmet.

Ihre Gesichter sind grau, angestrengt. Sie kämpfen immer mit dem Rücken an der Wand. Das hinterläßt Spuren an Körper und Seele. Draußen sind die Bäume noch grün. Der Herbst kommt über das Land. Auf den Feldern wird geerntet. Unsere Dolmetscherin erzählt, sie habe Blaubeeren untersuchen lassen. Aus dem Garten ihrer Datscha. Das Gebiet sei »sauber«. In den Beeren aber wurde Strahlung entdeckt. Im Labor. Ihrem kleinen Sohn kann sie jetzt diese Früchte nicht mehr geben, niemand darf sie essen. Andere

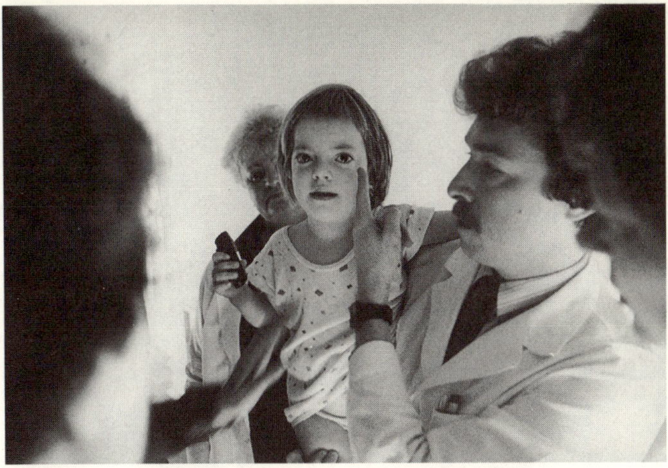

Klinik Nr. 3, Minsk. Dr. Dimitrij Chesnow (FF).

Früchte des Gartens sind unbelastet. Die dürfen sie essen. So macht sich Unsicherheit breit. Angst geht um. Niemand kann, auch wenn er weiß, woher landwirtschaftliche Produkte kommen, entscheiden, ob die Nahrung sauber ist oder nicht. Erst die strahlenchemische Untersuchung bringt Aufschluß. Die Labors aber sind zu klein, nicht alles kann untersucht werden. Deshalb kämpfen Ärztinnen und Ärzte mit dem Rücken an der Wand. Viele werden noch zu ihnen kommen, die noch nicht einmal wissen, warum sie krank geworden sind.

Dr. Dimitrij Chesnow ist Arzt in der Kinderklinik Nr. 3 (Endokrinologie) in Minsk. Er war Liquidator. Wir hatten ihn bereits 1991 besucht, später immer wieder.

Jetzt sitzt er hinter seinem Schreibtisch im Krankenhaus und sieht müde aus. Nicht nur, weil er viele Stunden Dienst hinter sich hat. Auch weil er seine Grenzen kennt. Er kann nicht helfen, weil er nichts hat. Wir waren dabei, als er vier Mädchen erklärte, wie sie ihren Blutzuckerspiegel messen und einstellen können. Die Kinder sind nur kurze Zeit im Krankenhaus, dann gehen sie wieder nach Hause. Die wenigen Hilfsmittel, die sie brauchen, nehmen sie mit. Das sind eine Spritze, einige Ampullen mit Insulin und Teststreifen. Mit einer Nadel, so haben sie gelernt, stechen sie sich in den Finger. Entnehmen einen Tropfen Blut. Dann wird ein kleines Feld auf den Teststreifen getränkt, die Farbe verrät den

In der Klinik Nr. 3 schneidet ein Mädchen den Teststreifen zur Blutzuckerbestimmung in sieben feine Blättchen. Es gibt nicht genug Teststreifen (FF).

Blutzuckerspiegel. Aber: Sie haben zu wenig Teststreifen. Regierungsstellen streiten noch darüber, was gekauft werden soll. Streifen aus Deutschland: 50 Stück zu 40 Dollar, oder billige aus Tschechien. Dr. Chesnow hätte gerne die deutschen Streifen, die seien zuverlässig und genau. Aber wie so oft, es liegt nicht in seiner Hand.

Im Moment werden die Streifen wieder und wieder geteilt. Ein Mädchen bringt es fertig, aus dem vielleicht vier Millimeter breiten Streifen sieben haarfeine Testblättchen zu schneiden. Die Meßgenauigkeit sinkt, das nun winzige Farbfeld kann kaum noch eingeschätzt werden. Aber: An dem kleinen Pünktchen hängt ihre Gesundheit.

Das Krankheitsbild ist neu. Die Fälle von Zuckerkrankheit häufen sich nun. Die Mediziner nehmen an, daß verseuchte Nahrung und die andauernde Strahlung der Grund sind. Bisher wurde immer wieder behauptet, niedrige Strahlung sei ungefährlich, verträglich für die Gesundheit. Diese Auskunft aber diente lediglich dazu, die Menschen zu beruhigen, mehr nicht. Die Festlegung von Grenzwerten ist ein nationalökonomisches Problem, sagt Lengfelder. Statistiker errechnen, wie hoch der Schaden für den jeweiligen Grenzwert sein wird, und Politiker entscheiden dann, was der Staat sich leisten kann. Eine Milchmädchenrechnung.

Kinderklinik Nr. 1 (Onkologie) in Minsk.

Lange, grauweiße Flure. Schwestern mit Hauben, die wie Kochmützen aussehen. Die Krankengeschichten der Kinder werden auf alten Schreibtischen geschrieben, in den Fluren. Daneben spielen Kinder in den Gängen. Ihre Gesichter sind von Krankheit gezeichnet.

Immer wieder ziehen uns ihre ernsten, prüfenden Blicke an. Oft wirken die Kinder, von denen uns die Ärzte sagen, daß sie keine Überlebenschancen mehr für sie sehen, fast greisenhaft. Ihre Augen zeigen Traurigkeit und Wissen. Wenige sind fröhlich. Aber sie reagieren mit Neugier auf Fremde. Mütter blicken uns scheu an, hilfesuchend. Sie hoffen, daß wir vielleicht etwas mitbringen. Etwas, das ihren Kindern helfen könnte.

Hinter den Türen verbergen sich Krankenzimmer, überbelegt, mit alten Metallbetten. Ihre Farbe haben sie längst verloren. In den Betten Kinder. Man sieht ihnen die tödliche Krankheit an.

In der Klinik Nummer 1 werden krebskranke Kinder behandelt. Die Zahl der kleinen Patienten steigt. Ihre Heilungschancen sind

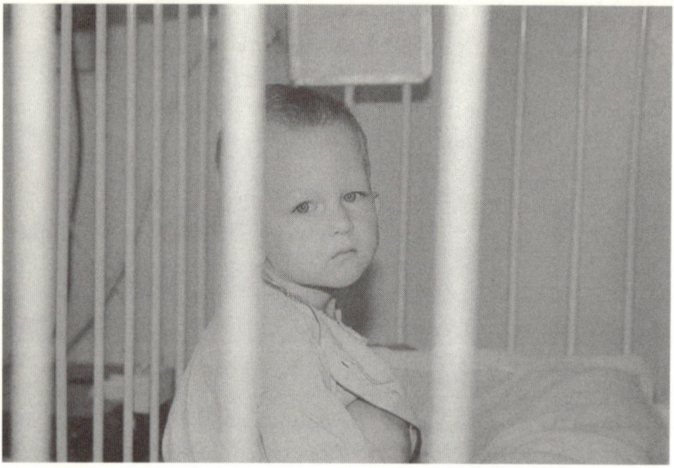

Allein im Krankenhaus. Die Eltern wohnen weit entfernt (FF).

inzwischen besser geworden. Aber sie entsprechen nicht westlichem Standard.

31. 3. 1992

Schwerer Störfall im Kernkraftwerk Sosnowyj Bor, St. Petersburg. Radioaktives Gas tritt aus. In der Umgebung von St. Petersburg wird Radioaktivität gemessen. Nach einem Rohrbruch war die Notabschaltung ausgelöst worden. Der Reaktor ist bauartgleich mit dem Unglücksreaktor von Tschernobyl. Das Atomenergieministerium erklärte, der Tagesausstoß an Jod 131 habe bis zu 200 Prozent über dem gesetzlichen Grenzwert gelegen. Das Strahlungsleck wurde auf 6000 Curie/Tag beziffert.

22. 4. 1992

6000 bis 8000 Menschen sind nach offiziellen Angaben infolge der Reaktorkatastrophe im ukrainischen Tschernobyl gestorben. Dies teilte der ukrainische Minister Georgij Gotowtschiz in Kiew mit. Die Sterblichkeitsrate der Mitarbeiter bei Aufräumarbeiten, der Liquidatoren, sei drei- bis fünfmal höher als normal.

In den wenigen Tagen, in denen wir hier sind, sterben vier Kinder. Die Stimmung im Krankenhaus ist niedergeschlagen. Die Mütter haben Angst. Die Ärzte führen einen verzweifelten Kampf gegen Krankheiten, die durch die Atomkatastrophe ausgelöst werden.

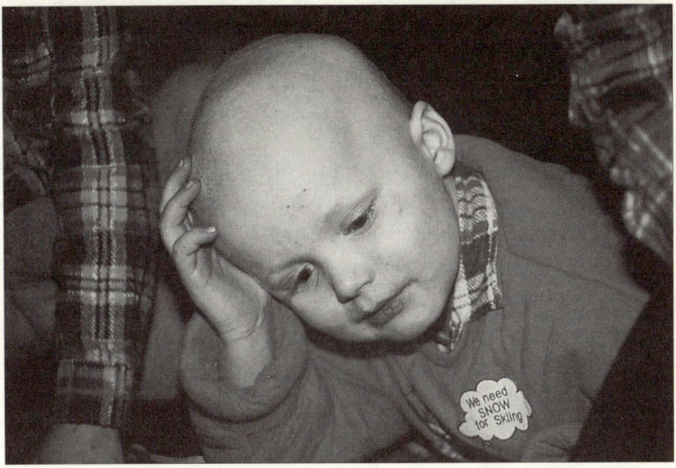

Sascha, fünf Jahre alt. Am Ende unserer Dreharbeiten war er bereits gestorben. Eines der Opfer (FF).

Dabei fehlt es an medizinischen Geräten, an Arzneimitteln, an allem.

Appell einer verzweifelten Mutter: »Lassen Sie mein Kind nicht sterben!« Wir aber sind hilflos, wir sind nicht Herr über Leben und Tod.

Eine der Mütter zieht einen von uns in das Krankenzimmer. Dort liest sie ihm einen vorgefertigten Text vor. Das Schreiben ist in deutscher Sprache verfaßt. Ihr Sohn sitzt neben ihr auf dem Bett. Die Ärzte haben den 16jährigen Andrej, der an Leukämie im letzten Stadium leidet, aufgegeben. Sie sagen, sie könnten ihm nicht mehr helfen. Nun bittet uns die Frau, ihren Sohn zu retten. »Mein Kind soll nicht verstehen, was ich aufgeschrieben habe.«

Mit zitternder Stimme beginnt sie zu lesen: »Hier liegt mein Sohn Andrej, er ist erst 16 Jahre alt. Die Ärzte haben mir gesagt, daß er sterben wird. Ich bitte Sie und das ganze deutsche Volk, helfen Sie meinem Sohn, lassen Sie mein Kind nicht sterben.«

Mit dem Bild von Andrej beginnt die Fernsehreportage »Annäherung an Tschernobyl« von Peter Vinzens. Mit Andrej endet auch der Film. Andrej ist im April 1991 gestorben, noch während der Produktionszeit des Films. Wenige Tage nur hatte er noch zu leben gehabt.

Für die Mütter steht fest, daß die Ursachen der Krankheiten

Folgen des Reaktorunfalles sind. Sie und wir wissen, daß ihre Kinder saubere, unverstrahlte Nahrungsmittel bräuchten, nicht die »Produkte«, die man hier »schmutzig« nennt. Gemeint sind die verstrahlten Lebensmittel, die es meist zu kaufen gibt.

4. 5. 1992

100 Waldbrände sind in den vergangenen Tagen in den radioaktiv verseuchten Zonen des Gebietes um Gomel ausgebrochen, die meisten Brandherde lagen in verlassenen Dörfern.

1. 6. 1992

Nach dem Zusammenbruch der ehemaligen Sowjetunion fehlt es an finanziellen Mitteln für die Überwindung der Katastrophe. Weißrußland hätte zum Beispiel nur ein Viertel der geplanten Gelder bekommen. Für die Beseitigung der Schäden der Reaktorkatastrophe müßten 200 Milliarden Mark aufgebracht werden. Boris Jelzin: »Leider kann die russische Regierung unter den gegenwärtigen wirtschaftlichen Umständen kein großangelegtes Hilfsprogramm für Kinder auflegen.« Die Geburtenrate sei in Rußland stark gesunken und die Säuglingssterblichkeit stark gestiegen.

Wir haben kleine Bälle mitgebracht, mit denen im Gang des Krankenhauses jetzt Kinder spielen. Ihr Spiel ist fröhlich, und für einen Moment vergessen wir ihre schwere Krankheit. Das ist gut so, denn nur einen Teil des Schreckens können wir ertragen. Besonders fällt der kleine Alexander, Sascha genannt, auf. Sascha spielt mit seiner Mutter. Sascha lacht verhalten.

Alle Kinder sind kahlköpfig. Zeichen der Chemotherapie, mit der sie behandelt werden.

Sechs Wochen später werden wir erneut hier sein. Dann werden vier Kinder nicht mehr leben. Auch Sascha. Sascha wird an dem Tag, an dem wir wiederkehren, beerdigt werden.

Minsk, Klinik Nummer 1. Kinderstation.

Wir sind in Alexanders Zimmer. Vier Kinder liegen hier. Bei ihnen ihre Mütter. Sie verlassen die Klinik nur noch in Ausnahmefällen. Das ist neu in weißrussischen Kliniken, eine Revolution. Zuerst gegen den Widerstand der Ärzte und der Verwaltung. Später nur noch gegen den Widerstand der Verwaltung. Lengfelder ist seit Anbeginn dabei. Hilft. Berät. Bildet Ärzte aus. Er weiß, was er macht. Lengfelder ist ein Begriff in Weißrußland. Seit

Minsk, Klinik Nr. 1: Sie alle einte ihre Krankheit. Sie gingen vorsichtig miteinander um. Sie waren immer müde, hatten oft Schmerzen. Im April 1991 waren sie bereits gestorben (EG).

seiner Intervention sind die Heilungschancen gestiegen. Über Prozentzahlen will niemand reden. Trotzdem ein Erfolg. Die Eltern betreuen die Kinder mit, entlasten die wenigen Schwestern. Sind da, wenn Trauer, Schmerz und Hoffnungslosigkeit übermächtig werden. Für Kinder und Erwachsene. Eine Gemeinschaft, die die Folgen der Katastrophe geeint hat. Eine Notgemeinschaft.

Neben Alexander sitzt seine Mutter. Eine junge Frau, jetzt aber verzweifelt, ohne Hoffnung. Als wir kommen, sind vier Kinder im Zimmer, vier Mütter. Wenn Stille schneiden könnte, wir wären jetzt verwundet. Wären kaum in der Lage, zuzuhören. Alexander sitzt scheinbar teilnahmslos, ihm ist nicht klar, was passieren wird. Aber die Spannung überträgt sich auf ihn ebenso wie auf uns. Seine Mutter spricht gegen die Wand, nicht zur Kamera, dazu fehlt ihr die Kraft. Im Westen, mit den besseren Mitteln, mit besserer Ausstattung an Wissen, mit Geld, mit Geräten, könne man ihn vielleicht noch retten.

»Retten Sie mein Kind!«

Immer wieder werden wir bei unseren Besuchen solche Hilfeschreie hören, werden damit auch schmerzlich an unsere beschränkten Möglichkeiten erinnert.

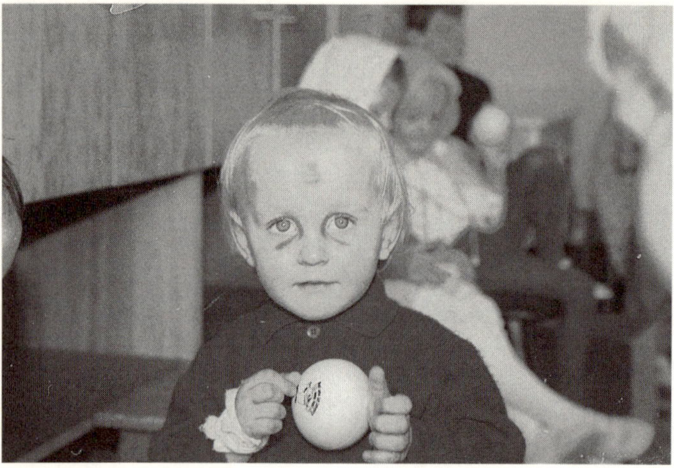

Kinderklinik Nr. 1, Minsk. In der Krebsstation (FF).

Am Abend kehren wir noch einmal in die Kinderklinik Nr. 1 zurück. Die Ärzte hatten uns erzählt, daß bei den sieben Kindern, die in einem der Krankenzimmer liegen, in der Nacht noch sieben Mütter auf der Erde schlafen. Wir können kaum glauben, wie 14 Menschen in einem Krankenzimmer Platz finden, wollen uns selbst davon überzeugen.

Als wir das Krankenhaus betreten, treffen wir auf einen Mann, der mit weit ausgebreiteten Armen vor den schwerkranken Kindern und deren Müttern steht. »Er ist ein Gesundbeter«, erzählen uns die Ärzte resigniert. Als wir fragen, warum sie ihn hier handeln ließen, antworten sie, daß sie diesen Kindern nicht mehr helfen könnten. »Wir wollen den Müttern diesen letzten kleinen Hoffnungsglauben nicht nehmen. Sie haben keinen anderen mehr.«

Im Volksmund heißt die Krebsklinik Nr. 1 in Minsk »Tor zum Tod«. Wer am häufigsten durch dieses Tor gehen wird, das sind die 660000 Menschen, die die Unglücksfolgen beseitigt haben, die den Sarkophag errichteten, die Liquidatoren.

Bei der Bevölkerung sind es überwiegend Schäden, die in einer unbestimmten Zeit zu Krebs oder Mutationen führen. Schädigungen des Knochenmarks und des Immunsystems waren von Hiroshima und Nagasaki her unbekannt und wurden deshalb nicht unmittelbar als Strahlenschädigungen erkannt. Schädigungen des

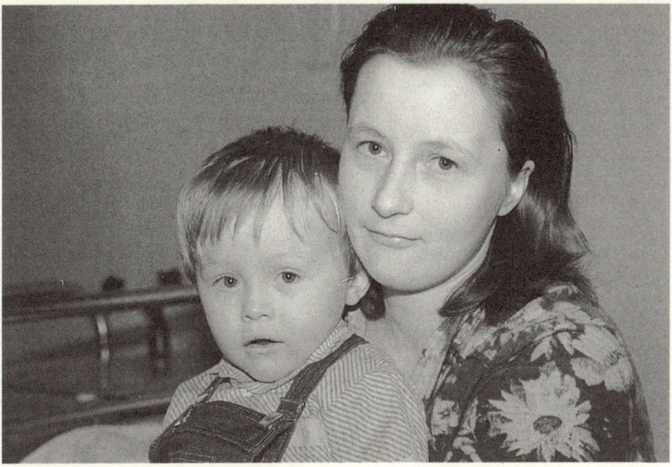

Kinderklinik Nr. 1, Minsk. In der Krebsstation (FF).

Immunsystems und des Thymus beim Kind sind für Ärzte neuartige Erkrankungen. Inzwischen aber ist bewiesen: Diese Krankheiten sind eine Strahlenfolge der Reaktorkatastrophe von Tschernobyl. Schon durch eine niedrige Dosis kommt es zum Rückgang der Immunreaktionen im Körper, damit zu Infektionen, z. B. immer wiederkehrenden Lungenentzündungen, Darmerkrankungen und Schädigungen der Haut. Auch Bagatellerkrankungen wie grippale Infekte und Atemwegserkrankungen verlaufen chronisch. Leukämiefälle häufen sich.

Im Jahr 1990 hatte sich im Hämatologischen Zentrum von Minsk die Zahl der krebskranken Kinder verdoppelt. Olga Alejnikowa ist Onkologie- und Chefärztin an der Klinik Nr. 1:

»Ich glaube nicht, daß irgend jemand in der Welt sagen kann, welche Leukämien durch die Reaktorkatastrophe von Tschernobyl ausgelöst werden und welche nicht. Das ist ein schwer zu lösendes Problem. Die Zahl der Leukämiekranken hat in den letzten Jahren zugenommen, und ich kann es nicht anders erklären, als daß es da einen Zusammenhang mit Tschernobyl gibt. Was die Zahlen aus dem Gebiet Minsk angeht:

Vorher hatten wir 3,3 Fälle auf 100 000 Kinder, 1989 hatten wir 9,3 Fälle. 1990 hatten wir 42 Leukämiefälle zu registrieren, und im Jahr 1991 waren es schon 40 in den ersten sechs Monaten.

Die Zahl der Leukämiefälle nimmt also ziemlich stark zu. Wenn wir diese Zahlen mit der japanischen Statistik vergleichen, dann erwarten wir den Höhepunkt der Leukämiefälle in etwa acht bis zehn Jahren.«

6. 8. 1992

Waldbrände in Weißrußland haben zu einer drastisch erhöhten Radioaktivität geführt. Die weißrussischen Wälder sind vor allem durch Strontium und Caesium belastet. Auch die ausgetrockneten brennenden Torfmoore, die Radioaktivität gespeichert haben, stellen eine Gefahr dar.

8. 8. 1992

Im Atomkraftwerk Tschernobyl tritt Radioaktivität aus. Der Betonmantel sei von Anfang an undicht gewesen, berichtet der Baudirektor im Kraftwerk, Wladimir Schtscherbinas.

Dina Tirilowa ist Mutter eines fünfjährigen Kindes: »Mein Sohn hat Leukämie und Hepatitis. Jetzt droht eine Leberzirrhose. Die ärztliche Behandlung ist für mein Kind eine furchtbare Belastung. Ständig werden Gewebsproben genommen. Dimitrij ist unruhig. Laufend muß er zu ärztlichen Untersuchungen, zu Blut- und Gewebsentnahmen. In seiner Umgebung sterben die Kinder, sogar seine Freunde. So hat er also den Tod ständig vor Augen. Alle Kinder, die mit Dimitrij eingeliefert wurden, leben heute nicht mehr. Gerade starb sein bester Freund. Ein schwerer Schlag für ihn.«

Die Weltgesundheitsorganisation (WHO) sagt das 20fache der früheren Leukämierate voraus. Die Geburtenrate in der Region Gomel ist von 18 Babys je 1 000 Einwohner auf 13 gefallen. In den verseuchten Gebieten haben es junge Frauen schwer, Partner zum Heiraten zu finden. Die jungen Männer haben Angst, daß mißgebildete Kinder auf die Welt kommen. Sie fürchten genetische Veränderungen bei sich, den Frauen und auch bei ihren Kindern.

Inzwischen bestätigt ein Bericht der WHO, daß immer mehr Kinder aus der Ukraine und Weißrußland an Schilddrüsenkrebs als Folge der Reaktorkatastrophe von Tschernobyl erkranken. Seit 1989 gab es 225 neue Fälle in Weißrußland und 158 in der Ukraine. Die Erkrankungsrate ist damit 70mal höher als unter normalen Bedingungen. Besonders hoch ist auch die Krankheitsrate bei Erwachsenen: in Weißrußland sind es 2 039 und in der Ukraine 3 000 Krebsfälle.

Eindeutig sind die Fälle von Schilddrüsenkrebs auf radioaktive

Strahlung zurückzuführen. Nach Strahleneinwirkung erkrankt die Schilddrüse, entzündet sich, erweitert sich, danach entsteht Krebs. Die hohe Zahl der Opfer ist kein Wunder, denn erst 14 Tage nach der Katastrophe wurde damit begonnen, die Menschen zu evakuieren.

Jelena Budkowskaja hat ein tschernobylkrankes Kind: »Schon im ersten Jahr nach der Reaktorkatastrophe von Tschernobyl wurde mein Kind krank. Es hatte Herzbeschwerden und Asthmaanfälle. Es fiel ihm schwer zu atmen, und in der Nacht hatte es Durchfall. Die Nasenschleimhaut war entzündet, hat geeitert, und es hatte ständig ein Gefühl der Übelkeit. Dann kam Angina hinzu. Früher haben wir hier diese Krankheit überhaupt nicht gekannt. Wenn jetzt unser Kind krank wird, dann läuft alles ziemlich schlimm ab, und die Krankheit dauert dann sehr lange. Jetzt hat es auch Schmerzen in den Knochen und in den Muskeln. Es leidet zudem an Hypertonie, an überhöhtem Blutdruck. Im Sportunterricht können die Kinder die Übungen nicht normal mitmachen wie die anderen. Man müßte spezielle Sportlehrer einsetzen und für sie ein besonderes Programm entwickeln. So laufen und springen sie mit den anderen und fallen dann ohnmächtig um. Nach so einer Turnstunde ist mein Sohn zwei Tage krank, weil es eine zu große Belastung für ihn ist. Er will aber unbedingt mitmachen, mitrennen, sonst würden ihn die anderen ja auslachen. Man sollte Spezialklassen einrichten.

Wenn ich mein Kind zur ärztlichen Untersuchung bringe, brauche ich dafür den ganzen Tag, um vier bis fünf Ärzte zu konsultieren. Ich habe keine Zeit und keine Möglichkeit, mich selbst untersuchen zu lassen. Das Haar fällt mir aus. Ich kann nicht mehr gut sehen. Oft habe ich selbst Übelkeit und Schwindelgefühle. Nur einmal habe ich mich kurz untersuchen lassen, als ich starke Rückenschmerzen in der Nierengegend spürte. Die Ärzte glaubten mir nicht. Sie sagten, ich würde übertreiben. Man fühlt sich dann so, als würde man simulieren. Die sagten, das sei bei mir alles erbbedingt.

Zehntausend Röntgen war die Strahlung stark, aber man will uns weismachen, daß wir nur ein paar Milliröntgen abbekommen haben. Man untersucht meinen Sohn, verschreibt ihm Medizin, und wenn ich dann in die Apotheke gehe, gibt es das Medikament nicht. Ich wollte dann einen Ferienplatz für mich und mein Kind. Die Behörden, die Gewerkschaft, der Betrieb, alle haben gesagt: ›Wir haben keine Ferienplätze‹. Wir sind vergessen.«

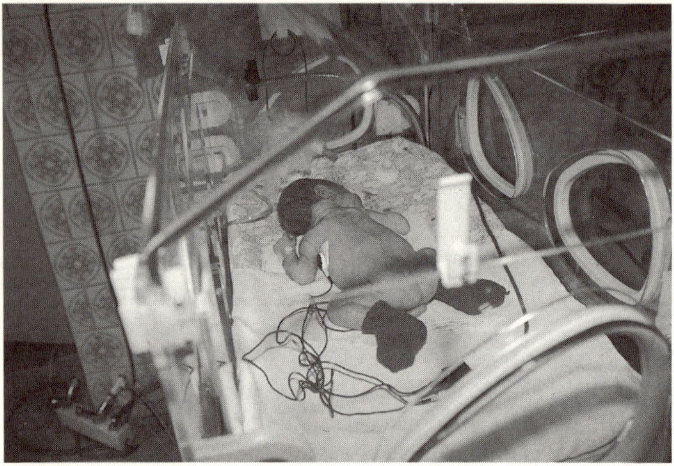

Gomel: Es trifft auch Neugeborene. Teilweise haben sie so schwere Schädigungen, daß sie lange nicht nach Hause dürfen (FF).

In der Endokrinologischen Abteilung der Universitätsklinik Minsk, im Krankenhaus Nr. 3, wurden 1990 705 Kinder untersucht:

- 29 Prozent hatten Schilddrüsenentzündungen,
- 27 Prozent Gewebsneubildungen, also Geschwülste,
- bei 15 Kindern wurde Schilddrüsenkrebs festgestellt,
- daneben auch Kröpfe und Schilddrüsenüberfunktion.

Die Wissenschaftler wundern sich, daß die Karzinome so früh auftreten. Man hatte erst in zehn bis fünfzehn Jahren damit gerechnet. Valentin Gerein von der Universitätsklinik Frankfurt, zunächst bei Professor Kornhuber als Krebsspezialist für Leukämiefälle tätig, hat inzwischen für alle GUS-Staaten ein therapeutisches Behandlungskonzept für leukämiekranke Kinder entwickelt: »In Weißrußland wurden vor Tschernobyl kaum Schilddrüsenkarzinome festgestellt. In den letzten Jahren haben wir dagegen eine drastische Zunahme. Während wir im Westen, auch in Deutschland, eine angeborene Form des Schilddrüsenkrebses feststellen, entwickelt sich in Weißrußland eine Form, die durch geringe Strahlendosen verursacht wird: das sogenannte papilläre Schilddrüsenkarzinom. Daneben steht eine Zunahme der Neuroblastomerkrankungen. Diese Geschwulst breitet sich im Nervengewebe aus, und das ist eine Erkrankung, die sich im

Kleinkindesalter im ganzen Körper ausweitet. Nur in vier bis fünf Prozent der Fälle kann sie ausheilen.«

20. 10. 1992

In neun russischen Atomkraftwerken sind von Januar bis Ende September 1992 technische Störungen registriert worden. Dreizehn davon hätten die Klassifizierung 1 oder 2 auf der IAEA-Skala bekommen, die sieben Punkte umfaßt.

Im Nebenzimmer hatte uns Dr. Chesnow ein schönes, neues Gerät gezeigt. Ein Computer, der Ausmaß und Existenz von Tumoren bestimmen kann. Außerdem kann er für die Therapie bestimmen, in welchem Maß Hormone eingesetzt werden müssen. Zum Betrieb und zur Diagnose braucht der Mediziner allerdings bestimmte Reagenzien und Hormone. Die sind teuer und deshalb auch nicht vorhanden. Das Gerät steht herum. Eine Spende, bei der der Spender nicht nachgedacht hat, ob das Gerät überhaupt sinnvoll ist. – In einer Nische auf dem Flur ein Fernsehgerät. Der Empfang ist schlecht, aber das interessiert niemanden. Wände und Fenster sind mit großen Bildern bemalt. Der Versuch, mit bescheidenen Mitteln den Kindern den Aufenthalt erträglicher zu machen. Auch hier Mütter. Aber weit weniger als in der Klinik Nr. 1. Die Eltern der kleinen Patienten hier leben an weit entfernten Orten, müssen arbeiten, müssen deshalb ihre Kinder allein lassen.

An der Wand ein Telefon. Immer wieder stehen kleine Jungen und Mädchen dort und sprechen mit ihren Angehörigen. Der Versuch, der Einsamkeit zu entrinnen. Ihre Gesichter sind ernst. Gelacht wird wenig. Worüber sollten sie auch lachen?

Eine junge Frau. Am Morgen hat sie erfahren, daß ihr fünfjähriger Sohn einen Tumor an der Hypophyse hat. Es gibt das Gerücht, in Japan werde ein Medikament hergestellt, das helfen könne. Nun ist sie darauf fixiert, dieses Medikament für ihren Sohn zu bekommen. Sie würde alles tun, aber auf dem weißrussischen Markt wird die Arznei nicht angeboten. Für den Schwarzmarkt hat sie kein Geld. Nun steht der kleine Junge neben ihr und versteht ihre Hoffnungslosigkeit, ihre Verzweiflung nicht. Ihr Verhalten seit dem Morgen gibt ihm Rätsel auf. Mit kindlicher Freundlichkeit versucht er, sie aufzumuntern, ihr eine Freude zu bereiten. Mit der Situation fertig zu werden gelingt keinem, auch uns nicht.

Dr. Chesnow zeigt uns Kinder seiner Station. Die Diagnose

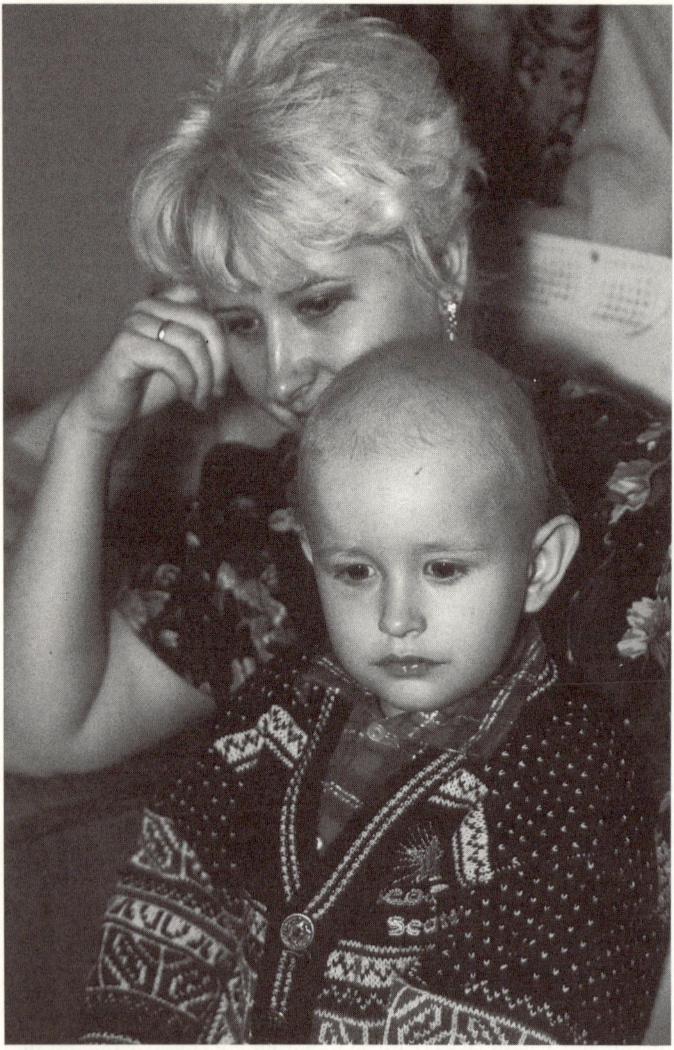

Verzweiflung in der Klinik Nr. 1 Minsk. Die Mutter hat erfahren, daß ihrem Kind mit belarussischen Mitteln nicht zu helfen ist.

wiederholt sich mit erschreckender Regelmäßigkeit. Krank durch radioaktive Strahlung, krank durch verseuchte Nahrung, krank durch verstrahltes Land. Sie sind zu groß für ihr Alter, zu klein, das Immunsystem bricht zusammen, zweijährige Mädchen haben Menstruationen, fünfjährige Knaben bekommen einen Penis wie ein erwachsener Mann. Diese Fälle sind nun Normalität. Gehören zum medizinischen Alltag.

Im Jahr 1991 waren wir mit einem Hilfskonvoi hier und haben ein Ultraschallgerät mitgebracht. Das steht immer noch im Behandlungsraum und versieht seinen Dienst. Damals mußten die Kinder mit Röntgenstrahlen untersucht werden. Etwas anderes gab es nicht. Das Röntgengerät aber gehörte in ein medizinisches Museum. Gefährlich hohe Dosen von Strahlen waren notwendig, um auf dem Schirm überhaupt etwas erkennen zu können. Bei Kindern, die ohnehin zuviel Strahlung abbekommen hatten, ein denkbar falsches Instrument zur Untersuchung. Das durfte nicht so bleiben. Viele Spender, private, öffentliche und auch Firmen, hatten 1991 dazu beigetragen, daß die schlimmste Not in der Klinik gelindert werden konnte.

3. 3. 1993

Leck in einer der acht Wasserpumpen des Kühlkreislaufs. Das Atomkraftwerk Tschernobyl wird abgeschaltet.

18. 3. 1993

Zum zweiten Mal wird im März das Atomkraftwerk Tschernobyl abgeschaltet, nachdem auch schon im Januar aus dem Kühlsystem Wasser ausgelaufen war. Wenige Stunden zuvor wurde der Reaktor bei Murmansk nach einem Defekt an einem Sicherheitsventil abgestellt.

13. 5. 1993

Schwedische Nuklearinspekteure entdecken im litauischen Kernkraftwerk Iligna 226 schadhafte Schweißnähte. Schweden investiert 28 Millionen Mark in den Sicherheitsstandard des Kernkraftwerks, das nur 600 Kilometer Luftlinie von Kopenhagen und Stockholm entfernt liegt.

Zwischen 2,6 und 2,8 Milliarden DM würde die Sanierung des Kernkraftwerks Tschernobyl am Ufer des Pripjat kosten, schätzten 1991 Beamte des Bonner Umweltministeriums. Hinzu kam in der Kalkulation etwa eine Milliarde Mark, um den brüchigen Sarkophag zu reparieren. Aber noch nicht einmal für die einfachsten Sicherheitsmaßnahmen, etwa einen feuerfesten Anstrich oder den Austausch des feuergefährlichen PVC-Fußbodens, ist Geld vorhanden.

Die Kosten der Katastrophe betragen schätzungsweise 600 Milliarden Mark. Das ist eine Summe, die so hoch ist wie die Baukosten aller Atomkraftwerke weltweit. Genaue Zahlen sind schwer zu bekommen, denn die Währungsprobleme des inflationären Rubels machen präzisere Zahlen unmöglich. Die Kurse schwanken täglich.

Im Zeitraum von vier Jahren unmittelbar nach der Katastrophe hat die ehemalige Sowjetunion 9,2 Milliarden Rubel ausgegeben. Die Wartung des Sarkophags allein kostet den Staatshaushalt der Ukraine bis zu 100 Millionen Rubel jährlich. Experten beziffern den Gesamtschaden der Katastrophe auf 250 Milliarden Rubel. Davon wurden allein für die Entseuchungsarbeiten 45 Milliarden bezahlt.

400 Atomkraftwerke gibt es weltweit. Sie geben 300 Millionen Kilowatt Elektrizitätsleistung. Kernenergie deckt vier Prozent des Weltenergiebedarfs. 96 Prozent werden durch fossile Brennstoffe gewonnen. Die neunziger Jahre sind das Jahrzehnt der Stillegung und des Abbruchs von Reaktoren. 100 bereits bestellte Atommeiler in den USA wurden wieder abbestellt.

Christopher Flavin, stellvertretender Projektleiter des Worldwatch Institute: »Das Nuklearprogramm ist der größte Fehler der Vereinigten Staaten, vom Vietnamkrieg mal abgesehen.« Auch eine Katastrophe der Finanzgeschichte, meinen Experten.

Das Worldwatch Institute wurde 1975 in Washington als unabhängige und gemeinnützige Institution gegründet. Die Wissenschaftler an diesem Institut untersuchen die Zusammenhänge zwischen Weltwirtschaftsentwicklungen und einzelnen ökologischen Systemen. Diese Organisation gibt jährlich einen weltweit beachteten Bericht zur Lage der Welt heraus.

Mehr als 10000 Störfälle in Kernkraftwerken wurden bisher registriert. Nur noch Frankreich baut sein Kernkraftpotential aus. 70 Prozent der Energie werden dort atomar erzeugt.

Dr. Florentine Krause vom »Lawrence Berkeley Laboratory«, einem renommierten Forschungsinstitut in Kalifornien, das sich mit Energiefragen auseinandersetzt, meint: »Tschernobyl war das Ende des nuklearen Traums.«

Zwischen 1971 und 1986 gab es 152 Kernkraftwerksunfälle in 14 Ländern. Wladimir Tschernousenko, einer der drei offiziellen

Klinik Nr. 3, Minsk. 13 Jahre alter Junge mit Riesenwuchs (FF).

Hauptliquidatoren der Katastrophe von Tschernobyl, geht davon aus, daß bei der Konstruktion der russischen RBMK-Reaktoren nicht weniger als 32 Verstöße gegen nukleare Baubestimmungen begangen worden sind.

Noch aber sind RBMK-1000-Reaktoren in Betrieb. Tschernousenko hatte ein Einsatzkommando von 100 Liquidatoren geleitet. Inzwischen sind sie alle verstorben.

Rußlands Atomaufsichtsbehörde wies 20000 Sicherheitsverstöße in russischen Atombetrieben nach. Jeder dritte Vorfall ist auf das Fehlverhalten des Personals zurückzuführen.

Die gefährlichsten Anlagen liegen in Balakowo an der Wolga, in Nowoworonesch bei Moskau und im Kola-Kraftwerk an der finnischen Grenze. Im Ural-Kraftwerk Belojarsk gelten 5000 abgebrannte Brennstäbe als »tickende Zeitbomben«, weil sie nicht mehr sicher gelagert werden können.

Dennoch:

Die Ukraine will die Atomwirtschaft ausbauen. Die Länder schwanken zwischen abschalten, weiterbetreiben und ausbauen. 50 Milliarden Mark wären nötig, um die russischen Anlagen nachzurüsten und sicherer zu machen. Die Firma Asea, Brown and Boveri nennt die Reaktoren der ehemaligen Sowjetunion hochgradig unsicher und behauptet, sie seien so unsicher, daß ein »Tschernobyl« sich jederzeit wiederholen könne.

Es fehlt an Ausrüstungen und Ersatzteilen in den Atomkraftwerken des Ostens. Experten wandern nach Rußland ab. Damit sind Wartung und Bedienung der Meiler gefährdet. Die Wahrscheinlichkeit eines GAUs ist inzwischen 55fach höher als bei westlichen Kernkraftanlagen. Michael Sailer vom Öko-Institut Darmstadt meint: »Von 70 AKWs im Ostblock müßten 40 sofort abgeschaltet werden.«

Die Gesellschaft für Reaktorsicherheit stellte bei 30 Prozent aller Atomkraftwerke in Osteuropa gravierende Sicherheitsmängel fest. 20 der 60 bestehenden Anlagen befinden sich in einem »äußerst bedenklichen Zustand«.

26. 3. 1993

Verstrahltes Holz aus der Tschernobyl-Region wird verstärkt nach Deutschland exportiert. Um nach dem Zerfall des staatlichen Außenhandelsmonopols an Devisen zu kommen, handeln dubiose Geschäftemacher mit dieser verstrahlten Ware.

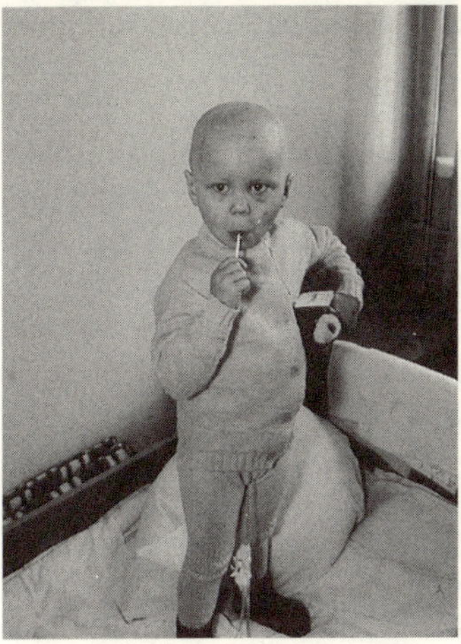

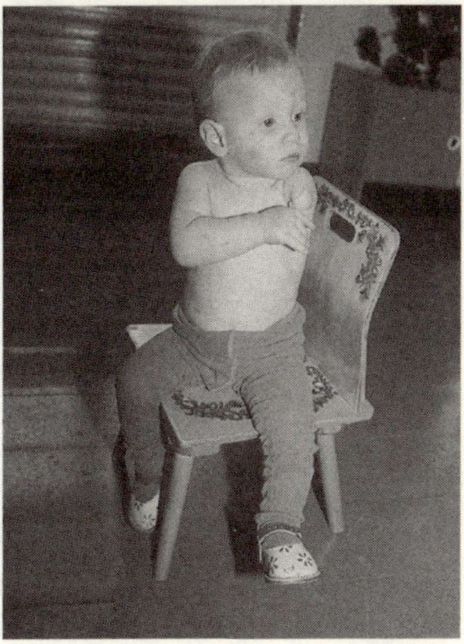

Links: Kinderklinik Nr. 1, Minsk. Krankes Kind (FF). Rechts: Im Stadtkrankenhaus von Gomel: ein vierjähriges Kind. Die Ärzte vermuten, daß seine Mißbildung von Radioaktivität verursacht wurde (VS).

Neue Katastrophen bahnen sich an: In der Plutoniumanlage Tomsk 7 war ein Stahltank mit Uran explodiert. Die Folge: eine massive radioaktive Verseuchung der Umgebung. Die zwei Anlagen in Tomsk und eine in Krasnojarsk, in denen waffenfähiges Plutonium hergestellt worden ist, sollen mit amerikanischer Hilfe stillgelegt werden. Mittel- und leichtstrahlendes Abwasser ist in Krasnojarsk in ungeeignetes Gestein als Endlager gepreßt worden. In einem unterirdischen See strahlt das Wasser und droht nun ins Grundwasser überzugehen. Die Erdschichten, so Greenpeace, können nicht abgedichtet werden.

Nigmatullah, Vizechef der staatlichen Atomindustrieunternehmen der Ukraine, beklagt den mangelhaften Ausbildungsstand bei den Beschäftigten.

In der Südukraine war ein Reaktor drei Tage lang ohne Sicherheitssystem gelaufen. In Saporoschje, der größten Atomanlage Europas, hatte das Personal die Kontrolle über die gesamten Regelungs- und Sicherheitssysteme verloren. Einmal kam es irrtümlich zur Abschaltung.

12. 4. 1993

Erneuter Zwischenfall im Tschernobyl-Reaktor: Ein Druckverlust in der Dampfturbine schaltet die beiden noch

arbeitenden Reaktoren ab. Der nukleare Prozeß soll nicht betroffen gewesen sein.

21. 5. 1993

Bei Wartungsarbeiten am Reaktorblock im ukrainischen Atomkraftwerk Saporoschje wird ein Arbeiter getötet und ein weiterer verletzt. Die Explosion ist durch Nachlässigkeit der Beschäftigten ausgelöst worden.

Fast ein Viertel des höherqualifizierten Personals ist abgewandert. Der Feuer- und Strahlenschutz ist nachlässig, die qualifizierte Kontrolle der veralteten Rohre fehlt.

Mindestens 540 Milliarden Mark sind nötig, um in den nächsten Jahrzehnten die Folgen des Atomunglücks von Tschernobyl auch nur zu mildern. Nach den Zahlen von Euratom müßten, um die 45 Atomreaktoren der ehemaligen Sowjetunion stillzulegen oder zu sanieren, bis zum Jahr 2010 jährlich sechs bis zehn Milliarden Mark aufgebracht werden. Die Europäische Atomgemeinschaft hatte sich im Jahr 1957 zusammengefunden, um in Europa die Kernindustrie zu entwickeln. Verschiedene europäische Staaten, unter anderem Deutschland, Frankreich, Großbritannien, sind Mitglieder der Euratom.

Während die Internationale Atomenergieorganisation IAEA in ihrem Untersuchungsbericht verharmlosend konstatierte, daß von Strahlung keine direkten schädlichen Effekte auf den Gesundheitszustand der Bevölkerung ausgehen, legten in einem Gegengutachten weißrussische Wissenschaftler in Wien eine Studie vor, die von einem signifikanten Anstieg der Krebs- und Bluterkrankungen sowie einer Zunahme von Chromosomenveränderungen ausgeht.

In einer Erklärung vom 24. Mai 1994 heißt es wörtlich:

»In der Studie ist die gesundheitliche Einschätzung dreier wichtiger Bevölkerungsgruppen nicht vorgenommen worden:

– die Einschätzung der Gesundheit der Liquidatoren

– der Menschen, die 1986 umgesiedelt wurden

– der Bevölkerung, die auf den am stärksten verseuchten Territorien lebt.

Wir weisen darauf hin, daß die Frage über den Anteil von Strontium-90, Plutonium und Jod-131 sowie anderer kurzlebiger Radionuklide in der Belastungsdosis nicht beantwortet ist. Des weiteren machen wir darauf aufmerksam, daß bislang das Problem der Erfassung und Rekonstruktion der Gesamtbelastung der Bevölkerung seit den ersten Tagen nicht gelöst ist.«

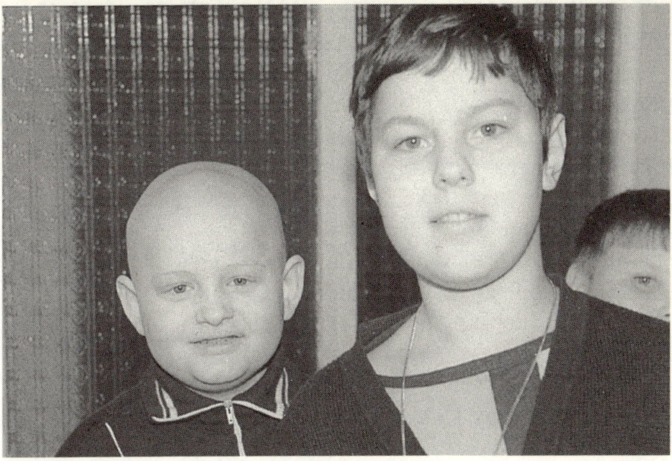

Kinderklinik, Minsk. In der Krebsstation (FF).

Das verklausulierte Statement, das durch russisch-deutsche Übersetzungen unklar werdende Papier will nichts anderes sagen als:

Die IAEA sagt nichts über die Belastung durch Plutonium oder Strontium. In den ersten Tagen wurde auch nicht gemessen, welchen Belastungen die Menschen durch Strahlung ausgesetzt waren. Selbst Liquidatoren waren in der Gesundheitsstudie der IAEA nicht berücksichtigt worden. Die IAEA versuchte, die Folgen des GAU herunterzuspielen. Sie behauptete, zum Ausbruch von Krankheiten sei es bisher nicht gekommen. Die Vielzahl der Krankheiten sei vielmehr durch Angst und Streß verursacht worden.

Das Schicksal der 116000 Menschen, die zum Zeitpunkt des Unglücks in unmittelbarer Umgebung des Reaktors gewohnt haben, wurde in dem Bericht der IAEA gar nicht erst erfaßt.

15. 6. 1993

Der Schnee auf dem Montblanc-Massiv ist in 20 Metern Tiefe durch die Folgen der Reaktorkatastrophe von Tschernobyl immer noch radioaktiv verseucht.

Die Verantwortlichen wurden nicht zur Verantwortung gezogen. Wie auch? Die Spitzen von Verwaltung, Partei und Industrie hätten sich selbst zur Verantwortung ziehen müssen. Denn: Obwohl keine Betriebsgenehmigung vorlag, sind RBMK-Reaktoren in Betrieb. Obwohl lange vorher gravierende Konstruktionsfehler bekannt waren, spielten die Spitzen des militärisch-industriellen Komplexes »russisches Roulette«. Fragen der sogenannten »nationalen Sicherheit«, des Gewinnstrebens und des Machterhalts ließen sie die Gesundheit der Menschen vergessen. Aber auch das hatte in Rußland eine alte Tradition. Auch den Zaren war das Volk gleichgültig gewesen. Die »neuen Herren« waren einfach in ihre Rolle geschlüpft. Sogar die Paläste hatten sie übernommen.

Dafür ergingen in der UdSSR Urteile gegen die »Täter«, die schnell und einfach greifbar waren:

Wiktor Brjuchanow, Direktor AKW Tschernobyl, 10 Jahre Arbeitslager.

Nikolaj Fomin, Chefingenieur, 10 Jahre Arbeitslager.

Anatolij Djatlow, stellvertretender Chefingenieur, 10 Jahre Arbeitslager.

Boris Rogoschkin, Schichtführer Reaktor, 5 Jahre Arbeitslager.

Alexander Kowalenko, Reaktoraufseher, 3 Jahre Arbeitslager.

Jurij Lauschkin, Ingenieur, 2 Jahre Arbeitslager.

Mit der Aburteilung der »Täter« war innenpolitisch die Schuldfrage erst einmal abgetan, zumal die politisch Verantwortlichen davonkamen. Gennadij Gruschewoj, Professor der Philosophie und Mitglied des Parlaments der Republik Belarus für die Volksfront, nannte im Jahr 1989 drei Bedingungen, um das Vertrauen der Bevölkerung möglicherweise wieder zurückzugewinnen:

»Um dem Volk wieder Hoffnung zurückzugeben, müssen drei Aufgaben erfüllt werden: Zuerst muß mit Hilfe internationaler Organisationen ein wahres Bild über die Verseuchung Weißrußlands gezeichnet werden. Die Verseuchungskarten wurden mehrmals korrigiert. Da hat niemand mehr Vertrauen.

Die zweite Aufgabe wäre, die gesamte Bevölkerung zu untersuchen, vor allem die Kinder, um die Behandlungsnotwendigkeiten festzustellen.

Sehr viele Zäune wurden gebaut, auch neue Häuser, die Dächer wurden abgedeckt, um die Strahlendosis zu vermindern. Aber die Resultate waren fast Null. Man hat vergessen, die Menschen umzusiedeln. Die Menschen leben weiter in den Territorien, die über alle Maßen verseucht sind.

Drittens: Die Menschen müssen wissen, wie hoch die Lebensmittel belastet sind, sie brauchen saubere Nahrung.

Tausende von Menschen mußten nach dem Reaktorunfall ihre

Heimatorte verlassen und in andere Dörfer und Städte umziehen. Etwa 11 000 Menschen aus den radioaktiv verseuchten Zonen wurden im Minsker Neubaugebiet ›Malinowka‹ angesiedelt, dort gründeten sie den Verein ›Umsiedler‹.

Bevor wir das alles in Angriff nehmen, müssen 60 000 Kinder aus den lebensgefährlichen Gebieten evakuiert werden. Vor allem müssen wir sicherstellen, daß dort keine schwangeren Frauen mehr leben. Der Staat hat das richtige Ausmaß der Katastrophe verheimlicht. Die Bevölkerung wurde beschwichtigt und beruhigt: Es sei nichts Ernstes passiert. Als die Menschen merkten, daß es eine wirkliche Katastrophe war, erst dann begann der Staat etwas zu unternehmen. 1986 wurde das Sanierungsgeld zur Bewältigung der Tschernobyl-Katastrophe dem Ministerium für Energiefragen gegeben statt der Bevölkerung. Da hat man dem Henker das Geld gegeben.«

30. 12. 1993

Radioaktiv verseuchte Weihnachtsbäume kommen in Weißrußland auf den Markt. Sie waren aus dem Gebiet Gomel nach Minsk transportiert worden. Radioaktive Stoffe konzentrieren sich in Bäumen besonders stark.

Kinder fühlen sich um ihre Kindheit gebracht, Jugendliche sehen keine Perspektive, Berufstätige würden gerne ihre gefährliche Heimat verlassen. Die Heiratswilligen haben Angst vor mißgebildeten Kindern. Frauen und Männer im Alltag wissen nicht, welche Lebensmittel sie gefährden und wie hoch ihre Lebenserwartung ist. Alte Menschen haben entweder ihre Heimat verlassen müssen, oder sie sehen, eingezwängt zwischen Immobilität und wirtschaftlicher Not, im verstrahlten Gebiet ihrem Ende entgegen.

Gomel, eine Millionenstadt.

Belastung zwischen 15 und 40 Curie pro Quadratkilometer.

Im Krankenhaus kleine Kinder, winzige Körper. Bei einem liegt die Blase außerhalb des Körpers. Es hat noch keinen Namen, dafür ist es noch zu jung. Erst wenige Tage alt. Die Blase, ein großer roter Beutel vor dem Bauch, muß operativ in den Körper hineingebracht werden. Dazu bringt man das Kind nach Minsk. Hier wird es lediglich auf den Transport vorbereitet, hier muß es warten, bis ein Platz frei wird. Operativ, so sagt der Arzt, sei das kein großes Problem. Aber man wisse nicht, ob das Kind noch an anderen Krankheiten leide. Der Grund für sein Leiden: Genetische Veränderungen aufgrund der Strahlung, sagt der Arzt.

Nebenan ein Kind, bei dem der Mastdarm außerhalb des Körpers liegt. Ebenfalls ein »Fall« für den Chirurgen. Der Grund: genetische Veränderungen aufgrund der Strahlung.

Ein paar Räume weiter: zweigeschlechtliche Kinder. Kinder mit Penis und Scheide. Jetzt keine Seltenheit mehr. Sie gehören zur klinischen Normalität. Der Grund: genetische Veränderungen aufgrund der Strahlung.

Eltern haben nun Angst, mißgebildete Kinder zu bekommen. Sie haben aber keine Möglichkeit, in den Krankenhäusern an sich selbst genetische Untersuchungen vornehmen zu lassen. So bleibt das Empfangen von Kindern ein Risiko. Auch existieren keine Statistiken, woran die Veränderungen bei den Kindern liegen könnten. Die Krankenhäuser haben keine Computer, keine Programme, die Daten zu speichern, sie auszuwerten. Sie haben nur unvollständige Krankendaten auf Karteikarten. Die »atomare Geschichte« von Vater und Mutter muß mühsam erfragt werden. Vorausgesetzt, die Ärzte haben Interesse, Geduld und Zeit. Oder Geld.

An den Spitzen der Krankenhaushierarchien sitzen Verwaltungsbeamte. Wie früher auch. Apparatschiks. Sie fürchten um ihre Macht, um ihren Einfluß. Sie wollen über Vorräte und Medikamente bestimmen, haben keine Ahnung von moderner Medizin, ekeln fähige, engagierte Ärzte aus den Krankenhäusern. Die nämlich stören nur die »alte Ordnung«.

Deshalb verlassen viele Mediziner die Krankenhäuser. Einige, die gute Beziehungen haben, gründen eigene Praxen, stehlen auch westliche Geräte aus ihrem alten Krankenhaus. Sie betrachten die Hilfsgüter schlicht als ihr persönliches Eigentum. Und weil die Kontrolle fehlt, weil die Spender sich nun nicht mehr um die Häuser kümmern, haben sie freies Spiel.

Andere, die ehrlich bleiben wollen und ohne Beziehungen sind, werden Autoverkäufer oder Vertreter. Damit können sie vielleicht ihre Familie ernähren. Ein Lkw-Fahrer, ein Arbeiter am Fließband, ein Lagerverwalter verdient mehr Geld als ein ehrlicher Arzt. Das aber hatte schon in der UdSSR Tradition.

Hilfe in Belarußland darf deshalb nicht eine kurzfristige Beruhigung unserer eigenen westlichen Nerven sein. Kontrolle ist dringend nötig. Weil sie den nächsten Schritt der Hilfe vorbereitet. Wenn sich die Ärzte allein gelassen fühlen, werden sie aufgeben. Der Exodus der Ärzte in den Westen wäre die nächste Katastrophe in der Folge von Tschernobyl.

In der Klinik Nr. 3 spielen die Kinder miteinander (FF).

Die Hilfe muß andauern. Noch lange. Die staatliche Hilfe aus dem Westen ist inzwischen sehr spärlich geworden. In den verseuchten Gebieten hat keine der »großen« Hilfsorganisationen ein Büro, einen Vertreter, jemanden, an den sich die Menschen wenden können. Die sitzen nur in Minsk. In der Hauptstadt. Da, wo sie sich sicher fühlen, da, wo es bequemer ist zu leben. Nur kleinere Organisationen wagen es, sich der Verseuchung auszusetzen. Hin zu den Menschen in Not. Dorthin, wo sie gebraucht werden.

Die genetische Zeitbombe tickt. Edmund Lengfelder, der Strahlenmediziner, rechnet mit einem eklatanten Anstieg der Krankheiten bei Neugeborenen. Wir sind erst am Anfang der vierten, der genetischen Katastrophe. Beruhigende Nachrichten sind nicht zu vermelden.

In der neuen ukrainischen Stadt Slawutitsch, 27 000 Einwohner, 50 Kilometer von Tschernobyl entfernt: Die Zahl der Scheidungen ist bereits größer als die der Eheschließungen. Die Menschen werden mit den psychologischen Problemen allein nicht mehr fertig.

Währenddessen trifft der durch die Katastrophe bedingte Mangel auch scheinbar Unbeteiligte.

Minsk, Klinik Nummer 3, Hals-Nasen-Ohren-Station.

Datum: Mai 1995.

Operationen sind festgesetzt. Bei drei Kindern sollen die Mandeln entfernt werden. Bei uns eine Routinesache. Die Anzahl der Mandeloperationen bei Kindern steigt. Niemand kennt zur Zeit den Grund. Untersuchungen oder Statistiken stehen noch am Anfang. Es gibt nur Vermutungen.

Die Kinder werden diese Operation ihr Leben lang nicht vergessen. Die Ärzte haben keine Betäubungsmittel. Keine Narkose. Kein Vereisungsmaterial. Das Instrument zur Entfernung der Mandeln mußte sich der Chirurg selbst basteln. Aus einer alten Schere. Der Operationssaal wurde am Tag zuvor steril gemacht. Im Nebenraum, in Hörweite, sitzen die Kinder und warten. Erzählt wird ihnen nichts. Sie sollen sich nicht schon vorher aufregen. Es sind freundliche Kinder. Sie haben Angst.

Der kleine Junge sitzt auf dem Operationsstuhl. Eine Schwester sitzt hinter ihm. Sie hält seine Arme fest. Mit ein paar Stoffetzen wird er festgebunden. Auf dem kleinen Tisch neben dem Stuhl liegt die bekannte »Schere«. Das einzige Instrument.

»Das einzige, was ein wenig hilft«, sagt der Arzt, »ist Schnel-

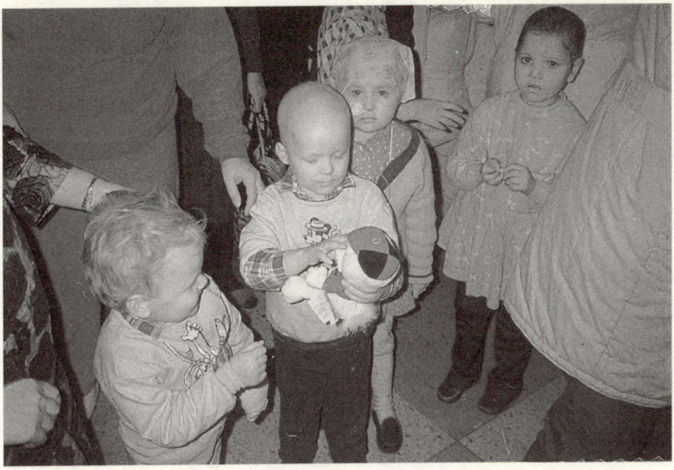

Kinderklinik, Minsk. In der Krebsstation (FF).

ligkeit.« Andere Möglichkeiten, Schmerzen zu ersparen, hat er nicht.

Mandeloperationen sind auch bei uns sehr blutig. Deshalb bekommt der Junge eine Gummischürze angelegt. Es ist die einzige, die der Operateur hat. Heute muß sie für drei Kinder reichen. Das Kind bekommt eine Sperre in den Mund, damit es ihn nicht schließen kann. Der Mund muß offen bleiben bei dieser Operation. Das Kind hat Angst. Die Augen verraten es. Andere Möglichkeiten, sich zu äußern, sind ihm genommen.

Die Kamera läuft. Für den Beobachter die einzige Möglichkeit, Mangel zu sehen, ohne Schaden zu nehmen an der Seele. So glaubt man zuerst. Verstecken hinter dem Beruf. Flucht in die Distanz. Reduzierung des Schreckens auf Schwarz und Weiß. Auf ein kleines elektronisches Fernsehbild.

Das nächste Kind wird die gleiche Schürze tragen, wird mit dem gleichen Instrument operiert werden. Ohne Narkose, ohne Betäubung, ohne Vereisung. Es wird ein kleines Mädchen sein. Sieben Jahre vielleicht.

Das ist die fünfte Katastrophe von Tschernobyl. Der Mangel. Er trifft alle.

Vielleicht haben jetzt wenigstens einige Kinder Hoffnung: Norbert Schreiber gründete in Frankfurt die Projektgruppe »Leben nach Tschernobyl e. V.« gemeinsam mit Andreas Seiverth von der

Kinderklinik Nr. 1, Minsk. Kranke Kinder (FF).

Evangelischen Erwachsenenbildung, Karl Kerschgens von den hessischen Grünen und Elisabeth Schmidt.

Schreiber hatte im Januar 1990, während einer Radio-Brücke zwischen Weißrußland und Hessen über die vergessenen Kinder von Tschernobyl berichtet. Damals wußte im Westen noch niemand etwas von diesen Opfern. Mit der Öffentlichkeit kam dann auch die erste Hilfe.

Zuerst wurden Leukämieärzte zur Hilfe dieser von der Katastrophe geschädigten, im eigenen Land aber vergessenen Kinder angeregt. Politiker und Medien wurden informiert, die UNESCO eingeschaltet und Pharmafirmen zur Hilfe aufgefordert. Auch den Abgeordneten des Bundestages wurde das Problem nahegebracht. In einem Manifest forderte die Projektgruppe die Öffentlichkeit auf, den Menschen in den verseuchten Gebieten Tschernobyls zu helfen. Die erste medizinische Hilfsaktion konnte gestartet werden.

Inzwischen hatten verschiedene Gruppen und Einzelpersonen begonnen kranke Kinder aus den Regionen Gomel und Mogiljow nach Deutschland zu holen, um sie hier behandeln zu lassen. Eine große Welle der Hilfe und der Betroffenheit war angelaufen.

»Leben nach Tschernobyl« wandelte sich in einen gemeinnützigen Verein um und ließ hier Therapieprogramme für die GUS-Staaten entwickeln. Das Ziel war: Hilfe zur Selbsthilfe. Dazu

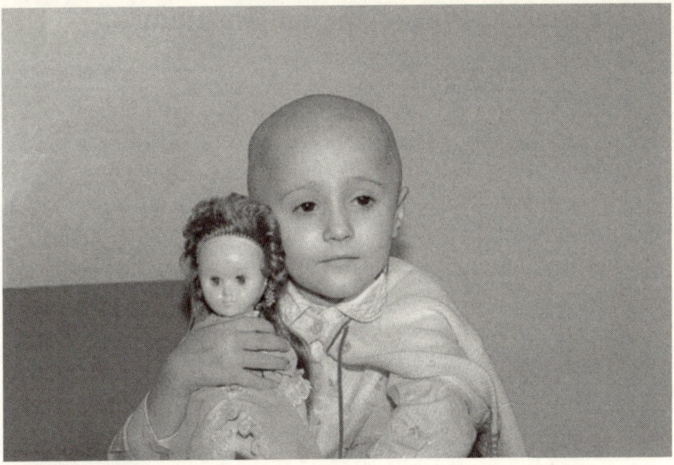

Kinderklinik Nr. 1, Minsk. Krebskrankes Kind mit Puppe (FF).

zählte auch die Unterstützung unabhängiger Wissenschaftler um neue, genauere Strahlenmeßprogramme zu starten. Währenddessen baute Prof. Edmund Lengfelder aus München ein Schilddrüsen-Diagnose-Zentrum im Raum Gomel auf. Zu Recht sah er damals bereits große Gefahren für die Kinder, die in den ersten Tagen nach der Explosion dem radioaktiven Jod ausgesetzt waren. Die Startfinanzierung zu diesem Projekt kam von »Leben nach Tschernobyl«.

Der Verein blieb bei seinem Ziel, im Land selbst zu investieren. Den Menschen da zu helfen, wo sie wohnten, dort für ihre Sicherheit zu kämpfen. Eine Partnerorganisation in Weißrußland wurde gegründet. Medizinische Hilfe und westliches Wissen sollten helfen die Probleme zu lindern. Es sollte, angesichts der immensen Folgeschwierigkeiten nach Tschernobyl, ein Hoffnungszeichen gesetzt werden. So entstand das Projekt »Nadeshda«, das weißrussische Wort für »Hoffnung«.

NADESHDA: Was bleibt, ist Hoffnung

Sie stehen in Reih und Glied und hören zu. Das kennen sie von den Maiveranstaltungen. Heute aber ist es anders. Heute werden die Reden in Deutsch, Weißrussisch und Japanisch gehalten. Das ist neu. Heute dauert die Prozedur länger. Die Reden müssen nämlich übersetzt werden. In Deutsch und Weißrussisch und Japanisch.

Noch sind sie ein wenig scheu. Denn sie haben ihre neue Umgebung noch nicht erobert. Sie sind Kinder. Sie kommen aus Chojniki, der Stadt Weißrußlands, die direkt neben der »Zone der strengen Kontrolle« liegt. Das ist das Gebiet um Tschernobyl. Ein hochverstrahltes Land. Nicht allein das in der »Zone«.

19. 1. 1994
Störfall im litauischen RBMK-Reaktor Ignalina. Aus dem Kühlsystem ist nicht-radioaktive Flüssigkeit ausgetreten. Litauen bezieht zwischen 80 und 90 Prozent seines gesamten Strombedarfs aus dem Ignalina-Reaktor.

30. 1. 1994
Eine Art unterirdischer Atomsee bedroht die sibirische Stadt Krasnojarsk. Millionen Kubikmeter flüssigen atomaren Abfalls sind dort in Gesteinsschichten gepreßt worden. Er kann das Grundwasser verseuchen.

Zwei Schulklassen sind gekommen. Zurückgelassen wurde niemand. Ein Bus kam und hatte sie abgeholt. Der Bus gehört dem Heim. Das Heim heißt Nadeshda, Hoffnung.

Die haben sie bitter nötig, denn auch die Kinder haben Angst. Da sitzt ein kleiner Junge auf dem Kletterbaum, Journalisten aus Deutschland sind auch da. Die aber spielen im Moment die zweite Geige. Denn da ist noch jemand, den sie mitgebracht haben. Es ist Alexander Ruchlja, und der ist jetzt stellvertretender Außenminister. Er sitzt auch auf dem Kletterbaum. Denn der kleine Junge ist der Reporter der Schülerzeitung und will sich die Gelegenheit zum Interview natürlich nicht entgehen lassen. Wann hat der Redakteur einer Schülerzeitung schon einmal einen leibhaftigen Minister zum Interview?

Aus dem Frage-Antwort-Spiel wird ein Dialog, ein Gespräch. Erfahrungsaustausch zwischen Betroffenen. Natürlich, sagt der Junge, hätten sie Angst. Der Lehrer sei vor kurzer Zeit gestorben, und da sei ihnen die Gefahr wieder einmal bewußt geworden. Sie wollten nicht sterben, aber sie hätten auch in Chojniki Hoffnung. Da gäbe es doch die Radioaktivität. Die sei nun auf die Erde gefallen. Das sei aber schon Jahre vergangen. Jetzt würde die Radioaktivität, diese Vergiftung, langsam in der Erde versinken. Die Kühe aber, die sie hätten, fräßen ja nur das Gras von der Oberfläche. Weil aber das Gras nur an der Oberfläche wachse, müsse es bald »sauber« sein. Dann könnten sie gefahrlos die Milch trinken. Dann wäre diese Gefahr doch vorbei. Die Äpfel allerdings, die Äpfel könnten sie noch nicht essen. Dafür wären die Wurzeln der Bäume zu tief. Da unten sei ja noch die Radioaktivität, die Vergiftung. Deshalb könnten sie jetzt noch keine Äpfel essen.

Wie war das doch? Was sagte die alte Frau? Die Radioaktivität ist doch schon längst verfault! Ein Mißverständnis.

18. 4. 1994

Greenpeace legt eine Studie vor, in der Vorschläge zur Neuorientierung der Energiewirtschaft gemacht werden: Die Ukraine könne zur Deckung ihres Strombedarfs auf Atomstrom verzichten durch Energieeinsparungen, Einsatz regenerativer Energieträger, durch Nachrüstung und Wiederinbetriebnahme konventioneller Kraftwerke.

In den ersten Tagen wird im Heim nicht über die Gefahren gesprochen. Hier, weit weg von den Zentren der Verseuchung, weit weg von den verstrahlten Zonen, sollen die Kinder sich erholen. Nicht nur körperlich, auch seelisch. Angst schadet der Seele. Und je jünger sie sind, um so verletzbarer sind sie. Darauf aber wurde bisher keine Rücksicht genommen.

Eines Tages werden sie auch über die Gefahren sprechen müssen.

6. 7. 1994

Die Reaktoren 1 und 3 im Atomkraftwerk Tschernobyl arbeiten unter immer gefährlicheren Bedingungen. Ingenieure wandern wegen höherer Bezahlung ab. Die Alarmsysteme, die bei menschlichem Versagen oder bei Sabotageversuchen einsetzen sollen, sind nach Aussagen westlicher Experten nicht ausreichend. Es können inzwischen nicht mehr alle verschlissenen Teile ausgewechselt werden, da die Lagerbestände aufgebraucht sind. Mitarbeiter des Kernkraftwerkes berichten, daß in solchen Fällen dann eben »gebastelt« werde. Ein Umweltexperte hatte berichtet, daß

Nadeshda, das neue Heim, Hoffnung (FF).

Professor Petrajew und Norbert Schreiber in NADESHDA. Das Gelände liegt am Trinkwasserspeicher von Minsk, dem Wilejka-See, 80 km nordwestlich der Hauptstadt (FF).

im Kontrollraum sogar die roten und grünen Glühbirnen für die Kontrollampen fehlen.

Inzwischen »erobern« sie ihr neues Reich, ihre neue Umgebung, das Heim. Die Situation ist für sie neu. Sie »lümmeln« in den Zimmern umher. Wieder eine Annäherung. Sie nähern sich, auch in ihrem Bewußtsein, der Normalität an. So, wie wir sie kennen. Sie entdecken Winkel und Ecken, sie erfahren, daß es erlaubt ist, draußen zu spielen, daß es erwünscht ist, im Wald herumzutollen. Eine neue Situation.

Der Ort um »Nadeshda« ist radiologisch sauber. Lange haben die Wissenschaftler um Petrajew nach diesem Stück Land gesucht. Dann hatten sie es gefunden. Es war ein langer, beschwerlicher Weg, das Heim zu bauen. Es hat sich gelohnt.

Einige Wochen später: wieder ein Drehtermin. Wir wollen sehen, was inzwischen aus dem Heim geworden ist. Wir waren in vielen Krankenhäusern, haben die Not dort gesehen, haben die Hoffnung fast verloren. Deshalb fahren wir zu »Nadeshda«, Hoffnung.

Jetzt ist die Situation normal. Minister aus Ost und West sind nach Hause gefahren, das Heim ist mit der nächsten Gruppe besetzt. Wieder aus den verstrahlten Gebieten. Noch ist die Radio-

Hilfslieferung nach Chojniki, am Rande der Todeszone (FF).

aktivität nicht in der Erde versunken. Noch lange werden Kinder hierherkommen müssen. 500 Jahre, grob gerechnet.

An einem der Bauten arbeiten zwei alte Männer. Sie kommen aus Deutschland. Man sieht es ihnen an. Blaue Latzhose, den Zollstock in der Tasche, draußen steht ein Auto der Evangelischen Männerarbeit aus der Bundesrepublik. Die Verständigung ist einfach, denn wir haben die gleiche Muttersprache. Sie bohren Löcher in Türen. Für Klingeln. Die elektrischen haben nicht funktioniert. Jetzt kommen mechanische hinein. Die dreht man mit der Hand herum, und dann klingelt es. Einfaches ist oft besser als Kompliziertes.

Sie wären pensionierte Handwerker aus Peine, sagt der eine. Der andere bleibt schweigsam. Sie hätten einen Backofen mitgebracht. Ein Bäckermeister in ihrer Stadt hatte sie angesprochen, denn in seinem Betrieb stand der Ofen. Der mußte einem neuen Platz machen, mußte raus. Aber er war noch in Ordnung. Funktionierte noch.

Sie haben ihn dann auseinandergenommen, haben die Einzelteile hinausgeschleppt, haben die Pläne zum Wiederaufbau gezeichnet. Und dann hatten sie erstmal ein Problem. Wie bekommt man das Ding nach Weißrußland? Ins Heim?

Sie hatten Verbindungen. Die schaden nur dem, der sie nicht hat. Es war die Bereitschaftspolizei. Die hatte Wagen, Leute und die Motivation zu helfen. Mit Blaulicht und wohlverpackt auf dem Lkw wurde der Ofen und noch vieles andere nach Minsk, ins Heim Nadeshda gebracht. Viele Polizisten hatten geholfen. Hatten sich Urlaub genommen. Vorgesetzte hatten Genehmigungen erteilt. Und dann kamen diese grünen Autos, mit dem Blaulicht auf dem Dach, in Weißrußland an. Die Kollegen des Landes haben den Wagen überrascht nachgesehen. Warum nehmen Deutsche diese Entbehrungen, diese Arbeit auf sich?

Eine interessante Frage.

Wir haben sie unserem alten Handwerker gestellt.

Als er noch ein kleiner Junge gewesen sei, so sagte er uns im Gemeinschaftshaus, habe er gesehen, wie in seinem Dorf russische Kriegsgefangene unter Kolbenschlägen der deutschen Bewacher vorbeigetrieben worden seien. Selbst von den Abfallrüben, die sie aus Hunger nehmen wollten, seien sie weggeprügelt worden. Damals, als kleines Kind, hätte er sich selbst gesagt: »Wenn ich irgendwann, irgendwas für diese Menschen tun kann, dann werde ich es tun.«

Und: »Vor wenigen Wochen hat meine Tochter ein gesundes Baby bekommen. Ich tue es aus Dankbarkeit!«

Jetzt arbeitet der Backofen, hat der gelernte, der pensionierte Elektromeister viele Meter Kabel gezogen, und er hat in Nadeshda große Pläne. Er ist ein glücklicher Mann.

Helfen kann Glück bedeuten, allen Schwierigkeiten zum Trotz. Am Anfang aber standen zunächst einmal nur Schwierigkeiten.

»Zu Kinderkolonien müssen alle Kinder aus den verseuchten Gebieten Zugang haben. Sinnvoller, als Opfer ins Ausland zu transportieren, ist der Aufbau von Kinderheimen im eigenen Land«, meinte die Fachärztin für Psychiatrie Tamara Demidova. Denn für die Kinder sind Ferien im Ausland zweifacher Streß: Das »süße Leben im Westen« führt nicht selten zu Irritationen und startet zudem einen Schwarzhandel im eigenen Land, wenn die Kinder mit Geschenken überhäuft zurückkommen. Es kann vorkommen, daß bevorzugte Kinder aus Parteikreisen mitreisen. Ein Zehntel der Kinder wurde bisher ins Ausland geflogen, also 60000 von 600000. Der Verein »Leben nach Tschernobyl e. V.« vertritt eine andere Konzeption: Er will den Kindern im eigenen Land helfen.

Anfang September 1994 war es soweit: Das erste Erholungsheim für Tschernobyl-Kinder wurde bei Minsk eröffnet. Es

Erst langsam müssen sie sich eingewöhnen. Noch ist das Heim fremd für sie. Hier aber dürfen sie hinaus in den Wald und in den Garten. Zu Hause in Chojniki ist das verboten (FF).

ermöglicht Zwei-Monats-Aufenthalte für Kinder aus verseuchten Regionen. Die erste Schulklasse kam aus Chojniki, aus der verstrahltesten Region des Landes. Dort müßten die Kinder dringend evakuiert werden. Gleichzeitig startete der Verein »Leben nach Tschernobyl Frankfurt e. V.« eine Spendenaktion. Das Erholungsheim für Tschernobyl-Kinder, das unter Beteiligung verschiedener Hilfsorganisationen und Gruppen aus Deutschland und der Republik Belarus am Wilejkasee bei Minsk aufgebaut worden ist, hatte seine ersten Bewohner.

Dort erhalten die Kinder von weißrussischen Lehrern Unterricht, werden pädagogisch und psychologisch betreut und von Ärzten untersucht.

Weil die Kinder im Klassenverband anreisen, sind Bevorzugungen ausgeschlossen. Das Heim wurde aus Spendenmitteln und Fördergeldern des Landes Hessen finanziert. Es kostete in der ersten Ausbaustufe fünf Millionen Mark.

Das Kinderzentrum liegt am Trinkwasserspeicher von Minsk, in einer nicht verseuchten Zone. Dort werden Radioaktivitätswerte unter dem natürlichen Niveau gemessen. Die Bauzeit dauerte, trotz widriger wirtschaftlicher Bedingungen in der Republik Belarus, nur zwei Jahre.

In diesem Projekt haben sich zahlreiche Personen, Initiativen, Gruppen, staatliche Institutionen und viele private Helfer zusammengefunden, die ein fast 200köpfiges Team gebildet haben. Sie wollten die Idee Wirklichkeit werden lassen. Minister schauten in den Staatssäckel, Architekten zeichneten Pläne umsonst, Bauingenieure entwickelten in der Freizeit die Pläne. Jugendgruppen halfen in Work-Camps, genauso wie alte Maurer, die bereits in Rente waren und auf dem »Abenteuerspielplatz *Nadeshda*« noch einmal eine sinnvolle Aufgabe gefunden haben.

Deutsche Jugendliche arbeiteten gemeinsam mit weißrussischen. Schulklassen opferten ihre Klassenfahrt. Journalisten leisteten Pressearbeit. Alle unentgeltlich. Künstler sammelten Spenden. Frauen schrieben Kochbücher, verkauften sie und legten damit das Spendenfundament.

In der zweiten Ausbaustufe soll die Heimkapazität auf 300 Kinder je Aufenthalt erhöht werden. 2000 Kinder pro Jahr werden dann Erholung, Unterricht, Sport und Freizeit in der unbelasteten Umgebung erleben. Ein Sport- und Freizeitzentrum mit Schwimmbad wird hinzukommen.

Da sie ihre verseuchte Heimat für zwei Monate verlassen, nehmen sie weniger Radioaktivität in ihrem Körper auf und bauen durch vitaminreiche Ernährung Strahlung ab. Professor Petrajew hatte das irgendwann mal ausgerechnet. Es ist lange her. Damals konnte sich noch niemand vorstellen, daß einmal ein Kinderheim entstehen könnte. Nun ist es in Betrieb. Die Leute von »Leben nach Tschernobyl« hoffen, daß es nicht das letzte bleiben wird. Über zehn müßten noch gebaut werden. Aber die Republik hat kein Geld.

6. 7. 1994

Der ukrainische Präsident Leonid Krawtschuk hält den Bau eines neuen Atomkraftwerks in der Nähe des Unglücksreaktors bei Tschernobyl für möglich. Dies sei dann sinnvoll, wenn die Anlage in Tschernobyl geschlossen werden sollte, sonst würden zu viele Arbeitsplätze in der Atomindustrie verlorengehen.

10. 7. 1994

Die führenden Industriestaaten wollen bis zu 200 Millionen Dollar bereitstellen, damit der ukrainische Katastrophenreaktor von Tschernobyl stillgelegt werden kann. Die EU-Staaten wollen 950 Millionen Mark beitragen. Mit dem

Die Nahrungmittel in NADESHDA unterliegen einer strengen wissenschaftlichen Kontrolle. Die Kinder sollen unbelastete Nahrung erhalten. Sonst ist der Zweck des Aufenthalts verfehlt (FF).

Geld würden die drei im Bau befindlichen Atomreaktoren fertiggestellt. Umfassende Reformen in der Energiewirtschaft, verstärkte Energieeinsparungen und die Erschließung neuer Energiequellen sollen mit den Geldern finanziert werden.
In der G7-Erklärung von Neapel heißt es zum Thema nukleare Sicherheit wörtlich:
»Die Schließung des Kernkraftwerkes Tschernobyl hat höchste Priorität. Wir werden deshalb in Kürze der ukrainischen Regierung einen Aktionsplan für die Schließung von Tschernobyl unterbreiten. Dieser Plan erfordert Maßnahmen der ukrainischen Behörden und finanzielle Beiträge seitens der Völkergemeinschaft. Die Schließung von Tschernobyl würde mit der baldigen Fertigstellung dreier neuer Reaktoren mit angemessenen Sicherheitsstandards, Reformen im Energiesektor, einer verstärkten Energieeinsparung und der Nutzung anderer Energiequellen einhergehen. In diesem Zusammenhang begrüßen wir den Beitrag der Europäischen Union. Wir sind bereit, in einem weiteren Schritt einen ersten Beitrag von bis zu 200 Millionen US-Dollar in Form von Zuschüssen, einschließlich der Auffül-

lung des Nuklearen Sicherheitsfonds, für diesen Zweck zu gewähren.«

Von unseren Drehreisen nahmen wir Wissenschaftler aus Minsk nach Deutschland mit. Die hatten zwar einen Paß, aber kein Geld für die Reise. So wuchsen wir langsam zusammen. Zuerst zu Partnern, dann zu Freunden. Wir hatten eine Idee. Mehr nicht. Aber wir wußten auch, warum.

Es gab Tage, da war Norbert Schreiber traurig. Es gab Tage, da war er verzweifelt. Es gab Tage, da konnte er lächeln. Die Tage wechselten.

Er hatte Verbündete gefunden. Sie halfen ihm, und er half ihnen. Bei Problemen, bei Rückschlägen. Die Geschichte von NADESHDA ist die Geschichte von Zweifeln, Niederlagen, Hoffnungen und schließlich einem schwer erkämpften Erfolg. Niemand konnte ihn allein erringen. Wichtig aber ist allein: Das Heim arbeitet. Das Heim für die Kinder aus den »Gebieten der strengen Kontrolle«, der »ZONA«.

Noch aber ist der Bau nicht beendet. Einmal Nadeshda reicht nicht aus. Es werden 50 oder 100 sein müssen. Dafür sind der Kinder zu viele.

27. 7. 1994

Die Firmengruppe »Alliance« hat von der Europäischen Kommission den Zuschlag für eine Studie über einen neuen Betonmantel für den Unglücksreaktor von Tschernobyl bekommen. Zu den Firmen gehören Campenon-Bernard SGE, der Baukonzern Bouygues und SGN, eine Tochter der Wiederaufarbeitungsfirma Cogema, die deutsche Firma Walter Bau AG und zwei britische Unternehmen. Die Firmengruppe soll eine Studie erstellen über eine Verstärkung des Sarkophags, der den Unglücksreaktor 4 umschließt, und Vorschläge für die Abschirmung. »Alliance« bekam den Zuschlag vor der deutschen Firmengruppe Hochtief AG und Noell GmbH.

Das Wunder von Minsk oder Weihnachten 1994.

Wir treffen Dr. Wadim Ten in Frankfurt. Er ist auf dem Rückflug nach Minsk. Dr. Ten ist glücklich. Er hat geschafft, was alle um ihn herum, außer seiner Frau Dr. Swetlana Ten, für unmöglich gehalten hatten.

Dr. Ten ist Arzt in Minsk. Er ist Chef der Intensivstation im städtischen Krankenhaus. Ein verantwortungsvoller Posten. Im

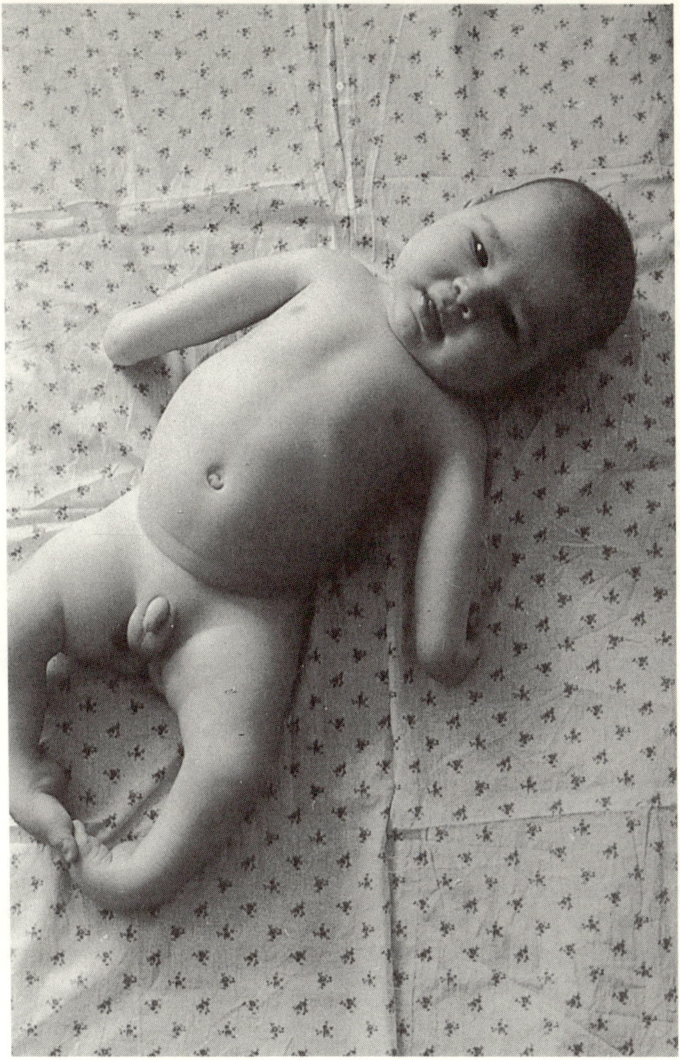

Geboren nach Tschernobyl (EG).

Oktober 1994 brachten sie die kleine Irina zu ihm, ein damals zwei Monate altes Mädchen. Sie verweigerte die Nahrung. Niemand konnte das erklären. Dr. Ten untersuchte sie, eine langwierige, schwierige Untersuchung. Das Ergebnis war für weißrussische Verhältnisse ein Todesurteil. Das Kind litt an einer sehr seltenen Krankheit. Ihr fehlten im Verdauungstrakt Nerven, die signalisieren konnten, daß Nahrung zugeführt werden mußte. Das Kind war dabei, zu verhungern, ohne es zu merken.

25. 8. 1994

1993 hat Weißrußland rund 400 Milliarden Rubel für die Folgekosten des Reaktorunglücks ausgegeben. Das sind 10 Prozent des Gesamtetats. Nach Einschätzung des Deutschen Instituts für Wirtschaftsforschung braucht die Republik Belarus Hilfe bei der medizinischen Betreuung der Bevölkerung, der Dekontaminierung verstrahlter Flächen, bei der Ausstattung mit Strahlenmeßgeräten und bei der Lebensmittelkontrolle auf Radioaktivität.

Wie lange kann man ein Kind intravenös ernähren? Eine Woche? Monate? Vielleicht wenige Jahre! Aber nicht ein ganzes Leben lang. Aber eine Änderung des Nervensystems war nicht erreichbar. Deshalb kam das Kind an den Tropf. Künstliche Ernährung vor dem Hintergrund, daß es in Weißrußland an allem mangelt, an Kanülen, an Schläuchen, an sterilem Verbandsmaterial, an Medikamenten. Es fehlt fast alles. Dr. Ten hatte das Kind in seiner Station, das Problem war erkannt, eine Linderung war jedoch unmöglich. Das Problem war aus Fachbüchern bekannt; gesehen, untersucht, behandelt hatte es noch niemand im Land.

Die Mutter bereitete sich auf den Tod ihrer Tochter vor. Andere Lösungen standen nicht zur Disposition. Dr. Ten telefonierte, die Kollegen hatten das Kind bereits abgeschrieben. Ob die Krankheit der Kleinen etwas mit Tschernobyl zu tun hatte, niemand konnte es ermessen. Außerdem war die Frage an sich schon unsinnig. Irina würde sterben.

Bei den vielen Telefonaten kam heraus, daß die Krankheit in den USA behandelt werden könnte, aber auch da war sie sehr selten, auch da hielten sich Erfolg und Mißerfolg die Waage. Die Kollegen hielten Dr. Ten für verrückt. Es gibt Fälle, bei denen ein Arzt nicht helfen kann. Damit muß man sich abfinden. Zudem bekam Dr. Ten Schwierigkeiten mit seinem Vorgesetzten. Warum telefonierte er dauernd mit Deutschland und den USA, warum gab er soviel Geld aus für einen unlösbaren Fall? In Weißrußland sterben Kinder wegen unwichtigeren, weil bekannteren Gründen. Sterben gehört in den Strahlungsfeldern Tschernobyls zur Normalität inzwischen. Darüber redet man nicht, man nimmt es hin. Es ist unabänderlich.

In Kalifornien, im Orange County, in jenem gesegneten Land, hatten Dr. Tens Anrufe Erfolg. Herbert, ein Arzt in der bedeutendsten Klinik dort, klapperte seine Kollegen ab. Wer macht die Anästhesie, ohne Honorar versteht sich, wer führt die Operation durch, wer assistiert, wer hilft, wer pflegt? Geld war nicht vorhanden.

Später wird Dr. Ten einen Brief schreiben und mit den Worten beginnen: Dear Herbert, Kathy, Steve, Michael, Debby, Linda, Lesly and all my brothers and sisters ... Ein Brief an Freunde beim ehemaligen Erzfeind, ein Brief aus der ehemaligen UdSSR an Menschen in den USA. Der Brief eines Arztes, der nicht mehr helfen konnte.

18. 10. 1994
Störungen im Reaktorblock 3 des Kernkraftwerks Tschernobyl im Leitungssystem, die zur Abschaltung des Reaktors führten. Es war Turbinendampf ausgetreten.

Das Operationsteam steht Anfang November. Die Daten und Untersuchungsergebnisse des Kindes sind übermittelt, die medizinischen Voraussetzungen sind bekannt.

Dann aber kommt der Schock. Zwar arbeiten die Ärzte und Helfer umsonst, aber die Kosten für Pflege und Krankenhaus sind bei allem Entgegenkommen nicht unter hunderttausend Dollar zu senken. Das Aus. Über die Transportkosten wurde noch gar nicht gesprochen. Die sind natürlich auch nicht zu bezahlen.

Dr. Ten telefoniert mit Deutschland. Die Lufthansa erklärt sich bereit, dem Arzt und der Mutter finanziell entgegenzukommen. Aber auch diese Kosten sind nicht gedeckt. Zudem rückt der Termin näher, an dem operiert werden müßte. Und Visa liegen natürlich nicht vor.

In Amerika bemühen sich die Ärzte um die Finanzierung des Krankenhausaufenthalts des Kindes. Erfolglos. Für die Mutter und den Arzt, der das Kind in der Anfangszeit begleiten soll, sind schnell Unterkünfte bei Familien gefunden. Aber es fehlt das Geld für Transport und Krankenhaus, es fehlen Visa.

Am 20. November 1994 läuft der Endtermin der Fluggesellschaft ab. Wenn bis dahin nicht alles geklärt ist, dann, so erklärt der Vertreter der Lufthansa in Minsk Dr. Ten, dann muß abgebrochen werden. Der 20. November läuft ab, nichts ist geklärt. Dr. Ten ist verzweifelt. Sein Vorgesetzter hat ihm schlicht erklärt: keine weiteren Telefonate. Keine weiteren Kosten. Ende der Aktion.

Dr. Ten spricht wieder einmal mit seiner Frau Swetlana, selbst Ärztin in der Kinderklinik Nr. 3. Obwohl beide arbeiten, ist ihr Verdienst gering, Taxifahrer verdienen mehr. Und dann sagt sie: »Für was brauchen wir die 20 Dollar, die du fürs Telefon brauchst? Telefoniere, du bist verantwortlich für das Kind, du willst es, du mußt handeln. Telefoniere, versuche es weiter.«

Die Lufthansa verlängert den Termin bis Ende des Monats. Dann, so heißt es, sei es nicht mehr verantwortbar, Flugplätze freizuhalten für Leute, die nicht mitfliegen können. Aber es ist eine Verlängerung der Frist. Die beiden Tens verlieren die Hoffnung und bauen sich gegenseitig wieder auf. Für die Mutter des Kindes ist die Prozedur der Horror an sich.

Die künstliche Ernährung des Kindes zeigt vorübergehende, kurzzeitige Erfolge. Irina erkennt ihre Mutter, erkennt den Arzt, lächelt den Pflegerinnen zu. Aber entscheidende Teile der Hilfe fehlen noch.

Dr. Ten geht zur amerikanischen Botschaft. Wegen der Visa für die USA. Dort kennen ihn inzwischen führende Beamte. Natürlich, so sagen sie, sei das Visum kein Problem, ein Problem allerdings bleibe die Finanzierungslücke für das Krankenhaus. Also: kein Visum für das Kind. Der November nähert sich dem Ende. Die Hoffnung sinkt.

Am 30. November kommt die Zusage einer amerikanischen Kirche: Wir übernehmen einen Teil der Transportkosten. Was danach kommt, geht schnell. Die Lufthansa verlängert den Termin für die Buchung auf den 4. Dezember, die amerikanische Botschaft gewährt ein Visum unter dem Vorbehalt, die Krankenhauskosten zu klären, die deutsche Botschaft stellt innerhalb weniger Minuten ein Transitvisum aus. Aber noch immer ist nicht geklärt, wie das Krankenhaus zu bezahlen ist. Mehr Entgegenkommen kann das privat betriebene Haus nicht bieten. Die tatsächlichen Kosten werden weit höher liegen.

Es kommt der 3. Dezember. In Amerika bemüht sich das Operationsteam um Helfer, um Sponsoren, um Geld. Der Tag verstreicht ohne Ergebnis.

Am 4. Dezember 1994 steht endlich fest: Eine amerikanische Kirchengemeinde steht für die Krankenhauskosten gerade, eine Bürgschaft, die eingelöst werden wird.

Abflug Minsk. Das Kind, jetzt vier Monate alt, die Mutter, der Arzt. Den größten Teil der Flugkosten trägt die Lufthansa. Linienflug nach Frankfurt, Deutschland. Das Kind muß in einem Inkubator transportiert werden. Dr. Ten hat ihn zwischen sich und der Mutter festgeschnallt. Flugzeit: knapp drei Stunden. Dann wartet neben dem Flieger die Ambulanz der Flughafenklinik Frankfurt. Die Kosten gehen auf die Fluggesellschaft, die Lufthansa hatte einfach genickt, als das Problem aufkam.

In der Klinik verbringt das Kind eine ruhige Nacht. Seine Mutter und Dr. Ten sind bei ihm. Nur kurz verlassen sie den Trakt, um zu essen. Gutscheine für ein Essen, für VIPs normal, hier aber geht es um ein kleines Mädchen. Hilfe, Hilfsbereitschaft ist »ansteckend«.

Vertreter der Linie hatten Dr. Ten und Irinas Mutter die Pässe abgenommen. Sie wollten die Formalitäten übernehmen. Selbstverständlich sollten sie bei dem Kind bleiben, selbstverständlich gab es Wichtigeres als »Formalitäten«. Es war nicht bloße Pflichterfüllung von Arbeitnehmern, sie haben mitgelitten, haben sich engagiert, waren »menschlich«. Sie waren Helfer, das Leben eines kleinen Mädchens zu retten. Wo es herkam, war jetzt völlig egal.

Am nächsten Morgen der Weiterflug nach Los Angeles. An sich ein normaler Job, aber da war das kleine Mädchen im Brutkasten. Nur in den USA bestand die Hoffnung auf eine Zukunft.

In Los Angeles geht alles schnell, professionell. Weitertransport in die Klinik. Die erste Operation. Sie wird wenig Erfolg haben. Das Problem ist zu kompliziert. Der Fall zu neu. Die Krankheit zu unbekannt. Zu schwierig.

Dann die zweite Operation. Die Zeit des bangen Wartens, die Zeit der Verzweiflung von Mutter und Ärzten. Dr. Ten wartet auf ein kleines Zeichen der Hoffnung.

Dr. Ten ist koreanischer Abstammung. Sein Großvater war bereits Weißrusse, anerkannt war er nie, wie sein Enkel auch. Ein Exot im Volk der »gleichen«. Nun aber, zum ersten Mal in seinem Leben, ist die Abstammung Dr. Tens von Vorteil. Der koreanische Fernsehsender von LA erfährt den Fall, interviewt ihn, weckt Interesse für die kleine Patientin. Und wiederum ist es gleichgültig, woher das Kind kommt.

Hunderte rufen bei der Station an. Aberhunderte versprechen Unterstützung. Am 24. Dezember 1994 vermeldet das ärztliche Bulletin der Klinik den Erfolg der ersten Operation.

Amerikanische Zeitungen und Fernsehstationen nannten den Erfolg bei Irina »das Weihnachtswunder«. Ein »Wunder« war es wohl nicht. Es war wohl mehr der Widerstand gegen ein ach so sicheres medizinisches Untersuchungsergebnis und die Kraft, es nicht zu akzeptieren. Wir aber können es natürlich auch als »Wunder von Weihnachten '94« annehmen, denn dann wären »Wunder« endlich zu verstehen. Dann wären weitere »Wunder« denkbar.

Oktober 1994

Wir trafen Professor Edmund Lengfelder anläßlich der Einweihung von NADESHDA, dem neuerbauten Kinderheim in der Nähe von Minsk. Lengfelder zählt zu den erfahrensten Strahlenmedizinern und beschäftigt sich seit Jahren mit den Problemen in Weißrußland. Auf seine Initiative gehen zum Beispiel Ambulatorien zurück, die in den verseuchten Gebieten frühzeitig Krankheiten erkennen sollen.

Franke: »Sie beobachten die Situation in Tschernobyl schon seit Beginn dieser Katastrophe. Wenn Sie jetzt eine Bilanz seit 1986 ziehen würden: Was hat sich verändert?«

Lengfelder: »Zunächst waren im Zeitraum zwischen 1986 und 1989 der Westen und die wissenschaftliche Welt im Westen auf Berichte angewiesen, die wohl sehr gefärbt und gefiltert von dort hierherkamen. Mitte/Ende 1989 bestand für mich die Möglichkeit, selbst dorthin zu fahren, und seit dieser Zeit befasse ich mich mit dem Thema Tschernobyl.

Am Anfang sammelte man persönliche Eindrücke, hat kaum Informationen von seiten der Kliniken gehabt: Dort diese Aussage ... dort eine andere ... Zum Teil dramatische Aussagen, zum Teil: ›Dort ist überhaupt nichts los.‹ Mit der Zeit bekommt man ein Gefühl, wo die Wahrheit nahe und wo sie nicht so nah ist.

Aufgrund unseres heutigen Wissens können wir sagen, daß sie auch in Zukunft in dieser massiven Form zunehmen werden, bis das Maximum erreicht ist.«

Franke: »Nun hat man Karten gezeichnet, die aufzeigen, wo etwa diese verstrahlten Gebiete sind. Wir hören immer wieder von den Ärzten, daß dies nicht genügt, daß sie sehr viele Meldungen

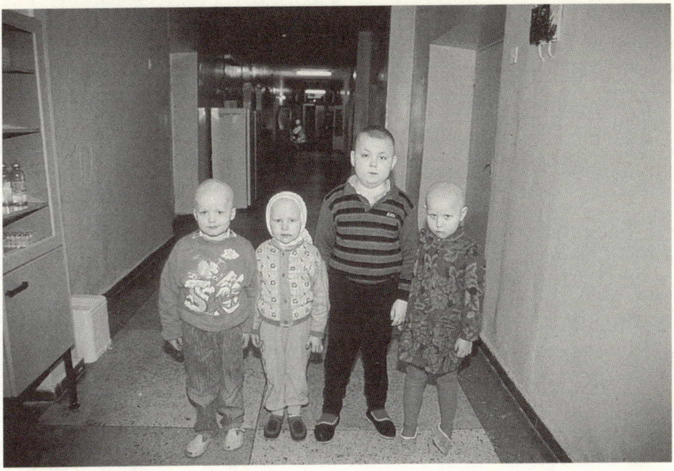

Klinik Nr. 1, Foto: März 1991. Im April 1991 waren alle Kinder verstorben (EG).

über Krankheiten auch aus anderen Gebieten erhalten, die eigentlich als ›frei‹ gelten.«

Lengfelder: »Die Belastungskarten, die allgemein gehandelt werden, sagen ja eigentlich nur aus, welche Caesiumbelastung vorliegt. Die Schilddrüsenbelastung kann man vor allem durch das radioaktive Jod erkennen. Die Verteilungsmuster des radioaktiven Jods waren ganz gravierend andere als die Verteilungsmuster für das Caesium. Für das Jod gibt es inzwischen auch spezielle Karten, und hier sieht man auch die Landstriche, zum Beispiel der Osten von Brest, welcher caesiummäßig nicht sosehr in den Vordergrund kommt. Dort war viel radioaktives Jod. Von dort kamen auch sehr viele Fälle von Schilddrüsenerkrankungen bei Kindern.

Dann gibt es noch einen anderen Aspekt: Nämlich die Menschen, also auch die Kinder, haben zum Teil innerhalb der Sperrzone gewohnt, wurden dort binnen drei, vier, fünf, acht Tagen evakuiert und haben in dieser einen Woche Dosen von 25 bis 30 Rem und noch mehr aufgenommen, die krank machenden Charakter haben, zumindest bei den besonders empfindlichen. Wenn die nun von dort in saubere Gebiete gehen, haben sie diese Strahlenlast mitgenommen. Die kann einem ja keiner mehr abnehmen.

Deswegen ist es durchaus möglich, daß in heute sauberen Gebieten Leute, die sehr früh umgesiedelt worden sind, also eine Woche oder zwei Wochen nachher, durch das Mitnehmen dieser Strahlenbelastung dort Krankheiten entwickeln.«

Franke: »Wie würden Sie denn die Gefährlichkeit dieser Folgen und die Wichtigkeit dieser Folgen einstufen wollen?«

Lengfelder: »Also stellen wir fest, daß das Schulwissen, das bis Tschernobyl gemeint hat, die Folgen einer starken Strahlenbelastung einer Population zu kennen, aus Hiroshima und Nagasaki und aus anderen vergleichbaren Belastungsformen, daß dieses Schulwissen nach Tschernobyl ganz erheblich ins Wanken geraten ist. Zum Beispiel die ganz massive Beeinflussung des Immunsystems im Sinne einer Reduzierung der Immunleistungsfähigkeit.

Das Wort Tschernobyl-Aids, das in vielen Kreisen falsch verstanden, z.T. auch mit Unverständnis zurückgewiesen wird, dieses Wort Tschernobyl-Aids hat absolut seine Berechtigung.

Das Wort Aids bedeutet ja eine erworbene Immunschwäche, nichts weiter als das. Und wodurch die Immunschwäche erworben wurde, ob durch eine Virusinfektion, wie beim HIV-Virus, oder durch Strahlung, das spielt keine Rolle. Der Begriff ist also absolut berechtigt. Die Immunschwächen haben gerade bei Kindern zur Verkomplizierung von Infektionskrankheiten geführt, zu Verlängerungen oder dazu, daß sich Kinder sehr schnell Krankheiten einfangen. Früher zum Beispiel hatte in einer Klasse irgendein Kind eine Infektionskrankheit. Heute haben es sofort alle, was früher kaum der Fall war oder viel weniger. Das tritt heute vermehrt auf und wird auch durchaus als anhaltend beobachtet.

Was die Endokrinologie angeht, so ist das auch eine neue Erfahrung, wobei für die Zunahme der endokrinologischen Erkrankungen statistisch noch keine ausreichend belastbaren Zahlen vorliegen. Da Tschernobyl auf lange Dauer wirkt, also die Aufnahme von Strahlung über Bestrahlung von außen und über bestrahlte Lebensmittel anders zu bewerten ist als der Atomblitz, wo die Strahlenbelastung innerhalb weniger Sekunden auftritt. Der ›Fallout‹ spielt hier nur eine geringere Rolle.

Diese Unterschiede führen dazu, daß auch die Antwort des menschlichen Organismus unterschiedlich ist. Wir müssen feststellen, daß die Zunahme der endokrinologischen Erkrankungen einschließlich beispielsweise der von der Hypophyse ausgehenden, also Wachstumsstörungen etc., oder die Zunahme auch des Diabetes bei Kindern, wohl in Zusammenhang zu bringen ist mit Tschernobyl. Zu erklären wäre das möglicherweise dadurch, daß hier strahlungsbedingt entzündliche Formen auftreten, die natürlich dann zu Schädigungen führen.

Wir haben bisher so etwas nicht beobachtet, aber wir müssen hier dazulernen. Unser Schulwissen ist nichts Statisches, nichts endgültig Sicheres, sondern wird sich in neuen Situationen immer wieder umorientieren müssen.«

Franke: »Man hat zur Zeit das Gefühl, daß die Katastrophe mehr und mehr in Vergessenheit gerät, daß sie von interessierten Kreisen, z.B. der Internationalen Atomenergiebehörde in Wien, heruntergespielt wird.«

Lengfelder: »Zunächst: Die Rolle der Internationalen Atomagentur in Wien ist eine unselige. Ich sage ganz bewußt dieses Wort.

Und zwar deswegen: Die IAEA, sozusagen die Dachorganisation der Atomenergie nutzenden Staaten, ist eine UNO-Unterorganisation, hat aber gemäß ihrer Satzung die Aufgabe, Atomtechnik und Atomnutzung weltweit zu beschleunigen und zu verbreiten.

So steht es in deren Satzung drin.

Eine solche Organisation befürchtet bei Tschernobyl erst einmal, daß was ganz anderes dabei herauskommt, denn die öffentliche Akzeptanz könnte weit zurückgehen. Dadurch wird nachvollziehbar, daß diese Organisation versucht, den Sachverhalt verharmlosend darzustellen. Trotzdem ist es niemals akzeptabel.

Die IAEA, also diese Internationale Atomenergieagentur, hat eine Studie durchgeführt, an der sich 200 Westwissenschaftler und 600 sowjetische Wissenschaftler beteiligt haben.

Sie haben Ende 1989 und im Laufe des Jahres 1990 ihre Daten erhoben und dann international im Jahre 1991, im Mai in Wien, die Aussage getroffen: Es gab keine Gesundheitsstörungen, die direkt einer Strahlenbelastung zuzuordnen sind.

Eine solche Aussage war zur damaligen Zeit, ich sage es ganz bewußt, eine dreiste Unwahrheit oder eine dreiste Lüge, denn zu dieser Zeit, wenn wir davon ausgehen, daß Ende 1990 die Datenerhebung abgeschlossen wurde, war die Zahl der kindlichen Schilddrüsenkrebsfälle bereits mehr als zehnmal so hoch wie im Mittel der zehn Jahre vor Tschernobyl.

Wer so etwas übersieht, hat entweder von der Untersuchung wenig Ahnung, oder es ist Absicht dahinter.«

Franke: »Wie ist es eigentlich möglich, daß sich so viele Wissenschaftler, internationale Wissenschaftler, für so etwas hergeben? Ist das der Drang nach Geld?«

Lengfelder: »Es ist nach meiner Überzeugung nicht der Drang nach Geld.

Was ich hier sage, ist eigentlich eine kurze Charakterisierung der Situation, wie wir sie heute in der Wissenschaft haben. Ich bin mir dessen bewußt, daß diese Worte nicht bei jedem meiner Kollegen Freude oder Zustimmung auslösen.

Die Wissenschaft ist in eine Abhängigkeit von der Politik geraten oder von den Kreisen, die Wissenschaft finanzieren. In dieser Abhängigkeit ist es klar, daß man in Interessenzwänge für sich selbst kommt, daß man sich überlegt, was kann ich noch sagen, damit ich mich im Spiegel noch anschauen kann, und was kann man erwarten, von welcher politischen Ecke kann ich wieviel Unterstützung erwarten?

Und eine weitere Sache ist auch: Wissenschaftler haben Vorlieben, haben Überzeugungen, die nicht international sind, und wenn man diese Punkte zusammenführt, dann ist eindeutig eine schiefe Betrachtungsweise durchaus möglich und durchaus nicht immer nur ein Zufall.

Was diese IAEA-Untersuchung angeht, die Wissenschaftler, die hierbei mitgewirkt haben, sie sind ja alle namentlich bekannt, sie stehen ja in dem Bericht namentlich drin. Aus Deutschland waren es 17 Wissenschaftler, sie waren nicht freiwillig ausgewählt aus einem weiten Spektrum, sondern es waren durchaus, wenn man sich die Zuordnung anschaut, es waren überwiegend Organisationen, etwa staatliche Großforschungszentren, oder dort, wo die Interessenbindung innerhalb der Wissenschaft bekannt ist.

Ich muß ganz klar sagen, ich kenne einige auch der deutschen Wissenschaftler, die hier mitgewirkt haben, daß eine Beurteilung durch diese Wissenschaftler direkt nicht stattfand, sondern sie haben die Daten gesammelt und haben diese dann an eine Gruppe übergeben, die ausgewählt war von der IAEA, und diese Gruppe hat dann die Bewertung vorgenommen.

In dieser Bewertung heißt es ganz klar: es gab keine Gesundheitsfolgen, die einer Strahlenbelastung zugeordnet werden konnten. Und diese Bewertung ist in meinen Augen absolut nicht nur tendenziös, sie ist nachweisbar am Schilddrüsenkarzinom falsch, und jemand, der zu dieser Zeit so etwas sagte, hat entweder weggeschaut oder hat gelogen.

Daß die Öffentlichkeit, die Kreise, die beispielsweise an der Nutzung der Atomenergie Interesse haben, politische Kreise und wirtschaftliche Kreise, daß diese Kreise eine solche Botschaft mit Freude aufnahmen, ist verständlich, und die Bereitwilligkeit, mit der unser Bundesamt für Strahlenschutz in Deutschland diese Botschaft dann übernommen hat, verbreitet hat, ist ein Zeichen, wie eng die Politik mit solchen Interessen verbunden ist.

Es ist ja auch kein Geheimnis, daß die bestehende Regierung, ja das Bundesamt für Strahlenschutz sich in dieser Form etabliert hat, daß diese Regierung für Kernenergie eintritt und demzufolge auch die Berater des Umweltministeriums oder der Politiker im regierenden Bereich durchaus bekannt sind als nicht nur Nichtkritiker, sondern auch als aktiv Eintretende für diese Technologie. Wenn man kein Spektrum hat von Wissenschaftlern beider Lager, die kontrovers diskutieren können müssen, dann kommen eben so schiefe Einschätzungen heraus.«

Franke: »Was kommt auf die Menschen noch zu?«

Lengfelder: »Aus unserer bisherigen wissenschaftlichen Erfahrung, aus der Auswertung der Hiroshima/Nagasaki-Daten, aus der Auswertung anderer Daten, wo großflächig Personen belastet worden sind, haben wir durchaus einen brauchbaren Überblick. Die Situation in den Atombombentestgebieten von Semipalatinsk wird so sein, daß hier die Zahl der Tumorfälle noch ganz deutlich zunehmen wird. Wieviel das werden wird, keiner weiß es.

Das können Hunderttausende sein, das können viele Hunderttausende sein, ich weiß es nicht.

Fest steht, daß hier diese Technologie zu einem Unfall und damit zu Folgen geführt hat, wie sie nach meiner Überzeugung bei einer Technologieverwendung niemals die Folge sein dürfen. Ich bin der Auffassung, daß die Menschen die Konsequenzen daraus ziehen sollen, und die Konsequenz sollte nicht heißen: Wir sind ein bißchen sicherer als andere, sondern die Konsequenz sollte heißen, daß man seinen wissenschaftlichen Intellekt, seine Ingenieurfähigkeiten, das, was an technischem Potential zum Beispiel in Deutschland da ist, dazu verwendet, in Technologien einzusteigen, wo das inhärente Risiko aufgrund physikalischer Gesetze nicht vorhanden sein kann.

Diesen Appell möchte ich an die Wissenschaft richten und vor allem an die Politik.

Ich möchte noch etwas dazu sagen: Nach meiner Überzeugung lassen sich viele Wissenschaftler für politische Vorstellungen und Wünsche instrumentalisieren. Ich bin der Auffassung, ein Wissenschaftler hat die Verantwortung, seine Ergebnisse nicht nur solide zu ermitteln und öffentlich zu machen, sondern auch dafür zu sorgen, daß mit seinen Ergebnissen Politiker nicht spielen und sie für ihre eigenen Zwecke einsetzen.

Denn der Politiker wird mit einem wissenschaftlichen Ergebnis umgehen wie beispielsweise ein Kind mit einer Schere. Das heißt: Die weitreichenden Gefahren bei ganz bestimmten Technologien sind vielleicht vielen Politikern hier nicht bekannt.

Viele Dinge sind verständlich, aber bei komplexen Technologien halte ich das für einen wesentlichen Aspekt, und ich finde, der Wissenschaftler, der nur sagt: ›Ich mach' Ergebnisse und wer die verwertet, ist mir gleichgültig‹, dieser Wissenschaftler stiehlt sich aus der Verantwortung.«

27. 12. 1994

Zehn von 42 Druckwasserreaktoren in Osteuropa weisen größte Sicherheitsdefizite auf, sagt die Gesellschaft für Reaktorsicherheit, sie müßten erheblich nachgerüstet werden. Von 16 Reaktoren des Tschernobyl-Typs müßten nach sowjetischer Meinung allein sechs stillgelegt werden. Von den zehn gefährlichen Reaktoren stehen vier in Rußland, zwei in der Tschechoslowakei und vier im bulgarischen Kosloduij. Weiter seien in Osteuropa 14 Druckwasserreaktoren mit verbesserten Sicherheitseigenschaften in Betrieb sowie 18 modernere Anlagen. Für die Nachrüstung wird mit 15 Millionen Mark gerechnet.

Wir finden erneut Freunde. Natürlich. Dafür ist das Problem drängend genug. Sie werden aus einem Land kommen, weit entfernt von uns. Weiter geht es eigentlich nicht. Sie kommen aus Australien.

Vor ihrer »Haustüre« liegen die Atomversuchsfelder der großen westlichen Staaten. Die atomare Verseuchung wird international. Das war sie schon immer. Wir haben dies nur nicht wahrhaben wollen. Die Gefahr kommt aus Ost wie West. Die Welt ist voll von Radioaktivität. Tschernobyl ist nur ein kleiner Teil des Problems. Tschernobyl ist überall. Nur die Namen sind verschieden.

Eines Tages stand er vor der Tür. Frank Franke hatte ihn kennengelernt. Auf einer Reise. Er ist Australier. Bob Bott. Früher war er ein großer Versicherungsmakler. Jetzt lebt er vom Geschäft zurückgezogen. Er will helfen. Vor der »Haustüre« seines Landes sind die großen Atomversuchsgebiete westlicher Großmächte. Der radioaktive Dreck ging zuerst in seinem Land nieder. Deshalb ist die Sensibilität für die radioaktive Belastung der Menschen in seinem Land besonders hoch.

6. 11. 1994

Russische Behörden befürchten eine neue Atomkatastrophe, berichtet der »Observer«. Die IAEA bestätigt, daß über 30 Milliarden Mark in die Instandsetzung der russischen Atomanlagen investiert werden müßten.

24. 11. 1994

Das Pflegezentrum für Tschernobyl-Opfer in Slawutitsch, das auch psychologische Beratung anbietet, berichtet von »Alkoholismus, Familienproblemen und bohrenden Zukunftsängsten der Menschen«. Sie würden mit den sozialen Folgen des Unglücks und ihren psychologischen Problemen nicht mehr fertig.

Bob ist zu uns gekommen, weil er prüfen will, ob Australien mehr helfen kann, als »nur« Tschernobyl-Kinder einzuladen. Er ist Mitglied der australischen Rotarier und will nun diese Organisation in ein weltumspannendes Hilfsprogramm eingliedern. Er möchte, daß die Rotarier weltweit den Opfern der Tschernobyl-Katastrophe helfen.

Die Fahrt mit ihm ist lang. Von Minsk fahren wir wieder einmal dem Reaktor entgegen. Mit uns fährt Dr. Ten, der Arzt. Er hat einen kleinen Patienten in Gomel. Der soll nun nach Deutschland gebracht werden. Das Kind leidet an einer Zottenatrophie, er kann nur spezielle Nahrung verdauen. Hinzu kommt, daß er zu flach atmet. Ohne Sauerstoffmaske würde er in kurzer Zeit sterben. Dr. Ten sagt, es läge an Tschernobyl, an der Strahlung in Gomel.

Auf der Straße sind viele Menschen. Sie feiern den Sieg im Zweiten Weltkrieg. Die Stadt ist geschmückt. Auf der großen Straße in der Innenstadt paradieren Soldaten und Veteranen. Bunte Wimpel werden geschwenkt. Zur Ehre der alten Kämpfer, die stolz ihre Orden tragen, hat man auch die alten Fahnen herausgehängt. Die mit Hammer und Sichel, die der Sowjetunion.

Auf der Straße viele Kinder. Heute haben sie schulfrei. Heute können sie sich freuen. Heute dürfen sie herumtollen, bekommen Geschenke. Die Stadt ist hochverseucht. Bis zum Reaktor sind es nur gut 100 Kilometer. Die ersten Bilder aus Gomel wurden damals, gleich nach der Katastrophe, noch auf Film aufgezeichnet. Auf den Bildern viele helle Flecken. Radioaktivität hat sie zerstört. Gomel war damals kein gewöhnlicher Drehort. Evakuiert aber wurde die Stadt nicht. Es lebten zu viele Menschen dort.

Im Krankenhaus ist das Kind nicht allein. Es heißt Robert. Seine Mutter kann nicht bei ihm sein. Auch sie ist schwer krank. Deshalb sind Großmutter und Großvater bei ihm. Der Kleine hechelt. Seine Lungen bekommen nicht genug Luft, das kleine Herz pocht rasend. Die Schläge zeichnen sich deutlich auf seinem dünnen Körper ab. Versagt die Sauerstoffanlage, wird Robert sterben.

13. 4. 1995

Der Direktor des ukrainischen Atomkraftwerks Tschernobyl hat für den Fall der Schließung des Kraftwerks 4,4 Milliarden Dollar gefordert. Sergej Paraschin: »Tschernobyl ist eine der besten Anlagen in der Ukraine.«

26. 4. 1995

Der ukrainische Gesundheitsminister Andrej Serdjuk bestätigt, daß bis 1994 125 000 Menschen an Strahlenkrankheiten verstorben sind.

26. 4. 1995

Das französische Institut für Atomschutz warnt davor, die Gefahren der Grundwasserverseuchung zu unterschätzen. Es müßten Maßnahmen gegen das Einsickern in das Grundwasser getroffen werden.

Professor Meier-Sydow aus Frankfurt begleitet Bob Bott, auch er ist Rotarier. Er will prüfen, wie die Hilfe aussehen könnte. Sydow ist Spezialist für Lungenkrankheiten. An diesem Morgen werden unsere Reisepläne durcheinandergeworfen. Das Kind fliegt nämlich nach München. Wir alle werden nach München fliegen. Nicht nach Frankfurt.

Trotzdem muß es erst einmal weiter nach Chojniki gehen. Heran an die 50-Kilometer-Zone, weiter heran an die Gefahr. Unsere Reisen zuvor waren im Winter, bei Schnee, Regen und Frost. Damals mußten wir keine Angst vor den »Hot Spots« haben. Jetzt aber ist es trocken. Jetzt wirbelt der Staub umher.

Wenige Kilometer vor Chojniki ein Bauer. Er treibt seine Kühe in den Wald. Das ist ihre Weide. Wir haben eine Verseuchungs-

Kurz vor Chojniki treibt ein Bauer seine Kühe in den Wald. Der Wald speichert Radioaktivität. Was aber, so sagt er, soll er sonst machen? (FF)

karte dabei. Unsere Erklärungen über die Gefahr nützen dem Bauer wenig. Wir machen ihn nur trauriger. Nein, sagt er, er wisse nicht, wie hoch hier die Verseuchung sei. Sie hätten keine Karten. Und sagen würde ihnen auch niemand etwas. Irgendwo aber müsse er seine Kühe doch weiden lassen. Von irgendwas müßten sie doch leben. Irgendwie müsse es doch weitergehen.

Vielleicht tut Aufklärung nur weh, wenn man keine Alternative hat.

Chojniki, die Stadt, ist leer. Die Menschen sind im Wald. Sie feiern das Fest. Das Fest des Sieges. Wir wissen, daß Bäume Radioaktivität speichern. Wir wissen, daß hier ein gefährlicher Ort ist. Aber sollen wir ihnen dies nun sagen?

Einige sind ein bißchen betrunken. Einige sind nur lustig. Die Frauen singen, sie haben die Kinder dabei. Die Männer trinken noch ein wenig weiter. Währenddessen fängt es an zu regnen. Uns beruhigt das. Die Feiernden finden das weniger schön. Sie müssen nun den Wald verlassen. Und einer sagt im Vorbeigehen: »Wenn wir schon keine Zukunft mehr haben, dann wollen wir wenigstens feiern, wie früher auch. Im Wald.«

Robert, das Kind aus Gomel, wurde nach München gebracht. Im Kinderkrankenhaus wurde es behandelt. Inzwischen hat das

Als wir den Bauern verlassen, ist seine Angst nur gewachsen. Unsere Verseuchungskarte hat ihn beunruhigt. Solch eine Karte hatte er vorher noch nicht gesehen (FF).

Kind die Bundesrepublik wieder verlassen. Die Probleme mit der Lunge konnten gelöst werden. Es war eine Virusinfektion. Eine sehr seltene Krankheit. Die Zottenatrophie kann nur durch spezielle Ernährung behandelt werden. Ob die allerdings im Land des Mangels, in Weißrußland, zu finden sein wird, bleibt abzuwarten. Robert wird das Erbe Tschernobyls sein Leben lang mit sich herumschleppen. Wie lange sein Leben dauern wird, wer kann das abschätzen?

16. 5. 1995

Die ukrainische Regierung hat ihre Stillegungspläne vorgelegt. Der erste Reaktor von Tschernobyl soll 1997, der Reaktor 3 im Jahr 1999 stillgelegt werden. Die Regierung in Kiew fordert vier Milliarden Mark von den G7-Staaten für die Schließung von Tschernobyl. Die Stromversorgung soll von einem Gaskraftwerk übernommen werden.

14. 7. 1995

Eine zweite Ummantelung des Katastrophen-Reaktors würde 2,2 Milliarden Mark kosten, die Versiegelung der bereits existierenden Ummantelung 1,8 Milliarden Mark. Das französische Firmenkonsortium Alliance rechnet mit dem Baubeginn im April 1996 zum zehnten Jahrestag der Katastrophe von Tschernobyl. Gebaut wird bis ins Jahr 2007.

Bob Bott ist wieder in seine Heimat Australien zurückgekehrt. In das Land, das nun wieder von französischen Atombomben bedroht ist. Zu Hause erzählt er weiter, was er gesehen hat. Schildert seine Erlebnisse im Schatten des Sarkophags von Tschernobyl. Im Land wurde inzwischen entschieden, das Projekt für die verseuchten Kinder von Tschernobyl zu fördern. Australien ist in das große private Hilfsprogramm eingestiegen. Die Hoffnung wächst.

Staatliche Stellen haben sich aus der Hilfe zurückgezogen. Über den weiteren Betrieb des Kraftwerkes wird nachgedacht. Das wird noch geraume Zeit so bleiben. Bis Entscheidungen gefallen sind, werden noch viele Menschen erkranken. Wir sind erst am Anfang. Ein Ende ist noch nicht abzusehen. Hunderttausende, so schätzte Professor Lengfelder, werden noch sterben. Spekulationen über die wahre Zahl der Opfer hält er für unseriös. Lengfelder ist Wissenschaftler. Er kann zuerst einmal nur beobachten. Hilfsprogramme richten sich nach dem Bedarf. Der wird in Zukunft groß sein. Da fällt uns wieder der Satz ein:

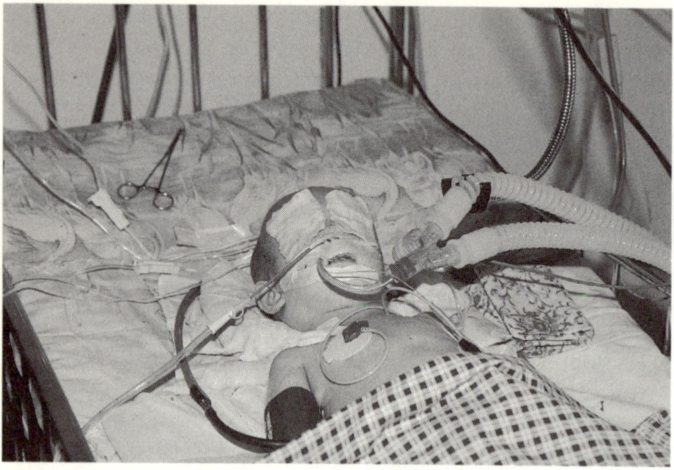

Die Intensivstation der Klinik Nr. 3, Minsk. Das Kind ist allein. Die Mutter arbeitet in der Nähe von Brest. Nur selten kann sie das Kind besuchen. (FF).

»Denkt an uns, wenn ihr noch lebt!« Das Wort einer Mutter in einer Klinik in Minsk.

8. 12. 1995

In einem Tschernobyl-Memorandum legen die Ukraine und die Gruppe der führenden sieben Industrienationen fest, wie die zwei noch funktionierenden Reaktoren in Tschernobyl stillgelegt werden sollen. Der ukrainische Umweltminister Kostenko sagte, das Datum Jahr 2000 als Zeitpunkt für die Stillegung sei aus dem Memorandum gestrichen worden. Von westlicher Seite wird dies bestritten. Reaktorsanierung ins nächste Jahrhundert verschoben? Tschernobyl – die Jahrhundert-Katastrophe.

Epilog

Da sind Bilder, die hängenbleiben. Der Journalist, der Beobachter kann vor dem erlebten Unrecht nicht fliehen. Unrecht aber ist ein moralischer Begriff. Mit ihm wurde viel Schindluder getrieben. Bleiben wir deshalb bei den Opfern. Vor allem den Kindern.

Sascha, fünf Jahre alt, das Gesicht so weiß wie das Bettlaken, auf dem er liegt. Er bekommt die Infusion gewechselt. Das Kontrollgerät piept, weil die Infusion unterbrochen ist. Es ist der gleiche Ton wie auf dem Damm damals, gegenüber der verlassenen Stadt Pripjat, als uns die Radioaktivität mit dem Ticken des Geigerzählers bewußt wurde. Draußen plärrt irgendein Lautsprecher Marschmusik, weit entfernt, wie damals.

Als wir, nur wenige Kilometer entfernt, auf der weißrussischen Seite des Flusses Pripjat gegenüber der Stadt standen, haben wir schon einmal diese Musik gehört. Damals konnten wir sie nicht erklären, der Dunst war zu dicht. Zu weit war die Stadt entfernt. Unsichtbar für uns die Liquidatoren, die dort arbeiteten. Wir waren allein mit dieser unheimlichen, entfernten Musik. Musikfetzen aus einem toten Land.

Sascha liegt in einem Gitterbett. Ein kleines Gesicht. Weit aufgerissene, dunkle Augen, schwere Schatten darunter. Im rechten Arm steckt die Kanüle. Der kleine Arm ist mit Stoffetzen am Bett festgebunden. Damit das Kind sich nicht die Kanüle herausreißt. Der Arm ist blau von Einstichen, bepflastert mit Bändern und Klebestreifen. Sascha leidet.

Vielleicht kann man den Schrecken der Katastrophe nur ertragen, wenn man die Aufgabe bekommt, sich mit ihr zu beschäftigen. Durch den kleinen Sucher der Fernsehkamera, schwarz und weiß und grau zudem, ist das Leiden entfernter. Es erlaubt dem Berichterstatter, sich in die Distanz flüchten zu können. Ertragen muß man nur den kleinen Ausschnitt. Leiden in kleinen, ertragbaren Teilbildern. Versteckt hinter Kamera und Mikrophon. Und immer das Wissen: Bald bist du wieder hier weg!

Sascha hat diese Hoffnung nicht. So, wie es aussieht, wird er eine weitere Reise nicht mehr erleben dürfen. Sascha wird sterben. Morgen, in einer Woche oder vielleicht auch ein wenig später. Er wird nicht der einzige sein. Und dann, plötzlich, nur der späte Besucher nimmt sie noch zur Kenntnis, eine schwache, alte

Kinderbild: die Katastrophe und das Leben nach Tschernobyl (NS).

Stimme. Laute wie von einem kleinen Tier. Ein Laut der grenzenlosen Traurigkeit. Jenseits bereits von Bitterkeit und Zorn. Nichts Forderndes. Nur noch Trauer und Hoffnungslosigkeit. Sascha ruft seine Mutter. Er weiß, daß sein Rufen vergebens sein wird. Darüber ist er hinweg. Mit dieser Trauer wird auch sein Leben ein Ende finden. Er wird sterben wie ein kleines, schwaches, vergessenes Tier.

Das Pfeifen des Meßgeräts, die Musik im fernen Pripjat und der Ruf Saschas. Ein kleiner Junge aus der Nähe Chojnikis, im Krankenhaus, und dann wieder der Blick auf den Damm vor dem Sarkophag.

Erlebtes wiederholt sich nicht, Eindrücke aber erfahren Vervollkommnung. Es sind Bilder, die im Gedächtnis haftenbleiben, Splitter aus einem unüberschaubaren Ganzen. Sie werden uns wohl nie mehr verlassen. Sie schmerzen mehr als Splitter im Fleisch. Aber das ist vielleicht das Geringste, was wir für sterbende Tschernobyl-Kinder tun können.

Wenigstens an sie zu denken!

Anhang

Glossar

Absorbierte Dosis
Umfang der absorbierten Strahlung pro Masse des durchstrahlten Gewebes oder Organs. Ausgedrückt in rad oder Gray (1 Gray = 100 rad).

Äquivalentdosis
Sie bestimmt die Dosis der Strahlung und beinhaltet einen Bewertungsfaktor, um welche Strahlung es sich handelt und wie sie biologisch wirkt. Die Maßeinheit in westlichen Ländern ist Sievert. Die Maßeinheit in östlichen Ländern ist Rem. (1 Sievert = 100 Rem)

Alphastrahlung
Eine Teilchenstrahlung, die beim radioaktiven Zerfall entsteht. Sie ist mit dem Kern des Heliumatoms identisch (zwei Protonen und zwei Neutronen, damit zweifach positiv geladen). Alphateilchen werden von einigen radioaktiven Isotopen ausgesandt. Als externe Strahlenquelle stellen sie keine ernsthafte Gesundheitsgefahr dar, da sie eine sehr niedrige Durchdringungskraft haben (ihre Reichweite liegt zwischen 2 cm und 10 cm). Gelangt Alphastrahlung jedoch in Körper oder Wunden, ist sie in höchstem Maße radiotoxisch, krebserregend und erbschädigend.

Atom
Atom kommt als Wort aus dem Griechischen und heißt »unteilbar«. Es ist das kleinste mit chemischen Mitteln nicht mehr spaltbare Teilchen eines chemischen Elements. Atome bestehen aus positiv elektrisch geladenen Teilchen, den sogenannten Protonen, aus Neutronen und einer Hülle aus negativ elektrisch geladenen Elektronen. Die Elektronen bewegen sich auf Ellipsenbahnen um den Kern. Heute sind 109 Atomarten chemischer Elemente bekannt. Die Atom- oder Kernspaltung von Uran 235 geht auf Hahn und Straßmann zurück, die 1938 einen Atomkern spalteten. Dabei wurde Kernenergie frei.

Atomreaktor
In Atom- oder Kernreaktoren werden in einer technischen Anlage Kernspaltungen hervorgerufen, damit eine kontrollierte Kettenreaktion in Gang gesetzt werden kann. Frei werdende Ionen führen nämlich zur Spaltung weiterer Atomkerne. Bei

den Spaltungsvorgängen wird im Reaktor Kernenergie frei, die in Form von Wärme genutzt werden kann. Bremssubstanzen, sogenannte Moderatoren, bremsen die Anfangsgeschwindigkeit der Neutronen ab. Die anfallende Wärme wird mit Hilfe eines Kühlmittelkreislaufes abgeführt. In einer Dampf- oder Gasturbine wird die Wärme in mechanische Energie umgewandelt und im Generator dann in elektrische Energie umgesetzt. 1942 ging in den Vereinigten Staaten der erste Kernreaktor der Welt in Betrieb.

Becquerel

Antoine Henri Becquerel war französischer Physiker. Er entdeckte 1896 die vom Uran ausgesandten radioaktiven Strahlen. 1903 erhielt er gemeinsam mit dem Ehepaar Curie den Nobelpreis. Nach ihm ist die Aktivität eines Radionuklids benannt. – Wenn von einer gegebenen Menge eines Radionuklids ein Atomkern pro Sekunde zerfällt, dann wird das mit dem Einheitszeichen Becquerel bezeichnet. Ein Becquerel ist also die mathematische Einheit der Aktivität eines Radionuklids.

Republik Belarus (Weißrußland)

Nachfolgestaat der Sowjetunion, Mitglied der Gemeinschaft unabhängiger Staaten (GUS), der in Deutschland oft als Weißrußland bezeichnet wird. Die offizielle Staatsbezeichnung jedoch ist Republik Belarus. Die Hauptstadt ist Minsk. Die Republik Belarus grenzt an Polen und die Ukraine und ist die von der Tschernobyl-Katastrophe am stärksten betroffene Republik, weil 70 Prozent des radioaktiven Fallouts über ihr niederging. 23 Prozent der Landesfläche sind radioaktiv verseucht. Der Reaktor Tschernobyl steht jedoch auf ukrainischem Territorium.

Betastrahlung

Die Aussendung von Betateilchen durch radioaktive Isotopen. Die Teilchen bestehen aus Positronen oder Elektronen. Die Energiestärke der Betastrahlung hängt von der Art des Isotops ab. Radioaktives Strontium (Sr-90) ist ein Betastrahler. Lebendes Gewebe kann von Betapartikeln auf kurze Entfernung durchdrungen werden, von wenigen Millimetern bis zu 2-3 cm, selten jedoch mehr als 5-8 cm. Trotz der höheren Durchdringungskraft sind Betapartikel (bei gleicher Becquerelmenge) mindestens um das 20fache weniger radiotoxisch als Alphapartikel.

Biologische Halbwertszeit

Die Zeit, in der ein Mensch oder ein Tier auf natürlichem Wege die Hälfte der aufgenommenen Menge eines radioaktiven Stoffes ausscheidet.

Brüter

Ein Kernreaktor, der mehr spaltbares Material erzeugen soll, als er verbraucht.

Caesium Cs-137

Das langlebige Cs-137 hat eine Halbwertszeit von 30 Jahren. Es ist dasjenige Isotop, das für die radioaktive Verseuchung der Umwelt nach Atombombentests und Reaktorunfällen entscheidend verantwortlich ist.

Curie

Marie Curie war Chemikerin und entdeckte 1898 mit ihrem Mann Pierre Curie die radioaktiven Elemente Polonium und Radium. 1903 bekam sie mit ihm den Nobelpreis in Physik gemeinsam mit Becquerel und 1911 allein den Nobelpreis für Chemie. Curie bezeichnet als Maßeinheit die radiologische Aktivität eines radioaktiven Strahlers.

Curie ist eine Maßeinheit für radioaktive Stoffmengen. Gemeint ist die Menge radioaktiver Substanzen, die in einer Sekunde 3,7 mal 10 Milliarden Zerfallsreaktionen liefert.

Effektive Halbwertszeit

Die effektive Halbwertszeit bei einem Menschen zum Beispiel bezeichnet die Zeit, die vergeht, bis ein radioaktiver Stoff durch seine eigenen Zerfallsprozesse wie aber auch durch die biologischen Stoffwechsel- und Ausscheidungsprozesse des menschlichen Körpers seine Radioaktivität halbiert hat. Die effektive Halbwertszeit bezeichnet also in einem biologischen System die Zeit, die vergeht, bis die Menge eines radioaktiven Stoffes um die Hälfte abgenommen hat. Bei Jod in der Schilddrüse sind das zum Beispiel 7,6 Tage.

Fallout

Beim Explodieren einer Atombombe oder bei einem schweren Reaktorunglück, bei dem Radioaktivität austritt, verbreiten sich radioaktive Substanzen in der Luft, oft rund um den Erdball. Manche Substanzen sind nur kurzlebig, das heißt, ihre Radioaktivität klingt nach einer bestimmten Zeit wieder ab, andere können über Jahrtausende radioaktiv strahlen.

Gammastrahlung

Eine äußerst durchdringende Strahlung. Sie besteht aus hochenergetischen Photonen, wird mit Lichtgeschwindigkeit von bestimmten Atomkernen radioaktiver Isotope ausgestrahlt und tritt meist mit Alpha- und Betastrahlen auf. Externe Gammastrahlen können durch ihre hohe Energie inneren Organen schwere Schäden zufügen. Stoffe mit hoher Dichte wie Beton und Blei bieten einen gewissen Schutz gegen Gammastrahlen. Isotope wie Kobalt-60, Jod-131 und Caesium-137 geben Gammastrahlung ab. In der Luft können diese Strahlen mehrere Dutzend Meter von der Quelle entfernt festgestellt werden.

Ganzkörperdosis

Bestrahlungseinheit für den ganzen Körper eines Menschen. Mittelwert der sogenannten Äquivalentdosis von Kopf, Rumpf, Oberarmen und Oberschenkeln.

GAU

Größter anzunehmender Unfall bei einem Kernkraftwerk.

IAEA

Internationale Atomenergieorganisation in Wien.

Ionen

Ionen sind einfach oder mehrfach positiv oder negativ geladene Atome oder Atomgruppen

Isotop

Atome eines Elements mit gleicher Protonenzahl, aber unterschiedlicher Neutronenzahl. Instabile Isotope zerfallen und unterscheiden sich in ihrer Radioaktivität (Strahlenart, Halbwertszeit, Strahlenenergie).

Jod-131

Eines der biologisch schädlichsten Isotope, da es äußerst flüchtig ist, sich schnell durch die Nahrungskette bewegt und sich besonders in der Schilddrüse anreichert. Es ist ein Beta- und Gammastrahler mit einer Halbwertszeit von rund acht Tagen.

Kernenergie

Die Energie eines Atomkerns wird bei Kernumwandlungen als ein Teil der Bindungsenergie frei. Sie kann technisch genutzt werden. Bei der Kernspaltung werden schwere Atomkerne in leichtere Kerne gespalten.

Kernbrennstoff

Substanzen, die man im Reaktor zur Kernspaltung und zu

Kettenreaktionen führen kann, zum Beispiel Uran- oder Plutoniumisotope.

Kernspaltung

Manche schweren Atomkerne können durch Einwirkung von Neutronenstrahlen gespalten werden. Dabei wird Energie in Form weiterer Strahlung frei.

Kernschmelze

Eine Kernschmelze entsteht, wenn sich der Reaktorkern überhitzt. Dies kann zum Beispiel durch den Bruch der Kühlmittelleitung geschehen, wenn die Notkühlung nicht rechtzeitig einsetzt. Es entstehen dabei Temperaturen von mehr als 2000 Grad Celsius. Der schmelzende Reaktorkern kann sich durch die Schutzhülle brennen und möglicherweise das Grundwasser erreichen (China-Syndrom).

Kontamination

Verseuchung von Arbeitsflächen, Geräten, Räumen, Wasser, Luft etc.

Leben nach Tschernobyl e. V.

Der in Frankfurt ansässige gemeinnützige Verein leistet humanitäre Hilfe für die von der Atomkatastrophe in Tschernobyl betroffene Bevölkerung, fördert den Austausch von Wissenschaftlern und Organisationen, informiert über die Folgen der Kernkraftwerkskatastrophe und baute in Weißrußland das Kinderheim NADESHDA.

Moderator

Um die Kernspaltung im Reaktor zu steuern, müssen die schnellen Neutronen durch sogenannte Moderatoren abgebremst werden. Als Substanz wird zum Beispiel Graphit verwendet.

Nr. 1, Nr. 2, Nr. 3

Zahlenbezeichnungen für bestimmte Kliniken in Belarus.

NADESHDA

NADESHDA heißt auf russisch »Hoffnung«. Dies ist der Name des Kinderheims für tschernobylgeschädigte Kinder, das vom Verein »Leben nach Tschernobyl e. V.« 80 Kilometer von Minsk entfernt gebaut worden ist. In ihm können sich Kinder aus verseuchten Gebieten zwei Monate lang bei Landschulaufenthalten in strahlungsfreier Umgebung erholen.

Physikalische Halbwertszeit

Sie mißt die Zeit, in der die Hälfte der Kerne eines Radionuklids zerfallen ist; dies kann bei unterschiedlichen Stoffen reichen von ein paar Sekunden bis zu Milliarden von Jahren.

Plutonium (Pu)

Künstliches radioaktives Element, das in Atomwaffen und als Kernbrennstoff eingesetzt wird. Wegen der hohen Alphastrahlung ist es ständig warm. Pu-239 hat eine Halbwertszeit von 24 360 Jahren. Pu-238 und Pu-240, die sich etwa in gleicher Menge wie Pu-239 im Reaktorkern von Tschernobyl befanden, haben kürzere Halbwertszeiten (86 bzw. 6,575 Jahre). Eine kritische Masse wird bei mehr als 300 g Plutonium erreicht. Die Anreicherung von über 0,01 Mikrocurie (370 Bq) Plutonium im Körper wird als schädlich betrachtet. Dies entspricht 0,0000000005 Gramm. Plutonium ist das giftigste aller radioaktiven Isotope.

Pripjat

Ukrainischer Fluß beim Kernkraftwerk Tschernobyl, der auch der benachbarten Stadt den Namen gegeben hat. In dieser Stadt wohnten 40 000 Einwohner und die meisten der Kernkraftwerksbeschäftigten. Pripjat ist wegen der hohen Verstrahlung jetzt völlig verlassen.

Radioaktivität

Die Anzahl der Zerfälle pro Sekunde bestimmt die Aktivität eines radioaktiven Stoffes. Dieses Maß wird in Becquerel angegeben. Die frühere Bezeichnung dafür, die vor allem in der ehemaligen Sowjetunion noch Verwendung, findet war Curie.

Radionuklide

Radioaktive Nuklide, das Spaltprodukt im Reaktorkern.

RBMK

Die russische Abkürzung steht für »Hochleistungs-Druckröhren-Reaktor«.

Rem (Roentgen equivalent man)

Maßeinheit für die Strahlendosis.

Wilhelm Conrad Röntgen entdeckte 1895 die Röntgenstrahlen und erhielt 1901 den Nobelpreis.

Sarkophag

Betonhülle, die als »Reaktormantel« den geborstenen Reaktor umgibt. Die Hülle ist nicht dicht, Radioaktivität kann entweichen.

Strahlenkrankheit

Übelkeit, Schwindel, Erbrechen, Durchfall, Appetitlosigkeit, Kopfschmerz, Schlaflosigkeit, Ermattung, niedriger Blutdruck, Herzbeschwerden, die als Herzerkrankung zum Tod führen können.

Strontium (Sr)

Strontium-89 und Strontium-90 sammeln sich als nichtflüchtige Spaltprodukte im Reaktorkern an. Sr-89 hat eine Halbwertszeit von 53 Tagen; Sr-90 hingegen hat eine Halbwertszeit von rund 28 Jahren und dringt ins Skelettsystem, wo es knochenaufbauendes Kalzium ersetzt. Es ist deshalb besonders für Heranwachsende ein gefährliches Isotop.

Tschernobyl

Ort in der Ukraine, Hauptzentrum der sowjetischen Kernenergie, an dem das Kernkraftwerk Tschernobyl mit vier Reaktorblöcken gebaut worden ist. Zwei weitere, Block 5 und 6, sollten hinzukommen, sind aber vorerst gestoppt. Hier ereignete sich am 26.4. 1986 der erste GAU, der größte anzunehmende Unfall in einem Atomkraftwerk in der Geschichte der Menschheit.

Tschernobylnik

Dies ist der russische Ausdruck für die Pflanze Beifuß. Sie gehört zur Gruppe der Wermutpflanzen mit rötlichen oder violettbraunen Stengeln.

Uran (U)

Das schwerste natürliche Element. Es strahlt Alphateilchen ab. Das natürlich vorkommende Isotop Uran-235 ist spaltbar, jedoch nur zu 0,7% in Natururan vorhanden.

Zerfallsgesetz

Radioaktive Substanzen zerfallen in einem bestimmten Zeitraum um die Hälfte der Anfangsmenge (siehe physikalische Halbwertszeit).

Einheiten der Radioaktivität und der Dosis

Physikalische Größe	*Neue SI-Einheit und Symbol*	*Alte Einheit und Symbol*	*Umrechnungsfaktor*
Ionendosis	Coulomb/Kilogramm (C/kg)	Röntgen (R)	1 R = 2,58 × 10^{-4} = 0,258 mC/kg 1 C/kg = 3876 R
Energiedosis	Gray (Gy)	Rad (rd)	1 rd = 0,01 Gy 1 Gy = 100 rd
Äquivalentdosis	Sievert (Sv)	Rem (Rem)	1 Rem = 0,01 Sv 1 Sv = 100 Rem
Aktivität	Becquerel (Bq)	Curie (Cu)	1 Cu = 3,7 × 10^{10} = 37 000 000 000 Bq

Orte und Zeiten

Die Recherchen zu diesem Buch begannen die Autoren Peter Vinzens, Norbert Schreiber und Frank Franke im Jahre 1989, mit der beginnenden Öffnung der UdSSR.

Besondere Unterstützung fanden sie dabei bei den Kollegen von Gostelradio Minsk, Wladimir Skworzow, Wassilij Wischniekow und Michail Tondel, Professor Jewgenij Petrajev, Universität Minsk/Belarussische Ökologische Union, Dr. Alexander Ruchlja, Universität Minsk/Belarussische Ökologische Union, Professor Jewgenij Konoplya, Akademie der Wissenschaften der Belarussischen Republik, Professor Immlen Sobotovitsch, Universität Kiew, und Professor Edmund Lengfelder, Universität München.

Dank auch an das »BBZ, Berufsbildungszentrum für den Straßenverkehr«, das die Aktion »Hessen hilft«, initiiert vom Hessischen Rundfunk, Frankfurt, entscheidend unterstützt hat. Es waren die Fahrer der Lastwagen, die diese Hilfsaktion getragen haben. Ohne sie und die Unternehmen, die hinter ihnen standen, wäre nichts gegangen. Wenn »Helden« zu suchen wären, hier wären sie zu finden. Sie werden diese Reisen nicht vergessen. Wie wir auch nicht. Niemand aber wird angesichts des Schreckens nach »Helden« suchen wollen.

Die Firma Maibach & Wahl, Fulda, der Hessische Rundfunk und die hessische Landesregierung unterstützen den Druck dieses Buches. Und ohne den Druck seitens des Insel Verlags könnten die Autoren ihre Kenntnis der Dinge nicht verbreiten.

Besonderen Dank auch an Leo Clignett, der immer dann kam, wenn der Computer von Peter Vinzens seinen Geist aufgab. Das war sehr hilfreich und außerdem beruhigend für die weitere Arbeit.

Dr. Erhard Baer, Frankfurt, hat unsere Arbeit an diesem Buch wissenschaftlich unterstützt. Dr. Baer hat besondere Kenntnisse bezüglich der Sicherheitssysteme in Atomanlagen.

Die Autoren bereisten oftmals die Gebiete um Minsk, die verseuchten Zonen in Weißrußland und Tschernobyl selbst. Wie oft sie dort waren, läßt sich nicht mehr rekonstruieren. Wie viele Kilometer sie im Auto, zu Fuß und im Flugzeug zurückgelegt haben, auch nicht.

Peter Vinzens und Frank Franke besuchten im Rahmen der

Recherchen und der Dreharbeiten für die verschiedenen Filme und die Aufnahmen der Hörfunkbeiträge mehrmals die »Todeszone« und den Katastrophenreaktor von Tschernobyl.

Norbert Schreiber engagierte sich bereits früh für die Idee, den Opfern von Tschernobyl zu helfen. Daraus entstand die Aktion »Leben nach Tschernobyl« und später die »Aktion Nadeshda«.

Im Rahmen dieser Recherchen und Aufnahmen entstanden viele Radioreportagen und Hörfunkfeatures von Frank Franke und Norbert Schreiber für den Hessischen Rundfunk. Die Fotojournalisten Frank Franke und Ecki Gmeiner brachten die Bilder mit, die zu einer Ausstellung des Hessischen Rundfunks, Frankfurt, zusammengestellt wurden. Diese Ausstellung wird nicht nur in Deutschland gezeigt, sondern auch im Ausland. Interessierte können sich beim Hessischen Rundfunk, Frankfurt, melden. Zur Zeit wird die englische Fassung der Ausstellung, mit großer Beachtung in der Öffentlichkeit, in Australien gezeigt. Diese Fotos fanden auch Eingang in dieses Buch.

Peter Vinzens erstellte aus dem Fernsehmaterial mehrere Beiträge, u.a. die ZDF-›Reportage‹ »Annäherung an Tschernobyl«, den ›hr‹-Beitrag »Winter '91« und weitere Berichte für die ARD. In letzter Zeit entstand das Hörfunkfeature »Denkt an uns, wenn ihr noch lebt«, von Peter Vinzens und Frank Franke für die ARD. Inzwischen wurde das Hörfunkfeature auch im Österreichischen Hörfunk (ORF) gesendet. Es werden nicht die letzten Beiträge von uns zu diesem Thema sein.

Unser Bemühen richtet sich wider das Vergessen.

Wider das Unrecht.

Wider jene, die unsere Welt mit Radioaktivität vergiften.

Wider die, die uns alle vergiften.

Auch unsere Kinder.

Und an die Kinder unserer Kinder.

Wir wollen nicht, daß unsere Kinder uns eines Tages fragen:

»Was habt IHR damals gemacht?«

Um dann sagen zu müssen: daß wir keine Antwort haben.

Um sich zu wehren, bedarf es der Information, der Aktion, des Mitleidens. Von uns allen.

Tschernobyl ist überall. Nur die Namen sind austauschbar.

Zwei Drittel Weißrußlands sind nach unseren Maßstäben unbewohnbar. Nur wenige Orte aber wurden evakuiert. Unsere Freunde in Weißrußland ermöglichten uns den Zugang zu diesen gesperrten Plätzen. Wir waren die ersten westlichen Journalisten, die diese Orte betreten durften. Der Gefahren waren wir uns bewußt. Wir haben uns einer tödlichen Gefahr ausgesetzt. Wir hatten deswegen auch Angst. Die Besuche in den Kinderkrankenhäusern von Minsk und Kiew aber haben uns immer wieder motiviert, weiterzumachen. Deshalb gibt es dieses Buch. Deshalb ist es den Opfern gewidmet. Es ist die Zusammenfassung unserer Berichterstattung.

Das sind Orte, denen unsere besondere Aufmerksamkeit galt:
In Weißrußland:
  Minsk, die Krankenhäuser der Opfer.
  NADESHDA, ein unverstrahlter Platz.
  Das verseuchte Gebiet bei Brest.
  Das verseuchte Gebiet südlich von Mogiljow.
  Das verseuchte Gebiet um Gomel.
  Das verseuchte Gebiet um Chojniki.
  Die verseuchte, gefährliche Todeszone, das 50-Kilometer-Sperrgebiet um den Sarkophag.
In der Ukraine:
  Die Krankenhäuser in Kiew.
  Slawutitsch, die »neue« verstrahlte Stadt.
  Tschernobyl, die »alte« verstrahlte Stadt.
  Pripjat, die »verlassene« verstrahlte Stadt.
  Der Sarkophag, der Ausgangspunkt allen Schreckens.
In Deutschland:
  Die Krankenhäuser, die verstrahlte Kinder behandeln.
Auf Kuba:
  Die Krankenhäuser, die verstrahlte Kinder behandeln.
In Australien, Neuseeland und Polynesien:
  Die Menschen, die sich gegen Atomversuche wehren.

Vielen Orten haben wir uns noch nicht widmen können. Es fehlten Zeit, Geld und öffentliches Interesse, auch das der Medien.

Radioaktivität kennt viele Regionen:

Mururoa, die Südsee, Bikini, Nevada, Nowaja Semlja, Tscheljabinsk, Kasachstan, Australien, die Arktis, Totzk, das Weißmeer, Wladiwostok, die Wüste Gobi und noch viele andere Gebiete dieser Welt. Zum Beispiel das Wendland vor unserer Haustür.

Nach unbestätigten Meldungen der Polizeigewerkschaft (GdP) haben die Polizisten, die den umstrittenen Castor-Transport begleitet haben, innerhalb nur eines Tages die radioaktive Höchstbelastung eines Atomkraftwerkarbeiters für ein Jahr abbekommen. Ein Ereignis mitten in Deutschland. Heute. Wir werden unser Augenmerk auch nach innen richten müssen.

Der Grund für die Verseuchung all der Gebiete in der ehemaligen UdSSR sind Versuche mit Atombomben oder ihren Vorprodukten. Jeder, davon sind die Autoren überzeugt, der Atomversuche weiterhin vornimmt, plant oder ausführt, handelt wie ein Verbrecher. An uns. An uns allen. An unseren Kindern.

Aber dieses Verbrechen hat Tradition. In der UdSSR zum Beispiel. Menschenleben haben noch nie viel gegolten in diesem Land. Innerhalb des militärisch-industriellen Komplexes hatten sie nur den Stellenwert von »Versuchskaninchen«. Über die militärischen Atomversuche wurden sie noch nicht einmal informiert. Irgendwann kamen dann Meßtrupps, nahmen ein paar Menschen mit, um sie zu untersuchen. Dann brachten sie sie wieder zurück. Einfach nur, um später noch einmal wiederzukommen. Zur Beobachtung.

Breite Anwendung aber fanden Atomexplosionen dann im sogenannten »zivilen« Bereich. Hier wurden Kanäle gesprengt und Kavernen für die Öl- und Gasversorgung. Dieses Gas verfeuern wir in unseren Kochern und Heizungsanlagen. Eine radioaktive Verseuchung bei uns ist, nach Auskunft der Gesellschaft für Strahlenschutz, nicht nachzuweisen. Wir sind anscheinend sicher. Aber wir tragen Schuld. Denn wir kaufen dieses Gas. Auf der Verseuchungskarte der ehemaligen UdSSR sind die Stellen gekennzeichnet. Es sind viele.

Gefährdete Zonen auf dem Gebiet der ehemaligen Sowjetunion, 1992

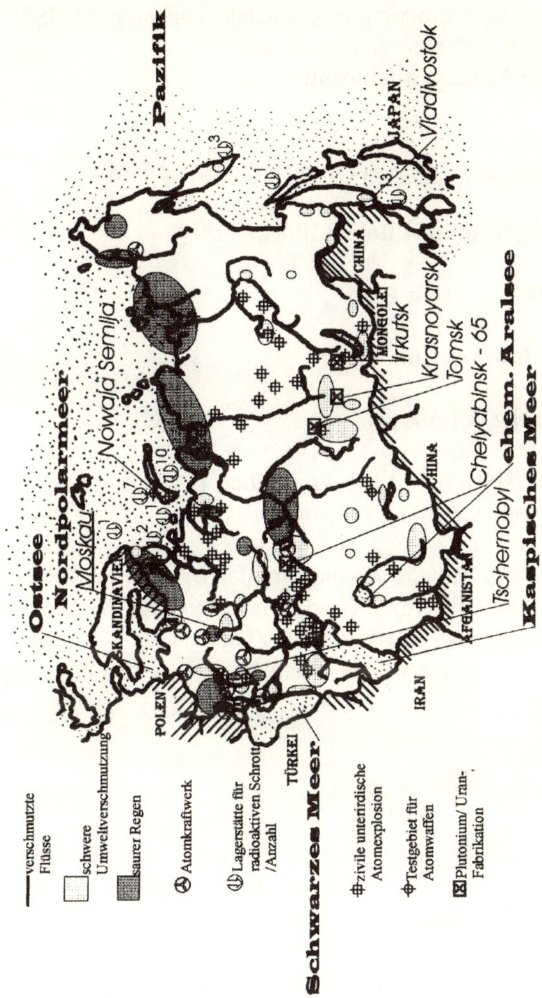

Quelle: Akademie der Wissenschaften Belarus/Ukraine

Die Standorte der RBMK-1000-Reaktoren in der ehemaligen UdSSR

Ein großer Teil der Atomenergiekapazität der ehemaligen UdSSR wurde von RBMK-Reaktoren erzeugt:
(ca. 50 % = 16 Millionen Kilowatt)

Die Blöcke sind auf 5 Standorte verteilt: (Stand 1990)

St. Petersburg/Sosnowyj Bor: 4 Blöcke
4000 MW
Ignalina: 2 Blöcke (1 im Bau)
3000 MW
Smolensk: 2 Blöcke (1 im Bau)
2000 MW
Kursk: 4 Blöcke (1 im Bau)
4000 MW
Tschernobyl: (seit 1986) 3 Blöcke (früher 4) (2 waren noch im Bau, jetzt unvollendet)
3000 MW
Dieser Reaktortyp war aus den industriellen Uran-Graphit-Reaktoren des sibirischen Kernkraftwerkstyps entwickelt worden. 0,6 Millionen kW konnten sie liefern. Zum Zeitpunkt der Katastrophe unterlagen sie der Kontrolle des »Ministeriums für den mittleren Maschinenbau«.

Beschreibung der RBMK-Reaktoren

Die RBMK-Reaktoren sind graphitmoderierte Druckröhren-Siedewasser-Reaktoren. Sie werden durch Graphitstäbe gesteuert und mit Wasser gekühlt.

Die »Brennkammer«, der Reaktorkern oder kurz Kern, befindet sich in einem Betonbehältnis mit den Maßen 21,6 × 21,6 × 25,5 Meter. Der Kern, zwölf Meter im Durchmesser und sieben Meter hoch, ruht einige Meter über dem Boden der Brennkammer auf einem Metallgerüst. Er wird durch Helium-Stickstoff-Gas gekühlt. Von oben gesehen sind etwa 1700 separate Kassetten in einem schachbrettartigen Muster angeordnet. Sie enthalten die einzelnen (mit Uranpellets gefüllten) Brennstäbe und werden mit Wasser gekühlt. Diese Konstruktion gestattet es, verbrauchte Brennstäbe gegen neue auszuwechseln, ohne den Reaktor auszuschalten.

Die in den Brennstäben durch die Kettenreaktion erzeugte Wärme wird durch das bis zum Siedepunkt erhitzte Wasser aus dem Kern abtransportiert. In Separatoren wird der Dampf vom Wasser getrennt und in die Generatorturbinen eingespeist. Beim Betreiben des Generators kühlt sich der Dampf ab und kondensiert zu Wasser, das zurückgepumpt und von neuem zur Kühlung des Kerns und zum Hitze- und Energietransport verwendet wird.

Die Metallummantelung (aus einer Zirkoniumlegierung) der Brennstäbe verhindert, daß radioaktive Spaltprodukte des Brennstoffs in den Kühlkreislauf gelangen. Die durch die Hitze geförderte Korrosion führt aber zu Schäden, gewöhnlich feinsten Rissen, durch die im Laufe der Zeit leichte Teilchen in den Kühlkreislauf austreten können, wenn nicht regelmäßige und präzise Materialprüfungen vorgenommen werden. Zusammen mit den Korrosionsprodukten vergiften diese Teilchen das Kühlwasser und machen es radioaktiv. Um die aus diesem Effekt entstehenden Gefahren zu reduzieren, werden sicherheitshalber noch Systeme installiert, die solche Sedimente herausfiltern und den ph-Wert des Wassers regulieren sollen.

In Ein-Kreis-RBMKs kann der die Generatorturbinen treibende Dampf radioaktiv werden (aufgrund der Neutronenaktivierung des Sauerstoffs und der oben erwähnten Faktoren). Daher ist dieser Bereich eines RBMK-Kernkraftwerks strengen Sicherheitsmaßnahmen unterworfen.

(Entnommen aus: Wladimir M. Tschernousenko, Tschernobyl. Die Wahrheit, Reinbek 1991, S. 28.)

Verseuchungskarte Weißrußland

gemessen wurde Cäsium 137

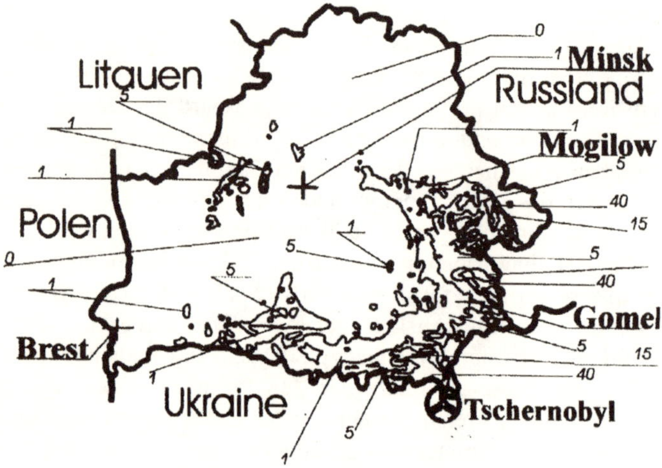

folgende Werte wurden 1990 festgestellt

(siehe Pfeile zu den abgegrenzeten Gebieten)

0 = keine Werte festgestellt
1 = Werte über 1 Curie/ qkm
5 = Werte über 5 Curie/ qkm
15 = Werte über 15 Curie/ qkm
40 = Werte über 40 Curie/ qkm

Verseuchungskarte Weißrußland (Südost)

gemessen wurde Cäsium 137
Stand: 1990
Quelle: Universität Minsk

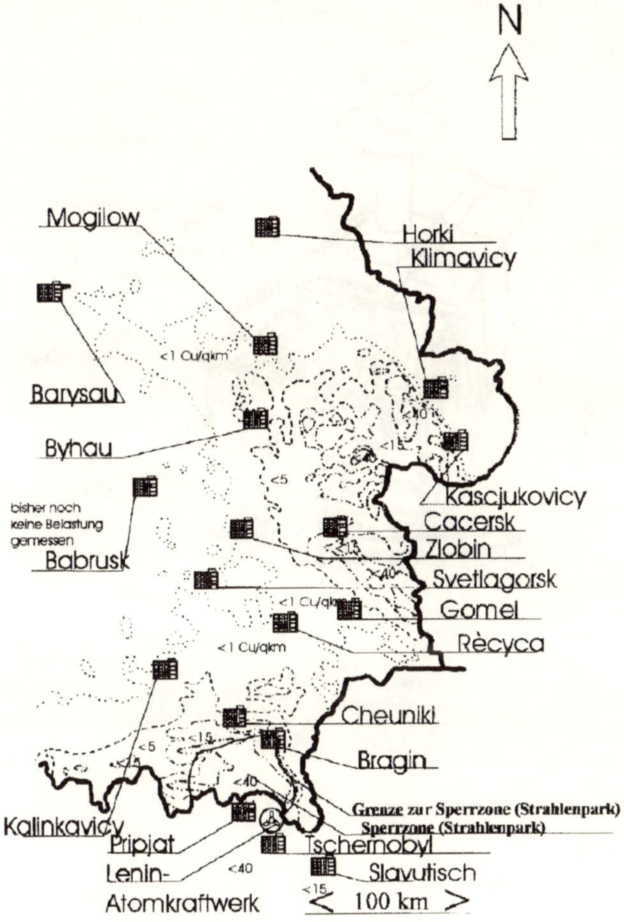

Grenzlinien (Belastung Cäsium 137):

....	1 Curie/ qkm und mehr
------	5 Curie/ qkm und mehr
-.-.-.-	15 Curie/ qkm und mehr
-..-..-	40 Curie/ qkm und mehr
_ _	Grenze 50 km Sperrzone

Tschernobyl
Der Sarkophag

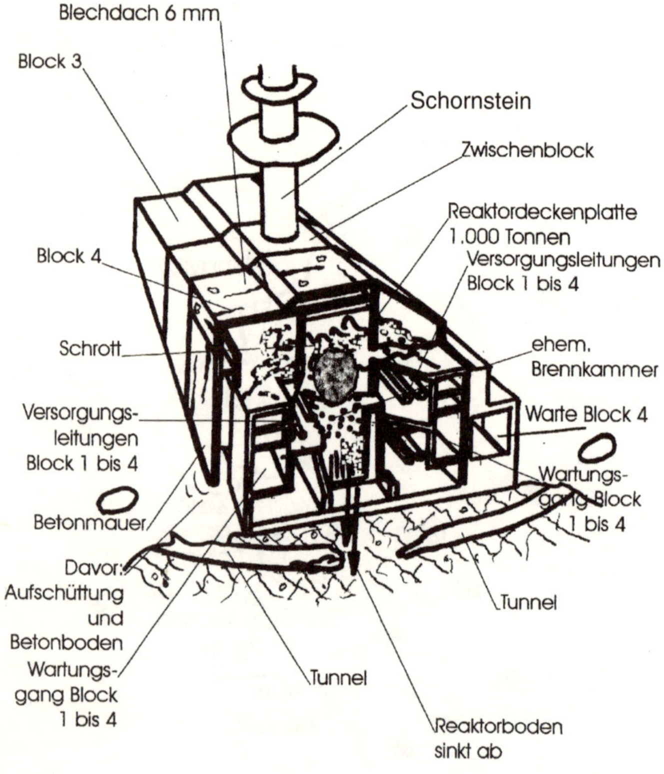

Bundesrepublik Deutschland März 1986

Kontamination des Erdbodens mit Cäsium 137
Aus: Auswirkungen des Reaktorunfalls in Tschernobyl auf die Bundesrepublik Deutschland
Zusammenfassender Bericht der Strahlenschutzkommission, Stuttgart 1987, S. 47

Zahlen

Bekanntgewordene Zahlen von Schilddrüsenkrebs in Belarus:

Jahr	Anzahl
1988	5 Fälle
1989	7
1990	29
1991	59
1992	66
1993	73
1994	225
bis Mitte 1995	333

Nach Daten des Zentrums für Schilddrüsenpathologien der Republik Belarus wurde folgende Anzahl von Kindern wegen Schilddrüsenkrebs operiert:

Jahr	Anzahl
1987	3
1988	1
1989	2
1990	14
1991	38
1992	46
1. Halbjahr 1993	29
Gesamt	133

ZDF HR32
Quelle: afp - Agence France Presse

------------------- Fr 24.05.1991, 22:12 Uhr -------------------

DEU149 4 pl 229 /AFP-UX26

IAEO-Tschernobyl
* Heftige Kritik an IAEO-Studie zu Tschernobyl
- Auswirkungen auf Gesundheit der Menschen unterschätzt =

Wien, 24. Mai (AFP) - Heftige Kritik an der von der
* Internationalen Atomenergie-Organisation (IAEO) in Wien erstellten
* Studie über die Folgen der Reaktorkatastrophe von Tschernobyl haben die Vertreter der Ukraine und Weißrußlands sowie die Umweltschutzorganisation Greenpeace geübt. In dem Bericht würden die negativen Folgen für die Gesundheit der Bevölkerung in der verseuchten Region unterschätzt, bemängelten die Kritiker. Greenpeace unterstellte der Organisation sogar, die `Wahrheit zu manipulieren". `In der von dem Unfall betroffenen Region gab es keine gesundheitlichen Probleme, die direkt auf die Verstrahlung zurückzuführen sind", heißt es unter anderem in der Studie, die
* während einer viertägigen Expertentagung der IAEO in Wien diskutiert wurde.

Dem Untersuchungsbericht zufolge wurden in der Region bedeutende psychologische Probleme, wie Furcht und Streß, festgestellt. Zudem sei eine große Zahl Erwachsener der Ansicht, unter einer auf Verstrahlung zurückzuführenden Krankheit zu leiden, wird in der Studie ferner konstatiert. `Der Bericht ist zu optimistisch", kritisiert der stellvertretende Ministerratspräsident von Weißrußland, Iwan Kenik, der die Republik bei der IAEO-Konferenz vertrat. Er erklärte, die Zahl der Schilddrüsen-Krebserkrankungen in der Stadt Gomel, etwa 120
* Kilometer nördlich von Tschernobyl, habe sich nach der Reaktorkatastrophe mehr als verdoppelt. Zudem seien die 600.000 Arbeiter, die nach 1986 mit den Rettungs- und Sicherungsarbeiten in
* Tschernobyl betraut waren, nicht in die Untersuchung einbezogen worden. Ein IAEO-Pressesprecher erklärte unterdessen, das läge nicht im Aufgabenbereich, den die sowjetische Regierung der Organisation zugestanden habe.

hei/kr

AFP
242212 MAI 91

Nachrichtentext vom 24. Mai 1991, ZDF, zur Kritik an der Studie der IAEO über die Folgen des Tschernobyl-GAU.

IAEA

INTERNATIONAL ATOMIC ENERGY AGENCY
WAGRAMERSTRASSE 5, P.O. BOX 100, A-1400 VIENNA, AUSTRIA,
TELEPHONE: 1 2360, TELEX: 1-12645, CABLE: INATOM VIENNA,
TELEFAX: 431 234564

26 April 1995
PR 95/9
FOR IMMEDIATE RELEASE

PRESS RELEASE FOR USE OF INFORMATION MEDIA • NOT AN OFFICIAL RECORD

NUCLEAR POWER STATUS IN 1994

A total of 480 nuclear power plants were operating or being built around the world in 1994, based on data reported to the International Atomic Energy Agency (IAEA) Power Reactor Information System (PRIS). During 1994, four nuclear power plants with altogether 3356 MW(e) were newly connected to electricity grids in China, Japan, Republic of Korea and Mexico, bringing the world's total number of operating reactors to 432 in 29 countries and Taiwan, China. Additionally, a total of 48 reactors were reported as being constructed in 15 countries.

Nuclear power's share of electricity production remained high in 1994, in seven countries -- Lithuania, 76.4; France 75.3; Belgium, 55.8; Sweden, 51.1; Slovak Republic, 49.1; Bulgaria, 45.6, and Hungary, 43.7 -- representing close to half or more of their total electricity use. All in all, 18 countries (including Taiwan, China) relied upon nuclear power plants to supply at least a quarter of their total electricity needs.

Worldwide in 1994, total nuclear power generation amounted to 2130.13 terawatt-hours of electricity. This is more than the world's total electricity generation -- 1912 terawatt-hours -- from all sources in 1958. Overall nuclear power plants provided approximately 17 percent of the world's electricity production in 1994. Cumulative worldwide operating experience from civil nuclear reactors at the end of 1994 was over 7200 years.

A table showing the electricity supplied by nuclear power reactors in 1994 and the respective percentages of electricity produced by nuclear energy is attached.

Auszug aus der Pressemeldung der IAEA über das vorhandene nukleare Potential.

Nuclear Power Reactors in operation and under construction at the end of 1994

Country Name	Reactors in operation: No. of units	Reactors in operation: Total MW(e)	Reactors under construction: No. of units	Reactors under construction: Total MW(e)	Electricity supplied by nuclear power reactors in 1994: TW(e).h	Electricity supplied: % of total	Total operating Experience to end 1994: Years	Total operating Experience: Months
Argentina	2	935	1	692	7.68	13.77	32	7
Belgium	7	5527			38.20	55.77	128	7
Brazil	1	626	1	1245	0.04	0.01	12	9
Bulgaria	6	3538			15.33	45.63	77	1
Canada	22	15755			101.73	19.07	326	11
China	3	2100			13.50*	1.49*	5	4
Czech R.	4	1648	2	1824	12.13*	28.22*	34	8
Finland	4	2310			18.33	29.51	63	4
France	56	58493	4	5810	341.80	75.29	822	10
Germany	21	22657			143.00	29.33	490	1
Hungary	4	1729			13.23	43.73	38	2
India	9	1493	5	1010	4.32	1.37	119	3
Iran			2	2146				
Japan	49	38875	5	4799	258.3	30.70	652	2
Kazakh.	1	70			0.38	0.58	21	6
Korea RP	10	8170	6	4820	55.92	35.48	90	4
Lithuania	2	2370			6.63	76.37	18	6
Mexico	2	1308			4.28	3.22	5	11
Nethlnds	2	504			3.70	4.86	47	9
Pakistan	1	125	1	300	0.52	1.01	23	3
Romania			5	3250				
Russia	29	19843	4	3375	97.83	11.39	497	6
S. Africa	2	1842			9.69	5.69	20	3
Slovak R.	4	1632	4	1552	12.13	49.05	57	5
Slovenia	1	632			4.39	38.01	13	3
Spain	9	7105			52.80	34.97	138	2
Sweden	12	10002			70.20	51.13	207	2
Switzrld	5	2985			22.98	36.84	98	10
UK	34	11720	1	1188	79.40	25.79	1028	5
Ukraine	15	12679	6	5700	68.85	34.20	158	11
USA	109	98784	1	1165	639.36	21.98	1919	8
Total	**432**	**340347**	**48**	**38876**	**2130.13**		**7230**	**8**

Note: The total includes the following data in Taiwan, China:
- 6 units, 4890 MW(e) in operation;
- 33.48 TW(e).h of nuclear electricity generation, representing 31.72% of the total electricity generated there;
- 80 years 1 month of total operating experience.

Construction at 3 reactors was suspended:2 in Cuba (Juragua 1&2) and 1 in the USA(Watts Bar 2).
Two reactors were shut down: one in France (Bugey 1) and one in the UK (PFR Dounrey).
This table shows operating experience of countries which have reactors in operation and under construction.
* Not officially confirmed

Connection to the grid during 1994

China	CN-3, Guangdong-2	PWR
Japan	JP-47, Ikata-3,	PWR
Korea RP	KR-11, Yonggwang Unit3(KNU-),	PWR
Mexico	MX-2, Laguna Verde-2,	BWR

(Source IAEA PRIS)

Literaturliste

Klaus Meyer-Abich/Bertram Schefold, Die Grenzen der Atomwirtschaft, München 1986

Klaus Meyer-Abich, Technische und soziale Sicherheit. Lehren aus den Risiken der Atomenergienutzung, in: Aus Politik und Zeitgeschichte, 9. 8. 1986

Bundesministerium für Umwelt, Naturschutz und Reaktorsicherheit, Umweltpolitik – Bericht zur Strahlenexposition im Jahr 1988, Universitäts-Druckerei Bonn 1989

Eberhard Beckherrn, Pulverfaß Sowjetunion. Der Nationalitäten-Konflikt und seine Ursachen, München 1990

Armin Clauss, Die Folgen von Tschernobyl. Eine Dokumentation des Hessischen Sozialministers, Wiesbaden 1986

Robert Gale, Der Kampf der Ärzte nach Tschernobyl
Deutsche Rechte: Paul & Peter Fritz AG, Zürich,
zitiert nach: DER SPIEGEL 18. 4./25. 4./2. 5. 1988

Marina Gambaroff u.a., Tschernobyl hat unser Leben verändert. Vom Ausstieg der Frauen. Reinbek bei Hamburg 1986

Johannes Grotzky, Herausforderung Sowjetunion, München 1991

Hans Jörg Haury, Leben nach Tschernobyl, München 1986

Christian Schmidt Häuer, Rußland in Aufruhr. Innenansichten aus einem rechtlosen Reich, München 1993

Walter Huda, Medical Consequences of Chernobyl, Journal of Ukrainian Studies, Toronto/Ontario o. O. o. Jg.

IPPNW, Radioaktive Verseuchung von Himmel und Erde, Berlin 1992

Alexander Jemeljanenkow, Atom ohne Geheimnis. Eine Wladimir-Popow-Dokumentation zum Nuklearkomplex der GUS und Rußlands, Moskau/Berlin 1992

Robert Jungk, Der Atomstaat. Vom Fortschritt in die Unmenschlichkeit, München 1991

Robert Jungk, Strahlen aus der Asche – Hiroshima 1945 und die Folgen, München 1990

Alla Jaroshinskaja, Verschlußsache Tschernobyl – Die geheimen Dokumente aus dem Kreml, Berlin 1994

P. Kafka u.a., Tschernobyl – die Informationslüge, München 1986

Rudolf Kippenhahn, Atomforschung zwischen Faszination und Schrekken, Stuttgart 1994

Stephan Kohler, Öko-Mitteilungen 1/1989: Tschernobyl – ein Reisebericht in die Zone

Gabriele Krone-Schmalz, … an Rußland muß man einfach glauben, Düsseldorf 1991

Juri Lewada, Die Sowjetmenschen – Soziogramm eines Zerfalls, München 1993

Edmund Lengfelder, Strahlenwirkung – Strahlenrisiko, München 1988

Edmund Lengfelder/H. Wendhausen, Neue Bewertung des Strahlenrisikos, München 1993

Karlheinz Lohs, Nach dem Atomschlag, Frankfurt, New York, Paris 1983

Klemens Ludwig, Susanne Vogt, Phantom Atom. Abgründe der Atomtechnologie und Wege aus der Gefahr, Gießen 1993

Zhores Medwedjew, Das Vermächtnis von Tschernobyl, Münster 1991

Bernhard Moltmann/Astrid Sahm/Manfred Sapper (Hg.), Die Folgen von Tschernobyl. Herausforderungen und Auswege, Arnoldshain 1994

OECD, Sarcophagus Safety. The State of the Chernobyl Nuclear Plant Unit 4, Paris 1995

IAEA, The International Chernobyl Project – Technical Report, Wien 1991

Gerd Ruge, Michail Gorbatschow, Frankfurt 1990

Astrid Sahm, Die Auswirkungen der Reaktorkatastrophe von Chernobyl in der Republik Belarus, der Russischen Föderation und der Ukraine, Frankfurt 1994. Veröffentlichungen der Forschungsstelle für Konflikt- und Kooperationsstrukturen in Ostmitteleuropa, Südosteuropa und Eurasien an der Universität Frankfurt, 5/1993

Dies., Konstitutive Momente der russischen Nationalbewegung unter besonderer Berücksichtigung der politischen Folgen der Reaktorkatastrophe von Tschernobyl, Magisterarbeit, Frankfurt 1992, erschienen unter dem Titel: Die weißrussische Nationalbewegung nach der Katastrophe von Tschernobyl (1986-1991), Münster 1994

Vladimir Savchenko, Chernobyl and Environment, UNESCO, unveröffentlichtes Manuskript, Paris 1992

Jens Scheer u.a., Atomkraft am Ende, Göttingen 1986

Roland Scholz, Fünf Jahre nach Tschernobyl. Versuch einer Bilanz, Heidesheim 1991

John Massey Stewart, The Soviet Environment: problems, policies and politics, Cambridge 1992

Juri Stscherbak, Protokolle einer Katastrophe, Frankfurt/Main 1988

Wladimir Tschernousenko, Tschernobyl – die Wahrheit, Reinbek bei Hamburg 1992

UNESCO, UNESCO, Man and the Biosphere Programme, unveröffentlichtes Manuskript, Minsk 1992

Frederic Vester, Bilanz einer Verwirrung. Informationen, Berichte und Argumente zum Umdenken nach Tschernobyl, München 1987

Christa Wolf, Störfall, Darmstadt 1987

Für die Dokumentation standen die SPIEGEL- und STERN-Jahrgänge ab 1986 zur Verfügung.
Außerdem wurden die Dienste der Nachrichtenagenturen dpa, AP, UPI, ddp, AFP, Reuter und epd seit 1986 ausgewertet.

Fotos

Namenskürzel

EG	Eckehard Gmeiner, München (9)
FF	Frank Franke, Ob-Höchstadt (90)
NS	Norbert Schreiber, Frankfurt (3)
PV	Peter Vinzens, Frankfurt (5)
SF	Georg Funtsch, Frankfurt (1)
WF	Wassilij Fedosenko, Minsk (1)
VS	Vladimir Shuba, Minsk (3)
FB	Foto Agentur Belarus (1)
HR	Helmut Reichmann (1)
BF	Bjelorussisches Fotoarchiv (1)
Grafik:	vtv Computer-Grafik Film- und Fernsehproduktion Peter Vinzens und Partner Frankfurt (4) und Strahlenschutzkommission, Stuttgart 1987 (1)